Mo Asumang

Mo und die Arier

Allein unter Rassisten und Neonazis

FISCHER

Namen wurden geändert

Erschienen bei FISCHER Taschenbuch
Frankfurt am Main, März 2016

© 2016 S. Fischer Verlag GmbH, Hedderichstr. 114,
D-60596 Frankfurt am Main

Satz: Pinkuin Satz und Datentechnik, Berlin
Druck und Bindung: CPI books GmbH, Leck
Printed in Germany
ISBN 978-3-596-03443-7

Inhalt

1. »Die Kugel ist für dich, Mo Asumang« 7

2. Mein erster Nazi 22

3. Du kannst mir nicht in die Augen schauen ... 44

4. Der Pausenhofaggressor – zu Besuch bei
   Jürgen Rieger 54

5. Mit 3000 Nazis aufm Alex in Berlin 73

6. Als Moni_in_Berlin auf dem
   Naziflirtportal 88

7. Mit den Nazis auf Aldebaran 104

8. *Hallo Herr H.,* 117

9. Meine Reise zu den echten Ariern 136

10. Die Nazis wussten, dass sie keine
    Arier sind 149

11. Gera, die Vollstrecker machen Selfies 157

12. Lars Burmeister – der Krieger, der sich
    nicht traut 168

13. Was heißt deutsch? – Rassismus mit
    Uni-Diplom 181

14. Pingpong mit Krümel 196

15. Tom Metzger »White Aryan Resistance« 207

16. Ku-Klux-Klan – die Ängste der
    Gesichtslosen 224

17. Einmal Nazi, immer Nazi? 244

18. Pegida – Wut im Montagsrudel 252

19. Chris 261

    Dank 267

    Anmerkungen 269

1. »Die Kugel ist für dich, Mo Asumang«

»Wir haben hier eine Morddrohung gegen Sie.«

Draußen leuchtet ein rotes Schild: »Aufnahme!«. Ich sitze in einem ARD-Fernsehstudio, und man spielt mir den Hetzsong einer Neonazi-Band vor. Ein Tontechniker testet noch die Lautstärke, und dann höre ich es zum ersten Mal, ganz kurz. Ziemlich mies gesungen krachen die Worte scharf in den Raum hinein: »Die Kugel ist für dich, Mo Asumang, die Kugel ist für dich!«

Meine Beine bewegen sich nicht mehr. Auch der Oberkörper ist vollkommen regungslos, ich halte den Atem an. Aus dieser Reglosigkeit heraus spüre ich, dass sich alle meine Sinne in Alarmbereitschaft begeben.

»Die meinen mich?« Ein Ruck geht durch meinen Körper, und ich stoße mir dabei den Arm an der Stuhllehne.

Das Studio ist ein kleiner, quadratischer Raum, um mich herum viele Monitore, direkt vor meinem Gesicht die Kamera. Die Tür ist doppelt geschlossen. Einen kurzen Moment ist mir so, als sei der Raum ein *Panic Room*. Die Redakteurin, ich, der Kameramann wissen nur noch nichts davon.

»Die Kugel ist für dich, Mo Asumang«, kracht es wieder zum Soundcheck in den Raum.

»Wer grölt das da?«, frage ich laut.

»Ein gewisser Lars Burmeister. Es wurde uns von einem Informanten zugespielt.«

»Hhhhhhhrrrr«, röchelt der Text. »Hhhhrrr.« »Ich kann kaum was verstehen«, sage ich zu dem Kameramann und beuge mein Ohr vorsichtig nach vorne. »Die Kugel ist für dich! Hhhhhrrr …« Das Röcheln der Stimme in Verbindung mit meinem Namen zieht mir den Boden unter den Füßen weg.

Mein erster Impuls: Angst! Ein Ziepen in der Unterlippe. Leichte Übelkeit.

Ich wurde von »Kontraste extra« eingeladen, sie wollten eine Reaktion auf dieses Hasslied gegen mich und andere Prominente. Die CD soll in Polen gepresst und über die deutsch-polnische Grenze bei Guben wieder eingeschmuggelt worden sein. Verantwortlich für die konspirativ hergestellte CD ist unter anderem der Neonazi Lars Burmeister aus Berlin. Also muss ich mir jetzt seine »Noten des Hasses«, so heißt die CD, anhören. Der Name seiner Band ist »White Aryan Rebels«, »Weiße Arische Rebellen«, oder kurz W–A–R, WAR, Krieg.

Nur die Starken haben das Recht zu überleben
und jetzt endlich graben sich diese Untermenschen,
der Jude, der Nigger, dieses schwule Pack,
sie alle graben sich ihr eigenes Grab.

Ich greife mir die CD. Sind da Gesichter auf dem Cover? Ich will wissen, mit wem ich es zu tun habe. Vorne, hinten, im Inlay, nirgends was zu sehen. Auf dem weißroten Cover nur vier in Schwarz gezeichnete Skelette in Uniform mit Instrumenten drauf.

Mit der Lizenz zum Töten ziehen wir dann durch das Land,
dann wird alles Kranke erschlagen und niedergebrannt.
Hier kommen White Rebels, White Aryan Rebels.

»Könnt ihr den Scheiß ausmachen«, ist alles was mir jetzt einfällt.

Der Tontechniker stoppt die Hasstiraden.

Lars Burmeister, der Bandgründer, ist ein ziemlich gewalttätiger Neonazi, höre ich die Redakteurin sagen. In seiner Polizeiakte stehe unter anderem, dass er vor ein paar Jahren aufgrund eines in Deutschland ausgestellten Haftbefehls in Norwegen festgenommen wurde. Es wurde ihm gefährliche Körperverletzung gegenüber einem politischen Gegner vorgeworfen, der infolge dieses gewalttätigen Übergriffs nahezu erblindet ist.

»Wo ist das passiert?«, will ich wissen.

»Hier in Berlin – in Prenzlauer Berg.«

Also nur ein paar Kilometer Luftlinie von meiner Wohnung entfernt. Ein Volltreffer ins Epizentrum meiner Angst.

Hatte ich eigentlich schon erwähnt, dass ich schwarz bin? Ja, so ist das. Allerdings muss ich dazu sagen, bis zu dieser Nazisache bin ich immer und oft ins Solarium gegangen. Im Winter werde ich nämlich ziemlich blass, und da peppe ich mich gerne etwas auf und freue mich des Lebens. Kurz nachdem ich das Studio etwas verwirrt verlasse, fangen allerdings diese komischen Dinge an, die mir in nächster Zeit den Schlaf und fast den Verstand rauben werden.

Eine Zeit der Unruhe beginnt. Mit Gedanken schon halb in Walhalla besteige ich vor dem Sender meinen Mercedes Strich-Achter, Baujahr 1972. Der ist so alt, der darf noch ohne Kopfstützen fahren. Heute allerdings denke ich zum ersten Mal darüber nach, dass Kopfstützen einen auch gut gegen eine Kugel aus dem Hinterhalt schützen könnten.

Etappenziel eins nach der Morddrohung: heil zu Hause ankommen und dann einschlafen, ohne tot zu sein.

Beim Fahren in Richtung Berlin-Kreuzberg überkommt mich plötzlich so ein mulmiges Gefühl in meinem Benz. Ich sitze ja direkt auf dem Präsentierteller, das ist mir früher gar nicht so aufgefallen. Vorne Fenster, rechts und links, hinten, überall hat dieses Auto große Fenster. Das ist jetzt kein Auto mehr, es ist ein Momo-Mobil, nur winken draußen keine Leute und drinnen sitzt eine mittlerweile stark verängstigte junge Frau. Wo ist meine Sonnenbrille?

Ich spüre Augen auf meiner Haut, wie kleine Kugelblitze treffen sie mich während der Fahrt durch Charlottenburg durch das Glas. Jeder kann mich sehen, jeder, auch Lars, der Nazi, könnte das. Wie sieht er eigentlich aus, dieser Lars Burmeister? Keine Ahnung. Ich weiß nur, in diesem dunkelblauen Benz Coupé sitze ich mit offenem Visier.

Warum ich? Ich möchte meine Gedanken aufhalten, aber meine Birne wälzt sich unentwegt durch Fragmente von Fernsehfilmen mit lauter Nazis, die einen anglotzen. Da sind Bilder über Naziaufmärsche in Deutschland heute, aus der Zeit des Nationalsozialismus, 1939 flackert immer wieder auf, ein Rostock-Lichtenhagen-Originalton haucht mir leise ins Ohr: »Man sollte sie alle ins Wasser fahren, weg damit«, Baseballschläger und Springerstiefel fliegen mir durch den Kopf. STOPP. Da vorne wohne ich.

Am Haus angekommen scanne ich den Parkplatz nach Lars Burmeister ab, von dem ich heute zum ersten Mal gehört habe und nicht weiß, wie er aussieht. Langsamer als sonst steige ich aus dem Auto und nehme meine Handtasche etwas verkrampft unter den Arm. In Gedanken nähe ich mir eine kugelsichere Stahlplatte in das Innenfutter ein. Dann reiße ich das Ding plötzlich nach oben vor den Kopf und schreie, noch bevor ich die Autotür zugeschlagen habe, ganz laut: »Das ist 'ne Kampftasche, du Arschkeks, damit hast du nicht gerechnet Lars, oder?«

Ich glaub, ich dreh durch!

Steht Lars heute irgendwo im Treppenhaus?

Hey, ich fühl mich nicht mehr. Ich will mich wieder haben. Wie jämmerlich muss mein Afrolook wohl heute über diesen beiden hektischen Augen und dieser gerunzelten Stirn aussehen. Nicht schön. Vorsichtig gehe ich auf den Eingang meines Hauses zu. Es ist ein typisches vierstöckiges Berliner Wohnhaus mit einem Hofdurchgang, der zum Hinterhaus und zum Treppenaufgang des Vorderhauses führt. Bevor ich da reinhusche, sehe ich, wie eine ältere Frau vom Balkon in der zweiten Etage zu mir runterspäht. Sie guckt auf meine Haut. Schwarz, na und? Als ob es geplant wäre, werde ich kurz ins Jahr 1990 zurückgebeamt. Da hatte ich mal einen kleinen Zusammenstoß mit ihr, die das Thema Rassismus schon damals in mein Heim und meinen Rückzugsort eingepflanzt hatte.

Die Alte hatte mich damals wegen einer Piratenfahne auf meinem Balkon im vierten Stock fies wortgedisst. Den Totenkopf musste ich einfach durch die schwarze Nacht schwingen, dabei breit grinsen und zu ihr runterschauen, das hätte nicht sein müssen, gebe ich zu. Grund für meinen kleinen Spaß auf dem Balkon war die gewonnene Weltmeisterschaft. Die halbe Nacht fuhren dauerhupende Autokorsos am Haus vorbei, mit Deutschlandfahnen und lautem Gegröle. Deutschland war Fußballweltmeister, und das Land im Ausnahmezustand. Wie ich den Knochenmann so schwenke und mich rebellisch freue, diesem nationalen Taumel etwas entgegenzusetzen, schreit sie zu mir nach oben: »Aber's deutsche Brot fressen!« Ihr Blick dabei wie ein Pfeil aus einer Jagdszene eines etwas anderen Sommermärchens.

»Was soll ich denn sonst essen?«, erwiderte ich von oben, »was soll ich denn sonst essen?«, und kicherte den Rest der Nacht umso mehr in mich hinein.

Jetzt denke ich weniger belustigt, hoffentlich hat sie keine Verbindung in die Naziszene und verpfeift mich und mein Noch-Adressengeheimnis. Hoffentlich ist sie nicht Lars' Tante, seine Oma oder seine zukünftige Alibizeugin.

Bin ich in diesem Haus überhaupt noch sicher? Noch während ich die Treppen hochrenne, kommt mir die Idee, an Lars einen Brief zu schreiben. Vielleicht würde das gegen die Angst helfen. Zumindest wäre es einen Versuch wert, den sich anstauenden Druck in der Magengegend mit ein paar Worten an den Verursacher höchstpersönlich loszuwerden.

Ich düse an der Wohnung der Alten vorbei, nehme drei Stufen auf einmal, und mir fällt ein Erlebnis ein, das mich in meinem Stirb-langsam-23-Wahnsinn nun schon wieder in die Vergangenheit schleudert.

Vor ein paar Jahren, als ich während meiner Unizeit in Berlin nachts Taxi gefahren bin, um mein Studium zu finanzieren, düste ich durch die Nacht, von Kreuzberg hoch in den Norden von Berlin, nach Reinickendorf. Die Fahrt sollte dann weiter durch den Wald gehen, rüber zu einem Dorf im ehemaligen Osten. Der Mann auf der Rückbank faselte was von »ihr seid zu viele hier, ihr müsst alle gehen« vor sich hin. In den Ecken seiner Mundwinkel bildeten sich kleine Schauminseln. »Warum sagen Sie all diese gemeinen Sachen zu mir? Denken Sie doch mal nach. Keiner will Ihnen was wegnehmen«, versuchte ich in einer seiner

Faselpausen einzulenken. »Ich bin bloß 'ne Migrantin der zweiten Generation, nix Besonderes.«

»Hachhhh, Sie gehören zu diesen, hachhhh … basta!«, murmelte er mehr zu sich als zu mir. »Ich werde mich jetzt hier nicht von Ihnen einlullen lassen, auch dann nicht, wenn Sie mich jetze hier fahren, hachhhh.«

Im Vergleich zu den anderen Anfeindungen, die ich normalerweise zu hören bekam, war das hier auf der Hetzskala schon ziemlich weit oben. Das lag am Fall der Mauer. Und an dem langsam aufkommenden Bewusstsein der Bürger der ehemaligen DDR, dass hier bei uns im Westen doch nicht alles Banane ist.

»Wenn Sie möchten, können Sie gerne ein anderes Taxi nehmen, ich muss Sie im Übrigen auch gar nicht über die Stadtgrenze hinausfahren, das muss ich nicht, ist ein Taxigesetz«, versuchte ich, meinen Fahrgast loszuwerden.

»Klappe halten, weiterfahren, hachhhh! Sie kommen hierher und nehmen uns die Arbeitsplätze weg, das darf man auch mal laut sagen dürfen!«

Über eine Strecke von sicher zehn Kilometern hatte ich versucht, mich zu verteidigen, immerhin war ich ja diejenige, die hier geboren ist, und er kam aus dem Osten. Im Rückspiegel sah ich von Kurve zu Kurve, wie sich seine gesamte Gesichtsmuskulatur in Rage turnte. Immer mehr Schaum bildete sich an seinem Mundwinkel. »Jetzt aber wirklich, ich fahre Sie nicht durch den Wald!«

Ich weiß noch genau, wo ich das Taxi angehalten hatte, es war in Reinickendorf, Berliner Straße 22, direkt in der Kurve. So einen Ort vergisst man nicht. Ich stieg aus, lief um mein Taxi herum, öffnete nichtsahnend die hintere Beifahrertür, er schnellte mir entgegen, seine zwei feuchten Männerhände ergriffen meine Gurgel. Es machte bum, bum, bum. Und schmetterte meinen Kopf mit voller Wucht auf das Taxidach, dreimal, sechsmal, im Reflex drehte ich die Nase zur Seite, keine Orientierung mehr, die Stirn wurde taub, vorbei. Diese Hände, diese Hände, wie komm ich da bloß wieder raus? Dann der Moment, sein Griff kurz locker, ich zog den Kopf weg und duckte mich nach unten.

So schnell ich konnte, rannte ich zur Fahrerseite und flüchtete.

Es wird Nacht, ich wohne alleine. Schon ein paar Minuten sitze ich in der Küche, heute ziemlich weit vom Fenster entfernt. All diese Dinge, die ich mit Rassisten erlebt habe, schon irre, wenn man das alles zusammenzählt, das hätte ich nicht gedacht, so viele, habe sie einfach verdrängt. Und jetzt holt sie Lars mit seinem Die-Kugel-ist-für-dich-Hetzsong einfach wieder nach oben. Nun bin ich ja schon wieder in Gedanken weggehüpft. Auch das ist ein Resultat der Angst, man ist unkonzentriert, man schweift permanent ab, man macht nichts wirklich zu Ende.

Also, wie schreibt man einen Brief an jemanden, der einen abmurksen will?

Vielleicht so: *Lieber Lars,* … Nein, das kann ich so nicht schreiben, lieb? Du meine Güte. *Lars, du Arsch!* Besser, aber dann zerreißt er den Brief gleich wieder. *Sehr geehrter …,* auf keinen Fall. Vielleicht einfach *Hallo,* ohne den Namen? Genau das isses, so fühle ich mich ja auch, du bist namenlos, weil gesichtslos, also:

Hallo!

Sag mir, wer bist du, Lars Burmeister, ich kann dich nicht sehen. Was ist das für ein Krieg, in dem sich mir der selbst-

ernannte Feind nicht zeigt? Warum rufst du zum Mord gegen
mich auf? Du kennst mich doch gar nicht. Wie willst du da
urteilen über mich …

Ich höre ein Knacksen, das war vielleicht der Wind dort
drüben am Fenster. Ich habe alte Fenster mit … Auweia,
habe ich schon die Wohnung inspiziert?

Angst!

Man ist nicht Herr seiner Sinne mehr nach einer Nazidro-
hung, man tappt neben dem Pfad, auf dem man normalerweise einigermaßen sicher das Alltägliche bewältigen kann.
Da vorne stehen meine Nightlife-Pumps. Aber Schuhe
zum Beispiel sind plötzlich keine Schuhe mehr, weil man
sie gedanklich schon ins Gesicht geschmettert bekommt.
Man denkt sich Türen nicht mehr einfach nur als Türen,
sondern als offenes Tor, durch das jederzeit einer kommen,
einen heimsuchen könnte. Alles in allem ist jeder Gegen-
stand plötzlich eine Waffe, die sich gegen einen richten
kann und Hand in Hand mit dem unsichtbaren Feind arbeitet.
Wie er einen mürbe macht, dieser Nazischeiß.

Lars, du hast Leute um dich herum, die an dich glauben.
Vor meinem inneren Auge sehe ich sie. Viele davon sind Leute
aus dem Umfeld der rechten Kameradschaften, also die, die
zutreten wollen und das auch immer wieder tun werden. Ich
sehe schwitzende Neonazis, die sich bei einem Konzert deiner
Band »White Aryan Rebels« die Seele aus dem Leib schreien
und sich dabei gegenseitig rüde anrempeln. Es ist ein Keller, in
meiner Einbildung riecht es dort muffig. Durch die Luft fliegen

bei all dem Gekreische die »Noten des Hasses«, deine CD, auf der es nicht um Liebe geht.

In meiner Imagination sehe ich dich, der einen »Krieg« führt in Abwesenheit der zum Gegner erklärten Person. Du stehst auf der Bühne, vorne am Mikrophon. Ich sehe dich und sie. Sehe, wie du antreibst und hetzt, wie du in diesem Kellerloch den hungrigen braunen Mob von Zeile zu Zeile mit deiner Rage ein Stück weit mehr ansteckst. Sie werden du, sie gehorchen dir.

Kein schöner Anblick, den ich mit geschlossenen Augen von den tobenden Menschenkindern habe, die nicht wissen, wohin mit ihrer Wut. Und jede Minute fallen mir andere Szenen ein, die sich abspielen, während an einem mir unbekannten Ort ab und zu in deinem Lied mein Name fällt, ein Springerstiefel vollgekotzt wird oder Bierdosen während des Konzerts scheinbar lautlos an die Wand prallen.

Mein winzig kleines Schlafgemach ist eine Holzbox auf dem Dach, ganz oben auf dem Berliner Altbau. Meine kleine *sleeping box* nenne ich sie. An allen Seiten hat sie Fenster, plus zwei bodentiefe Flügeltüren. Das Kopfteil meines Bettes steht direkt vor den Glastüren. Verdammt! Wo soll ich denn jetzt schlafen? Wieder alles einsehbar, ich bräuchte dringend Ruhe. Mir geht die Kraft aus. Ich lege mich ins Bett, aber ich bin zu verkrampft, um die Augen zu schließen.

Lars, wie weit seid ihr weg von mir, von meiner Wohnung, von meinem Bett hier?

Im Studio erwähnten sie einen Vorfall in Prenzlauer Berg, also keine zehn Kilometer entfernt. Wum-wum-wum-

16

wum, spüre ich es leicht zittern unter meinem Bett. Es klingt wie ein Nazi-Viertakt-Sample, wum-wum-wum-wum. Das Vibrieren der U-Bahn unter meiner Wohnung kündigt hoffentlich nicht dein Herannahen an.

Jetzt hör aber mal auf, Mo!

Und schon wieder driften meine Gedanken ab. Einen Moment lang bin ich gefesselt in Bildern meiner Kindheit. Vielleicht erinnert mich gerade meine zartgeblümte Bettdecke daran, die ich mir über den Kopf ziehe, um die Fenster und all das, was dahinter lauert, nicht anschauen zu müssen. Unter meiner Decke wird die Luft feucht durch meinen schnellen Atem. Meine früheste Kindheit, ach Lars, wohin treibst du mich da?

Was hat sie damals wohl gesagt, als sie mich mit fünf Wochen in dem Kinderheim abgegeben hat, meine Mama? »Hier, bitte! Ich weiß nicht, was ich mit der Kleinen anfangen soll, ich muss ja arbeiten.«

Vielleicht hatte ich damals ein ähnliches Gefühl totaler Hilflosigkeit und Angst. Vielleicht hat sich dieses Gefühl in mir eingebrannt und lauert jetzt zusammen mit Lars hinter dem Glas, zum Greifen nah.

Meine Mutter und mein Vater waren damals eins der wenigen gemischten Paare in Deutschland. Und mein Vater, der als schwarzer Student nach Kassel kam, war sicher zu der Zeit noch für die meisten Deutschen ein wandelnder abgelehnter »Ariernachweis«. Und ich war ein »Revolutionskind« – Ausdruck der Revolution meiner Mutter gegen alles, was von der Nazizeit noch übrig war. »Neger«, »Farbige« oder »Marokkanermischlinge«, wie die Nazis im Allgemeinen Schwarze kategorisiert hatten, sah man in westdeutschen Städten nur wenige. Was es aber nach wie vor gab, war jede Menge Ärger und erschwerte

Bedingungen im täglichen Leben für »Mischehen«, und das spürten auch meine Eltern am eigenen Leib. Dabei hätte alles so schön werden können, als sich die beiden jungen Menschen in einer Kasselaner Straßenbahn kennengelernt haben. Und das kleine Glück, das bei so einem Zusammenkommen auf die Welt kommt, hätte mit seinem Lächeln alles gegeben, um eine gemeinsame Zukunft für alle zu gewährleisten. Stattdessen musste mein Vater nach England und setzte dort sein Studium fort. Meine Mutter fühlte sich allein mit mir überfordert, und so habe ich meine frühste Kindheit bei einer Pflegefamilie und zuvor übergangsweise in einem Kinderheim verbracht. Es hieß »Heckenmühle« und war in der Nähe von Kassel. Draußen ein schmaler, reißender Bach, der von morgens bis abends ein kleines Holzrad antrieb. Drinnen im Heim kleine Beinchen, die unermüdlich auf ihren kleinen Matratzen in die Höhe strampelten. Auch, um stetig Muskeln aufzubauen, die sie mal von diesem Ort wegtragen würden.

Noch nie habe ich den Versuch gewagt, mich dort liegen zu sehen, noch nie. Aber mit Lars Kugel im Nacken liege ich jetzt mitten in einem der Babybettchen und rufe meine Mami. »Uuuäääh, uuuuuäääh!« In Babysprache heißt Mami »Uäh!« – ein anderes deutsches Wort konnte ich noch nicht.

Ich glaube, jetzt hast du es geschafft, Lars, jetzt habe ich wirklich Angst.

4.53 Uhr, in der ersten Nacht nach deiner Morddrohung. Wie soll es jetzt weitergehen? Ich texte:

Ohne Scheiß, ich war vor deiner Morddrohung trotz dieser etwas verkorksten Kindheit eine irgendwie starke junge Frau.

Fuhr mit meinem Retro-Benz mit Namen »Luzy« aus den Seventies durch Berlin und fand's klasse, wenn mich Leute deshalb anlächelten. Ich ging auf Vernissagen, die man erst 'ne halbe Stunde vorab irgendwo analog auf 'nem Zettel in einem Baumschlitz stecken fand, trank Caipis mit Strohhalm, tanzte mich von Clubs wie dem Tresor und dem SO36 ins Koma und ging morgens um neun Uhr pünktlich zum klassischen Gesangsunterricht an der Universität der Künste, Berlin. All das konnte ich.

Sag mal, bist du stolz auf das hui-buuuh, huuui-buh, grusel-grusel, ich-lauer-dir-auf, hui-buuuh? Das ist nicht lustig. Ich bin ein Mensch, und ich möchte jede Sekunde dieses wunderbaren Lebens in mich aufsaugen, ich möchte leben. Ich liebe große, duftende Blumenwiesen, ein klitzekleiner, grüner Laubfrosch mit großen Glupschaugen auf meiner Hand macht mich glücklich, und ich esse für mein Leben gerne Vanilleeis, trotz altersbedingter Laktoseintoleranz. Ich habe mal Basketball-Bundesliga gespielt, und mein erstes Auto war ein VW-Käfer. Meine Freunde schätzen mich als Geschichtenerzählerin und gute Zuhörerin, wenn Liebeskummer oder Weltschmerz bei ihnen Einzug halten.

Ich muss sagen, ich bin enttäuscht, dass ich jetzt dich an der Backe hab. Ja dich, denn schließlich hast du ja mich gerufen, nicht ich dich, dass das mal klar ist. Wie soll das nur weitergehen?

6.02 Uhr, hinter dem Fensterglas wird es langsam hell. Fast jeder hat Ängste, beschwichtige ich mich, Angst ist nichts Außergewöhnliches. Angst zu versagen, Angst, den Partner zu verlieren, Angst, alles Mögliche zu verlieren, Angst vor etwas, das sich in seinem Leben festkrallt und partout nicht weichen will und so weiter. Hau ab, du

Angst, aus jeder Pore, hau ab! Aber die Angst bleibt, solange man schweigt.

Zuerst versucht man ja meist die Bedrohung, wenn man vielleicht gemobbt wird oder sich einer anderen verletzenden Situation ausgesetzt fühlt, auszublenden und will einfach so weitermachen, als wäre nichts. Das kennen die meisten. Es ist der beste Weg, nicht gleich morgens schon in Selbstmitleid zu versinken und womöglich Tränensäcke zu kultivieren. Einfach die Luft anhalten, ohne sich etwas anmerken zu lassen. Aber das ist ungesund, das steht auch überall in den Psychoratgebern und den Gesundheitsmagazinen.

Gut, aber was gibt es denn für Alternativen zum Wegdrücken? In meinem Fall geht es immerhin um Mord. Ich könnte vielleicht einfach schlafen, sehr, sehr lange schlafen, enorm viel länger als an einem *lazy sunday*, aber dann wäre ich ja schon tot, bevor ich von Lars umgebracht werde. Oder ich könnte auch mit dem Auto eine Spritztour machen und, wann immer ich Angst vor Lars bekomme beim »durch die Stadt Düsen«, sanfte Frauenstimmen hören. Dann kann einen der Sensenmann nicht einfangen, diese Weichheit und 'ne abgefeuerte Kugel, das passt einfach nicht. Und so werden Ayo, Sade, Sezan Aksu, Adele und Lizz Wright zu meinen ständigen Begleitern.

Plötzlich schießt mir ein Gedanke durch den Kopf und treibt mir Schweißperlen auf die Stirn. Ich laufe runter in mein kleines Bürozimmer und greife hektisch zum Telefon. »Ich werde bedroht, körperlich bedroht, meine Adresse muss sofort aus dem Netz, muss runter von Ihrer Seite, hören Sie!«, rufe ich ins Telefon. »Wir haben Vorschriften«, sagt der Sachbearbeiter einer staatlichen Website, »ich kann nichts löschen, ich brauche eine Adresse!«

Typisch deutsch, denke ich und rufe den Typen dreimal hintereinander an, sage immer wieder dasselbe, Adresse aus dem Netz, bitte, weg, sofort. Meine Augen fallen dabei zu, Schlafentzug treibt noch mehr Panik in den Körper. Und dann tue ich's einfach. Ich gebe ihm eine Adresse, die Brunnenstraße 175. Die soll er nun neu auf seine Website als meine Privatadresse eintragen. Was er nicht weiß, die Brunnenstraße 175 ist die Adresse des Polizeiabschnitts 31 in Berlin Mitte.

Die 31er kenne ich gut, weil sie immer wegen Lärmbelästigung in meiner Bar »Seven Lounge« vorbeikommen. Ich stelle mir vor, wie Lars oder seine Neonazis eines Nachts, aufgepeitscht mit Wut, »Die Kugel ist für dich« singend, plötzlich dort bei den Bullen landen und möglicherweise gleich die passende Übernachtungsmöglichkeit zum Ausschlafen ihres braunen Rauschs finden.

Strike!

Die Aufmüpfigkeit dem Sachbearbeiter gegenüber ist vielleicht nur ein erster kleiner Schritt nach vorne, gegen die Angst, gegen das Ausgeliefertsein, und vergleichsweise eine poplige Aktion in der Kategorie Ziviler Ungehorsam, aber ich spür's: Das Blatt beginnt sich zu wenden, mein Turn beginnt.

2. Mein erster Nazi

Jeder Tag nach der Morddrohung könnte der Tag werden, an dem ich einem oder vielleicht auch mehreren Neonazis gegenüberstehe. Ganz tief drin in mir habe ich mittlerweile sogar eine Art Sehnsucht danach. So etwas kann wahrscheinlich kaum einer nachvollziehen. Wer sehnt sich schon danach, seinem Peiniger zu begegnen? In Fleisch und Blut. Das ist doch meschugge. Macht man nicht freiwillig. Und doch, heute ist der Entschluss gefasst, mich meiner Angst zu stellen, ihnen ins Gesicht zu sehen, *face to face*. Bei jedem Treffen mit einem Rassisten möchte ich ein Stück ihrer rechtsnationalen Strategie entlarven.

Was ich jetzt schon weiß, sie sind nicht alle gleich. Es gibt die Hassprediger, die Schläger und die Mitläufer ... Muss ich bei jedem anders agieren? Auwei! Ich wünsche mir, in meine Gefühlswelt einzutauchen, möchte hadern, taumeln, frösteln, philosophieren, aber niemals aufgeben. Vielleicht werde ich sogar herausfinden, wie der Kreislauf der Gewalt unterbrochen werden kann, und wo die Menschlichkeit sitzt. Die erste Frage, die sich mir dabei stellt: Können wir eigentlich geradeaus blicken, wenn uns ein großer Hund mit fletschenden Zähnen entgegenstürzt? Ich weiß es nicht und hoffe eben einfach, bei dem Sich-in-die-Augen-Schauen könnte für einen kurzen Moment das Böse, das Lars in meine Welt eingepflanzt hat, verschwinden. Und diese ewigen Horrorgedanken und meine Angst könnten sich dabei ganz schnell in Luft auflösen. Vielleicht würde ich dann aus den vielen Ecken meiner Wohnung auch nicht mehr so angestarrt werden. Verdammt, mein Heim ist nicht mehr mein Heim, seit ich die Morddrohung bekommen habe. Und ich bin nicht mehr die Alte, bin mutiert zur Angsthäsin, bin ein Jammerlappen im Exil.

Ob es wohl den Leuten, die da draußen vor meinem Fenster vorbeilaufen, ähnlich geht? Ich schaue vom Schreibtisch aus runter zur Straße und versuche, Gesichter zu entdecken, die ihre Gefühle vor sich hertragen. Angst ist nicht immer leicht zu demaskieren. Manchmal erkennt man im Gesicht oder an der Körperhaltung nur die Mühe, die sie macht, die Stoppschilder, die sie im Leben setzt.

Müssen sich eigentlich viele mit so unnötigen Interrupts herumplagen, die das Leben auf abscheuliche Art verlangsamen? So viele Menschen, mit so vielen Plänen für ihr Leben, die dann so furchtbar langsam ans Ziel kämen. Hilft ihnen jemand, diese Gefühle aufzufangen? Und wie gehen sie mit Rassismus um? »Hey da unten, schaut mal hoch, zeigt eure Besorgnis, zeigt eure Last«, möchte ich ihnen zurufen.

Warum das alles? Immerhin haben in Deutschland noch nie so viele Ausländer gelebt wie heute.[1] Acht Millionen, und jeder fünfte Deutsche besitzt eine Migrationsgeschichte. Allein in Berlin leben eine halbe Million Menschen aus fast zweihundert Staaten. Aber da wir kein »Integrationsgedächtnis« haben, bei dem jede Generation ihre Erfahrungen weitergibt, müssen sich Migranten immer wieder mit Fremdenfeindlichkeit herumplagen. Hier bei mir in Berlin-Kreuzberg wohnen Deutschtürken, geflohene Syrer, asylantragstellende Somalier, seit Genera-tionen hier lebende Deutschitaliener oder Deutschrussen mit Rauschebart. Sie kennen die Farbe meiner Emotionen sicher, haben vielleicht Ähnliches erlebt und wünschen sich genauso wie ich ein einigermaßen normales Leben. Oder zumindest eines ohne Rassismus, Antisemitismus, Islam- oder Fremdenfeindlichkeit.

Ich wünschte, ich könnte zu einem von ihnen rübergehen und fragen, wie so ein Gespräch mit einem Neonazi verlaufen könnte. Aber ich fürchte, die gucken mich dann mit großen Augen an und zeigen mir 'nen Vogel. »Mit Nazis spricht man doch nicht – Nazis raus!«

Ja, aber genau das isses, das isses doch. Nazis raus!

Juchhu, ich dreh die Sache einfach um. Warum soll denn ich hier fort? Sollen die doch weg. Nazis raus, Nazis raus, Nazis raaaauuuus, schreie ich innerlich so laut ich kann.

Dieser Nazis-raus-Satz lenkt mich für einen Moment von meiner dusseligen Idee ab, mit einem Exemplar dieser rechtsdrehenden Kulturen reden zu wollen. Das tut gut. Mir fallen etliche Orte ein, wo ich noch mehr von dieser scheinbar heilenden Nazis-raus-Substanz finden kann. In den Nachrichten, in Talkshows, in Zeitungsschlagzeilen. Ich gebe in meinem Laptop »Nazis raus« in die Suchzeile ein. Ergebnis, 435 000 Treffer.

Vierhundertfünfunddreißigtausend Einträge, die da voller Überzeugung rufen: »N-A-Z-I-S R-A-U-S«. Das ist phantastisch, ich bin gerettet.

Ich scrolle mich im Netz durch eine Flut von Bildern mit Menschen, die eng zusammenstehen, die sich unterhaken und ein Schutzschild gegen Rassisten bilden. Ich könnte eine von ihnen sein. Da wär ich sicher. Zwischen den Mitbürgern, umgeben von Nazis-raus-Schilder, die den Zorn der Gemeinschaft wie in einer schwebenden

Sprechblase vereinen. Ich könnte mich Hunderttausenden auf Anti-Nazi-Demos anschließen, gemeinsam mit ihnen Nazis anbrüllen, voller Inbrunst im Pulk den Nazis den Mittelfinger entgegenstrecken. Da! Friss!

Doch das Schicksal will es anders. Mit nur einem Telefonanruf werde ich zurück in meine ursprünglich angedachte Richtung geschleudert, einen Nazi zu treffen und mit ihm zu reden.

»Hast du Lust im Knast mit uns ein Theaterstück zu inszenieren?«, fragt mich Sabine mit leiser Stimme am Telefon, während ich mal wieder vor dem Laptop sitze und mir übelstes Zeug über Nazis reinziehe. »Ein paar Freunde und ich wollen *Die Räuber* von Schiller mit Gefangenen erarbeiten, in der JVA Wriezen, in Brandenburg. Zu therapeutischen Zwecken, wir fangen in drei Monaten an.«

Ich kenne die Schauspielerin Sabine vom Synchron, sie hat mir am Sprecherpult am Anfang bei allen möglichen Filmen Tipps gegeben. Später haben wir für »Emergency Room«, »Star Trek-Raumschiff Voyager« oder »Playboy Late Night Show« alles Mögliche ins Mikro gesprochen, gemotzt und geschrien. Beim Synchronsprechen waren wir oft Helden, hinterm Mikro, im wirklichen Leben, waren wir es nicht.

Nun will Sabine Knastis durch Schauspielproben und Atemtraining zu einem neuen Selbstbewusstsein verhelfen.

Moment mal! Brandenburg? »Machen da auch Nazis mit?«, will ich wissen.

»Na klar! Das ist Brandenburg. Einige der Jungs da drin sind Nazis«, sagt sie, als ob das das Selbstverständlichste der Welt sei.

Oh-my-god, dann könnte ich da ja jetzt wirklich einen

treffen, O-M-G, ich fass es nicht, dass dieser Tag einmal kommt.

Auf meinem Schreibtisch neben dem Laptop türmen sich etliche Notizzettel, auf denen ich während meiner Suche nach einer Lösung gegen meine Angst immer wieder dieses »Nazis raus« gekritzelt habe. So viel »raus«, immer wieder »raus«, dass es mir jetzt schwerfällt, Sabines Angebot anzunehmen.

Zum Glück habe ich von diesen Abwehr-Globuli noch nicht zu viel eingenommen und mein alter Motivations-Schlachtruf wirkt noch: »Ran an die Buletten, im Zweifel an die eigenen.«

Die plötzliche Wahl zwischen »Nazis raus« oder vielleicht doch »Nazis treffen« entwickelt in meinem Kopf eine schöne Sprengkraft. »Will ich das wirklich?«, »Kann ich das überhaupt?«, »Und warum eigentlich?«, schießt es hin und her. Ich habe ja noch nie einem Neonazi außerhalb meiner Horrorträume gegenübergestanden, geschweige denn mit einem persönlich geredet. Was da alles passieren kann, wenn man nicht in der Masse mit den Raus-Schildern steht. Trotzdem, sage ich mir, das hier ist meine Chance!

»Wir proben im Knast, in Wriezen, fünfzig Kilometer nordöstlich von Berlin. Da sind Wärter, hohe Mauern, eigentlich kann da nichts passieren«, bemerkt Sabine so nebenbei. Eigentlich?, denke ich. Aber die schmuggeln da alles Mögliche rein, eine Nagelfeile kann schon großen Schaden anrichten, wenn sie nicht »artgemäß« eingesetzt wird.

»Da kann nichts passieren, ein Wärter beobachtet uns bei den Proben«, ich höre Sabines beschwichtigende Stimme.

»Und wenn der mal wegschaut?«

»Der schaut nicht weg.«

»Aber wenn der doch mal wegschaut?«

»Da sind noch andere, die aufpassen. Außerdem proben wir *Die Räuber* von Schiller und nicht *Die Mörder* live und in Farbe.«

»Ach, da sind auch Mörder dabei?«, hake ich nach.

»Ja, das muss ich dir noch sagen, einer ist ein Mörder, und der soll eigentlich ganz nett sein. Sie werden uns dort aber nicht sagen, wer es ist. Wir werden überhaupt nicht erfahren, wer was gemacht hat, weder bei dem Mörder noch bei den Nazis, um den Männern bei den Proben gegenüber ganz neutral zu bleiben.«

»Das finde ich gut, das gefällt mir, Sabine, das finde ich wirklich, wirklich gut!«, sage ich laut ins Telefon. Und dass ich bereit bin, mitzumachen.

Drei Monate später

Morgen ist der erste Tag im Knast und mein allererster Tag, an dem ich auf »lebendige« Neonazis treffen werde. Wie sich das anhört! Den ganzen Abend über rumort mein Magen schon, und ich versuche, mich mit einem Kännchen Kamillentee zu beruhigen. Mit Gerry, einem alten Freund, hatte ich mal an einem Frühlingstag in einem Café am Hackeschen Markt einen Satz kreiert, der mich in brenzligen Situationen eigentlich immer aufpäppelt. Der Satz heißt: »Ick steh nich uff Pille, ick steh uff Kamille«, was bedeuten soll, dass wir keine Drogen brauchen, um uns wieder auf die Reihe zu bringen. Teeschlürfend verfehlt der Satz an diesem Abend seine Wirkung. Es gluckst nur verdächtig immer weiter in der Magengegend. Und liebend gerne würde ich irgendeine Droge nehmen, um vor dem morgigen Tag keine Angst zu haben. Wie nur schöpft man Mut – ohne Drogen? Und wie bereitet man sich darauf vor, seinem ersten echten Neonazi gegenüberzustehen?

Man schaut zuallererst in den Spiegel.

Ich laufe ins Bad und bleibe gebannt vor dem Spiegel stehen. Das also wird der Nazi von mir sehen: Nase, Mund, hektische Wimpern, Löckchen. Ich im Ausnahmezustand, aber immer noch ich. Ach du meine Güte, das ist doch alles nicht so schlimm. Ist nur der ganz normale Wahnsinn, den jeder so im Gesicht hängen hat. Da brauch ich mir doch keine Sorgen zu machen, denk ich.

Hallo Mo! Bist du bereit, frage ich mein Spiegelbild. Du siehst okay aus, noch alles dran, Nase, Mund, hektische Wimpern, Löckchen.

»Stopp!«, sagt mein Spiegelbild. »Da ist noch was, schau mal die dunkle Hautfarbe. Sorry! Damit bist du leider draußen. Das kannste vergessen.«

Mein Mund kneift sich zusammen, ich denke mir, was bildet sich dieses Spiegelbild ein! Wieso fällt es mir in den Rücken? Das ist ja unerhört! Außerdem ist die Hautfarbe und das ganze Gedöns bei mir ganz klar kein Thema mehr. Das war es mal, erinnere ich mich. Als 12-Jährige habe ich mir meine Locken mit so einer kopfhautverätzenden Haarcreme geglättet, nur um wie eine Weiße auszusehen. Habe mich in viel zu enge Jeans gezwängt, um meinen afrikanischen Popo auf European-Flatscreen-Level zu bringen. Aber das ist Geschichte. Hey, sage ich, meine Hautfarbe ist schwarz, und schwarz ist schön, Punkt. Im Gegenteil, ich könnte sogar mal wieder Solarium gebrauchen, so blass wie ich bin.

»In diesen Zeiten ist die Bräunungsbank für dich vielleicht eher ungünstig«, erwidert mein Spiegelbild rotzfrech. Dann verstummt es für einen Moment und setzt neu in einer etwas tieferen Lage an, als wär's ein neues Spiegelbild: »Hör gut zu, Mo! Die Nazis werden dich nicht mögen. Sie werden dich hassen.«

Meine Mundwinkel ziehen sich nach unten, und die Stirn runzelt sich zu einem kleinen sächsischen Gebirge. Ich kann nicht sagen, dass der Blick in den Spiegel Mut gemacht hätte. Um den morgigen Tag zu überstehen, muss ich mir also etwas anderes einfallen lassen. Denn eins ist klar, ich könnte da morgen direkt vor dem Nazi auch in Ohnmacht fallen. Es könnten möglicherweise all die Erinnerungen an die Gänsehauterfahrungen meines Lebens auf einen Schlag in meine Unterarm-, Oberschenkel- und Wadenhärchen schießen. Zzzssssssssshh! Damit würde sich mein Körper schockartig selbst schachmatt setzen. Die Nazis würden lachen, und Sabine würde mich aus der Gruppe schmeißen.

Zum Glück weiß ich von meinen Bühnenauftritten, vom Synchronsprechen und vom Moderieren, dass man am Tag vor einer großen Sache eine Generalprobe macht. Das soll das Muffensausen auf ein erträgliches Level herabsenken. Bei so einer Probe darf man dann naturgemäß das komplette Gänsehaut- und Lampenfieberprogramm ablaufen lassen. Es muss sogar erlebt werden, um auch wirksam zu sein. Man pusht sich also einmal in die Hölle, bis zum Anschlag und darüber hinaus, und ist dann bei der Premiere ruhiger. So machen es Tom Hanks, Kid Rock und Barbra Streisand.

Wie aber sieht eine Generalprobe zum ersten Treffen mit einem Neonazi aus?

Niemand hat bisher Erfahrungswerte irgendwo im Netz

deponiert. Meine Finger sind fast an den Tasten meines Computers festgewachsen, so lange suche ich schon danach. Und ich bin allein, keine Bühne hier zu Hause, die Nachbarn kann ich für dieses spezielle Experiment auch nicht fragen: »Hallo, haben Sie mal Zeit, einen Neonazi für mich zu mimen, und könnten Sie dabei recht fies sein, bitte. Das hier ist meine Generalprobe für morgen.«

Keine Bühne, kein Nazinachbar, keine Generalprobe. Ich entscheide mich deshalb jetzt ganz schnell für folgende Probensituation. Näher komme ich nicht ran. Die Gänsehaut zur Probe soll ein Film aus meiner kleinen privaten Videothek hervorrufen. Meine Wahl fällt auf »Das Schweigen der Lämmer«. (Wie die folgenden neunzig Minuten aussehen, ist unbeschreiblich. Die Leute, die mich aus der Öffentlichkeit kennen, denken sicher, dass ich selbstbewusst und tough bin, weil ich auf Bühnen oder vor Kameras stehe. Oh, wenn die wüssten. Ein Trauerspiel ist das mit mir.)

Am nächsten Morgen um zehn Uhr früh stehen wir vor dem riesigen Tor der JVA Wriezen, nordöstlich von Berlin. Keine Ahnung, ob die anderen Bedenken haben, durch dieses eiserne Gefängnistor zu den Kriminellen hineinzugehen – ich schon. Ich fühl mich, als wär's mein letzter Tag.

Uns wurde eine Wärterin zugeteilt, die uns mit ihrem riesigen Schlüsselbund offensichtlich durch sehr, sehr viele Türen und Sicherheitszonen führen soll. Sie begutachtet jeden von uns sehr genau, und ich habe das Gefühl, dass sie dabei leicht grinst. Nach einer kurzen Begrüßung schaut sie dann auf einmal rüber, direkt zu mir und sagt ausgerechnet diesen Satz, der mir abends bei meiner Generalprobe das

Blut in den Adern hat gefrieren lassen: »Bereit, wenn Sie es sind« – genau das sagt im Film der Wärter, der Clarice Starling zu Hannibal Lecter ins Verließ bringt.

Jetzt ist mir wirklich schlecht.

An Sabines Gesichtsausdruck sehe ich, dass sie stolz ist, ihren Plan, den Knackis zu helfen, nun endlich umsetzen zu können. Auch alle anderen haben so einen selbstzufriedenen Gesichtsausdruck beim Überschreiten der metallenen Schwelle. Sie sind Helden, denn sie werden dort den Gestrandeten wieder auf die Beine helfen. Sie sind sich ihrer Sache sicher. Ich habe die gleiche Mission, will den Jungs in der JVA durch unser Theaterprojekt auch irgendwie helfen, aber ich fühl mich auf einmal selbst wie ein Verbrecher, wie eine Kriminelle. Wieso das jetzt auf einmal so ist, kann ich mir nicht erklären. Ich schaue mich hektisch um, bin irritiert von diesem Gedanken. Kann das Kriminelle vielleicht in einen hineinkriechen, auch, wenn man nur mit einem Gefängnis in Berührung kommt? Geht das? Habe ich was angefasst?

Ich sehe mir die Gefängnismauern an und hoffe, dass sie mir vielleicht etwas über dieses plötzlich aufkommende *criminal feeling* erzählen. Sie sind wahnsinnig hoch und werden nur unterbrochen von Wachtürmen, von wo aus sichergestellt wird, dass auch keiner über die Mauern klettert und flieht. Menschen, die Verbrecher genannt werden, sollen nicht rüberkommen, die sollen wegbleiben, weil sie nicht zu den »Guten« gehören. »Mit denen wollen wir nichts zu tun haben. Die sollen nicht in unserer Nähe wohnen. Wir müssen uns vor denen schützen« – das Mauerbild kriecht in mich rein und andere Assoziationen entstehen. Es erinnert mich an Stammtischnazis und rechte

Parteien, die das Gleiche über Migranten, Asylbewerber und Ausländer sagen. »Die sind schlecht, alles Kriminelle, die sollen weg«, brüllen sie in ihren Stammkneipen, Vereinshäusern und Parteizentralen. Auf ihren Demos schwenken sie Transparente, auf denen man lesen kann: »Ausländer raus«, »Zurück in den Busch«, »Sicher leben – Asylflut stoppen«, »Ist der Ali kriminell – in die Heimat, aber schnell«, »Grenzen sichern – Kriminalität stoppen«, »Heimatliebe statt Marokkaner-Diebe«, »Wer betrügt, der fliegt« usw. Kein Wunder, dass ich mich kriminell fühle. Und immer wieder die gleichen Reizwörter: »Dieb, Betrug, kriminell«, die den Passanten so lange vor die Linse gehalten werden, bis sie sie in ihren Köpfen abgespeichert haben und irgendwann fließen sie dann aus ihren Mündern und zu mir.

»Bereit? Hören Sie mich, mein Fräulein? Es geht los!«, reißt es mich aus meinen Gedanken, und beim Eintritt in das Gefängnis existiere ich plötzlich nur noch als Projektion der Neonazihatz, als Duplikat ihrer Verleumdungstransparente oder als verwaschenes Hetzblatt, und fühl mich labbrig und schlapp. Für einen kurzen Moment ist mein Wunsch verschwunden, mit einem Neonazi ins Gespräch zu kommen, zerquetscht der Mut, gesenkt mein Kopf.

Die Eisentüren bewegen sich für mich wie in Zeitlupe. Bei jedem schwerfälligen Schwung befürchte ich, die Masse ließe sich nicht aufhalten und dotzt beim Aufreißen gegen die doppelt gemauerte Gefängnisinnenwand. Von einer zur anderen Minisicherheitszelle werden wir getrieben, Türe auf, Türe zu. Schlüssel rein, nach links drehen, nach rechts drehen und dann Schlüssel wieder raus, so geht das sicher fünfzehn Minuten lang, bis wir im inneren Kern der

Anstalt ankommen. Bis hierhin kichern sich manche von uns die Schwere der Umgebung vom Leib. Leider habe ich es noch nicht ganz geschafft, die Verbrecherprojektion der Nazis abzulegen.

Raff dich auf, Mo, das ist deine Chance, murmele ich mein Kurzmantra vor mich hin, bis wir endlich am Ziel ankommen. Da drüben ist es. Wir werden über einen letzten Gefängnishof geschoben und kommen in einer riesigen, alten Turnhalle an. Der Holzboden ist abgewetzt, es riecht nach Ostputzmittel. Die Fenster sind vergittert.

Wir sollen uns nebeneinander aufstellen, um die Begrüßungszeremonie mit den Häftlingen möglichst effizient zu gestalten. Einer nach dem anderen soll uns die Hand schütteln. Und wer ist denn jetzt hier Nazi? Es könnte einer aus der Reihe ausscheren und seine Hände könnten nicht meine Hand, sondern meinen Hals greifen, schießt es mir durch den Kopf.

Und wieso habe ich diesen Gedanken jetzt wieder? Es ist doch einigermaßen sicher hier.

Der Wunsch, einem echten Neonazi gegenüberzustehen, holt anscheinend alles, aber auch alles an verdrängten Erlebnissen mit Rassisten aus mir heraus. Hände haben dabei eine große Bedeutung. Hände schlangen sich einmal um meinen Hals. Das war in meiner Heimatstadt Kassel. Jetzt erinnere ich mich. Ausgerechnet jetzt, wo ich vielleicht gleich die Hand eines Neonazis schütteln werde.

Das Bild aus der Vergangenheit verlangsamt erneut den nächsten Schritt, unserer »Händeschüttelzeremonie«. Plötzlich alles in Zeitlupe, so wie an jenem Sommertag, als ich, zwanzig, für einen Job als Fahrgastbefragerin in einer Straßenbahn Leute interviewen sollte. In meinen Händen damals Zettel mit Kreuzchen für eine statistische Auswertung. »Hallo, wir führen eine Umfrage durch. Wie finden Sie das Streckennetz in Kassel? Sind Sie zufrieden mit den Uhrzeiten Ihrer Straßenbahnlinie?«, fragte ich einen circa 30-jährigen bulligen Mann.

Er war einen Kopf größer als ich und schaute gereizt zu mir herunter. Seine Hände kamen schwungvoll aus dem Nichts und griffen meinen Hals, drückten so fest zu, bis meine Gurgel fast im Halsinneren verschwand. Ich hing in der Luft und war nicht in der Lage, etwas von mir zu geben. Keinen Mucks. Meine Hände krallten sich so fest in meine Unterlagen, dass das Papier mit den letzten Befragungen über dem Leitsatz der Befrager, »Seid offenherzig und freundlich«, zerriss.

In der Turnhalle schaue ich jeden einzelnen der Knackis an, beobachte, wie sie auf uns zukommen, und ertaste dabei meine Gurgel.

Dann bin ich wieder in Gedanken in der Straßenbahn. Dort hatte keiner der anderen Fahrgäste etwas gesagt, während ich gewürgt wurde. Die Bahn fuhr einfach an den Wohnhäusern vorbei. Man sah kleine Geschäfte, parkende Autos, in entgegengesetzter Richtung laufende Passanten, keiner sagte was. Die Bahn fuhr an der nächsten Haltestelle ein und wurde dabei langsamer. Alle schauten nach unten, unterhielten sich nebenbei. Ich hatte die komplette Strecke von einer zur nächsten Station nicht geatmet.

Adrenalin riss meine Augen auf, während meine Fußspitzen immer noch über den Boden pendelten.

Als die Bahn stoppte, sanken meine Füße wieder auf den Boden. Meine Gurgel sprang nach außen, als sich seine Hände lösten. Der Typ verließ die Straßenbahn, ohne etwas von sich zu geben. Die Tür ging zu, und wir fuhren weiter.

Das alles sah ich jetzt plötzlich so klar vor Augen, Jahre hatte ich nicht mehr daran gedacht. »Da vorne ist das Arbeitsamt«, sagte ich damals zu den anderen Fahrgästen. »Da will der wahrscheinlich hin, um Arbeit zu suchen. Sehen Sie, der läuft da gerade drauf zu, zum Arbeitsamt.« Dann war ich wohl still und habe nichts mehr gesagt, so zumindest erinnere ich mich heute daran.

Still ist es auch jetzt hier bei uns in der Gefängnisturnhalle. Und da kommt auch schon die erste Hand, die nach meiner greift. Du musst jetzt verdammt aufpassen, dich wiederfinden, ermahne ich mich erneut.

Wieder ruhig gelingt es mir tatsächlich, jedem einzelnen der Gefangenen die Hand zu reichen. Meine Alarmbereitschaft verlangsamt meine Motorik irgendwie.

»Guten Tag«, sage ich. »Guten Tag«, kommt es von meinem ersten Gegenüber.

»Guten Tag, ich freue mich, dass es geklappt hat«, sage ich zum Nächsten.

»Guten Tag, ja, schön ist das.«

»Tach«, murmelt der dritte in der Reihe etwas schüchtern.

»Tach! Ich bin gespannt, wie es wird.«

Die Gefangenen sind extrem freundlich, und sie lächeln einen beim Händeschütteln sogar an. Damit habe ich nicht gerechnet. Bei jedem der Jungs versuche ich herauszufinden, ob er wohl ein Neonazi ist. An den Klamotten kann ich es nicht sehen, an den Haaren auch nicht, sie sind alle recht kurz. Ich versuche, es in ihren Augen zu lesen.

Während ich der nächsten Hand entgegengehe, sehe ich, dass der junge Mann sie leicht nach unten dreht. Irgendetwas soll ich nicht sehen. Leise sagt er: »Tag!« und schaut dabei auf den Boden. Seine Augen erwische ich nicht.

Tach, Tach, und noch mal Tach ... Schön, dass Sie sich die Zeit für uns nehmen, guten Tag, guten Tag. Eine Hand nach der anderen streckt sich mir entgegen.

Die Begrüßung ist nach ein paar Minuten vorbei, und wir setzen uns alle auf die aufgestellten Holzbänke, um der Eröffnungsrede eines Verantwortlichen zuzuhören. »Wir danken Ihnen, dass Sie zu uns in die JVA gekommen sind, um gemeinsam mit den Inhaftierten ein Theaterstück von Schiller zu erarbeiten« – oder so ähnlich. Ich höre nur halb hin. Bin viel zu beschäftigt mit der Frage: Wer ist denn Nazi hier im Raum? Wer? Ich muss es wissen! Ich beuge mich leicht vor, schaue nach links und nach rechts, versuche, möglichst unauffällig dabei zu sein.

Wie äußert sich rechtsnationales Gedankengut beim Guten-Tag-Sagen? Keine leichte Frage. Ist es lauter, oder ist es scharf, um gleich klarzustellen, wer hier das Sagen hat? Kommt es vielleicht extra tief gebrummt daher, klingt es nach einer Drohung?

Natürlich habe ich alle möglichen Vorstellungen im Kopf durchgespielt, wie ein Neonazi sich verhält, wenn er vor mir steht und Guten Tag oder auch nur Tach sagt. Nichts von dem habe ich bei all den Begrüßungen erkennen können. Nichts. Ich tappe im Dunkeln.

Sabine stellt das Theaterprojekt vor und lässt mir damit noch ein paar Minuten, um einen Nazi zu finden. Er ist da. Hier irgendwo. Er sitzt ganz in meiner Nähe. Unerkannt. Weil er es so will.

War nicht doch irgendetwas beim Händeschütteln außergewöhnlich oder anders? Vielleicht suche ich auch in der falschen Richtung. Einen kurzen Moment sagt mir mein Bauchgefühl, der, der dich nicht angesehen hat, das ist einer.

Aber das kann nicht sein, Nazis sind stark und haben Kraft, das werden sie mir auch sicher zeigen wollen. Wahrscheinlich ist ihr Blick sogar extrem starr, wie eine Pfeilspitze, die mich durchbohren will. Vielleicht sind die Augen kalt, aber sicher guckt keiner weg. Ich muss mich getäuscht haben.

Schon komisch, denke ich, jetzt habe ich so viel über Neonazis nachgedacht, habe sie mir in Gedanken vorgestellt mit Glatze, ohne Glatze, mit Springerstiefel oder Lackschuhen, mit Megaphon oder nur brüllend. In meiner Vorstellung waren sie mal groß und brutal, mal klein und gemein. Und jetzt sitze ich hier so verdammt nah dran und keins der Bilder passt zu der Bestie, die ich mir gebastelt hab. Oder schläft sie nur?

Es ist zweiter Probentag, und ich weiß immer noch nicht, wo hier ein Nazi ist. Wir sollen uns für den Anfang zum Näherkennenlernen alle einen Partner aussuchen. »Heute machen wir gemeinsame Körperübungen«, sagt Sabine energisch. Jetzt soll ich ihn auch noch anfassen, denke ich mir. Ich weiß plötzlich gar nicht, ob ich das überhaupt kann, bin ja immer noch voll mit meinen selbstgebastelten Bildern.

Während wir so durch die Turnhalle rennen, und jeder versucht, den anderen durch seine mehr oder weniger kapriziösen Körperbewegungen einzuordnen, meldet sich mein Bauchgefühl wieder. »Es ist der, der dich nicht angesehen hat.«

Ja, bei der Begrüßung hatte einer auf den Boden gesehen. Das war doch derselbe, der seine Hand vor dem Guten-Tag-Schütteln nach unten gedreht hatte. Wozu?

Die Hand könnte etwas Besonderes haben. Wir fetzen durch die Halle und werden immer wilder. Ich suche eine Hand, die vielleicht eine Wunde hat oder ein Ekzem, oder die vielleicht sogar verkrüppelt ist. Es ist nicht so leicht, weil wir alle in Bewegung sind.

Während wir so durcheinanderlaufen, bis Sabine stopp sagt, schaue ich die durch die Halle rudernden Arme und Hände an. Man spürt, dass keiner so recht in der Lage ist, sich auf Sabines Kommando zu öffnen. Nähe ist für Knackis ein Zustand, den man meidet, um seine Aggressionen zu unterdrücken. Die meisten Hände der Jungs sind geballt zu Fäusten, einfach weil sie verkrampfen, nicht weil sie zuschlagen wollen. Ich weiß nicht, ob Sabine den Zeitpunkt willentlich abgepasst hat, aber sie sagt »Stopp!«, in dem Moment, in dem der »Bodengucker« an mir vorbeisaust.

Alle bleiben stehen.

Er und ich denken scheinbar das Gleiche: Musste sie ausgerechnet jetzt stopp sagen.

Ich seh zu seinen Händen runter, die sind zusammengeknautscht. Die eine Hand versteckt die andere.

»Hopp, hopp, hopp«, sagt Sabine, »nehmt euch an der Hand und lauft durch die Halle. Hopp, hopp, ohne nachzudenken.« Wir tun es.

In meiner im Inneren abspulenden Nazibilderwelt wär ich jetzt futsch. Seine Hand würde zupacken. Ich würde durch die Luft fliegen und dann ganz unsanft auf den Boden geschmettert werden. In meiner Nazibilderwelt wär ich schon fast tot.

Nazis raus, Nazis raus, Nazis raus!

Mo, es ist nur eine Hand, fünf Finger eines menschlichen Wesens, und du bist hier in der JVA sicher, säuselt mein Großhirn. Das Großhirn ist, so weit ich weiß, für kognitive Leistungen, z. B. Denken oder Sprechen, auch fürs Lernen oder für die Steuerung von Emotionen verantwortlich. »Tu was! Das ist deine große Chance, die Angst loszuwerden. Los, komm in der Realität an! Oder willst du dich gar nicht ändern? Und willst ewig um dich selbst und deine mehr oder weniger aufgebauschten Ängste kreisen?«, flüstert es mir zu. Denk an den Typen in der Straßenbahn, schieß ich zurück.

»Du willst mich wohl verarschen, das ist Jahre her, und wir hatten doch beschlossen, in Zukunft keine Angst mehr zu haben. Du bist ein Feigling, Mo!«

»Stellt euch jetzt gegenüber und nehmt die Hand des anderen«, sagt Sabine jetzt. »So ist es gut. Streckt sie auf mein Kommando nach oben, aaaah! Und wieder runter, uuuuh. Nach oben, aaah. Macht euch locker.« Aaaahs und Uuuhs mit einem Nazi im Gespann, irgendwie habe ich mir das alles ganz anders vorgestellt. Und wenn ich das meinen zukünftigen Nazis-raus-Freunden erzähle, würde ich sicher nicht in ihren Reihen aufgenommen werden.

»Und jetzt spielen wir Marionette«, ruft Sabine durch die Halle. »Einer fängt an. »Nehmt die Finger des anderen, dreht dessen Daumen im Kreis herum, ja lasst den Daumen des anderen kreisen, langsam. Ihr müsst locker dabei bleiben.«

Bleiben? Was meint sie damit?

»Jetzt dreht nacheinander jeden Finger des anderen Hand. Daumen, Zeigefinger … Ringfinger. Drehen, drehen, drehen.«

Er zieht die Hand weg, die ich mir ausgewählt habe. Ich

nehme sie mir sanft zurück und lasse seinen Zeigefinger kreisen. Ich suche seinen Blick, er weicht immer noch aus.

Du kannst kein Nazi sein, sonst würdest du mich jetzt mit deinen Augen erdolchen, was 'ne Möglichkeit, eine Schwarze. So nah kommst du nie wieder ran. Schau rüber zu mir.

Sabine immer eifriger: »Bleibt dran, nehmt den Zeigefinger des anderen und übertragt die Kreisbewegung des Fingers auf den Körper des Partners«, ermahnt sie sanft im Yoga-Ton. Ich sehe, wie die anderen Spielpartner um uns herum anfangen, den Körper des anderen im Kreis zu bewegen. Der Zeigefinger ist der Oberkörper, so 'ne Art Mikrokosmos-Makrokosmos-Spiel.

Ich bewege dich, du Vielleicht-Nazi. Ist das nicht putzig. Mit nur einem Finger dreh ich dich! Nein, du kannst kein Nazi sein, sonst würdest du dich nicht von mir bewegen lassen. Ich sehe einen Buchstaben auf der Rückseite seiner Hand tätowiert. Anscheinend merkt er, dass ich mir den Handrücken ansehen will und hält die Hand steifer und zieht die Schultern nach oben.

Wenn Sabine jetzt nicht das neue Kommando gegeben hätte, hätte ich es nie rausbekommen. »Nehmt die Hand des Spielpartners und ballt sie zu einer Faust«, ruft sie. Ich schaue also zu, wie sich seine Hand in meiner zu einer Faust zusammenzieht, ganz dicht vor meinem Gesicht.

Sabine steht da drüben nichtsahnend, und ich denke nur, die spinnt wohl, eine Nazifaust so dicht vor meiner Nase, da kann ich mich auch gleich selbst abmurksen.

»Hör mal endlich auf«, sagt meine innere Stimme. »Ich muss mich konzentrieren, lass los.«

In dem Moment, quasi, als ich mich selbst schon fast überlistet habe, zur Sanftmut gezwungen, zur Lockerheit

40

genötigt, sehe ich vier tätowierte Buchstaben auf seinen vier Fingern, direkt unterhalb seiner Ich-hau-dir-in-die-Fresse-Knochen.

Auf seiner Faust lese ich **H–A–S–S**.

Ich atme tief.

★★★

Mein Part bei unserem Theaterstück, das nun »Die Räuber von Wriezen« heißt, ist zum einen, die Vorleserin für den Anfang und das Ende des Stücks zu geben. Zum anderen soll ich in den großen Umbaupausen jeweils ein Lied singen. Ich habe mir folgende Songs ausgewählt: »Sometimes I feel Like a Motherless Child«, ein Spiritual, der seinen Ursprung in kleinen afroamerikanischen Kirchen der Südstaaten hat. Man kennt es wahrscheinlich als Version von Mahalia Jackson, Louis Armstrong oder John Legend. Das andere Lied, das ich zur zweiten Pause singen werde, heißt »Killing me Softly with this Song«, das die meisten in den Versionen von Roberta Flack und Lauryn Hill kennen. Die Auswahl der Lieder, ich gebe es zu, ist höchst ungewöhnlich für diesen Anlass. Zumal Seite an Seite mit Verbrechern, aber es sind eben Lieder, die etwas bei mir ganz tief drinnen bewegen und bei denen ich mich selbst in höchster Gefahr schwebend ein bisschen sicherer fühle.

Und man glaubt es kaum, aber in der gesamten folgenden Probenzeit in der Justizvollzugsanstalt und bei allen Aufführungen singe ich »Killing me softly«. Genauso, wie ich es geplant habe, als Pausenfüller. So recht habe ich mir darüber keine Gedanken gemacht, was Singen vor Mördern und Neonazis eigentlich bedeutet. Ich wollte ja nur ein mir vertrautes Lied auswählen, mehr nicht.

Killing me softly with his song
Telling my whole life, with his words
Killing me softly with his song

Wirklich, es war mir nicht bewusst, wie sie bei »killing me«
gucken werden. Dass die Jungs an meinen Lippen hängen,
dass sie von der Einfachheit einer einzelnen Stimme im
Raum so bewegt sind, das konnte hier niemand vorher-
sehen. Ich dachte, ich werde singen und die unterhalten
sich miteinander, erzählen sich vielleicht Geschichten
oder checken gegenseitig ab, wer die schöne Alma, unsere
Hauptdarstellerin, gut findet und so. Aber diese Stille, die
Konzentration, das hätte ich nie erwartet.

Fast ein Jahr gehen die Proben, und mein Spielpartner,
der Neonazi, und ich kommen uns ein kleines bisschen
näher, werden lockerer im Umgang miteinander. Allerdings ist da ist kein Platz für tiefere Gespräche, wir sind nie
alleine, immer ist absoluter Trubel um uns herum, selbst
in den Pausen.

Das, was mich aber nach jeder Probe immer nachdenklich macht, ist mein Gesangspart, besonders, wenn ich das
zweite Lied singe, »Sometimes I feel Like a Motherless
child«.

Alle starren rüber. Nur er nicht. Warum?

Manche haben sogar Tränen in den Augen, wenn ich
langgezogen »a looooong way from hooome« singe. Das
klingt so wahnsinnig kitschig, aber es passiert genauso.
Weinende Gefangene in einer Justizvollzugsanstalt. Und
dazwischen ist einer, der keine Emotion zeigt, während
alle anderen mehr oder weniger etwas fühlen. Dieser eine,
der sich mit spitzen Nadeln »Hass« auf seine Finger hat
tätowieren lassen, guckt durch die Halle, auf den Boden,

42

lächelt seine Mitspieler kurz von der Seite an, aber nie zu mir rüber.

Was steckt hinter der Fassade eines Neonazis? Ursprünglich wollte ich ja nur mal einen sehen, so einen Nazi, aus der Deckung herausholen. Im geschützten Raum, aber jetzt bin ich schon ein Jahr hier bei einem in der JVA. Und mittlerweile entwickelt sich regelrecht eine Neugierde bei mir, die sich nicht bändigen lässt. Von Peer, so heißt der junge Mann mit dem Hass-Tattoo auf der Hand, wird sie leider nicht gestillt. Auf meine Frage, ob er Lust hätte, mir von sich zu erzählen, antwortet er mit einem klaren Nein.

Drei Vorführungen von »Die Räuber von Wriezen« haben wir in der JVA auf die Bühne gebracht. Die Gefangenen hatten erst den Wärtern ihre Schauspielkünste präsentiert, dann ihren Eltern und Familien, und zum Schluss sogar dem Justizminister von Brandenburg. Alles in allem ein Riesenerfolg.

Nur mit meinem Schwarz-trifft-Weiß-Projekt bin ich auf halber Strecke hängengeblieben. So nah dran war ich, einen Menschen kennenzulernen, dessen gewalttätiges Handeln darauf ausgerichtet ist, einen Keil in die Gesellschaft zu treiben. Doch ich will nicht aufgegeben, ich wage einen erneuten Anlauf. Nach einigen Vorgesprächen mit dem Direktor der JVA hat dieser eingewilligt. Ich darf mich nach dem Theaterprojekt nun alleine mit einem anderen Neonazi innerhalb der Anstalt treffen. Er hat einem Treffen mit mir bereitwillig zugestimmt, und so kommt es, dass ich an einem 20. April, an Adolf Hitlers Geburtstag, erneut die Justizvollzugsanstalt Wriezen betrete.

Ich bin nervös und guck so auf dem Gang rum. Gleich werde ich einen mir völlig Unbekannten treffen, von dem ich mir denken kann, dass er mich nicht gerade mag. Wie wird der junge Nazi mir das zeigen, wenn wir uns gegenübersitzen? Wird er die Sau rauslassen?

Sein Name ist Marek. Auf dem Weg zu unserem ersten Gespräch laufen wir uns auf dem kargen Gefängnisgang über den Weg. Meine Wärterin hebt kurz den Arm und begrüßt Marek im Näherkommen. Just im Moment, als er mich sieht, stoppt er abrupt ab. Wow, was macht er da, ich bin's doch nur, denke ich mir. Im Bremsen wippt sein Körper nach unten, zweimal, wie eine nagelneue Hydraulikanlage, nur ohne das Zischen, kurios. Sein Kopf dreht sich dabei nach hinten unten weg. Weg von mir, als wollte er in seinem strammen Vorwärtsgehen gleich nach hinten wieder abhauen. Das Ganze sieht aus wie eine Pina-Bausch-Choreographie. Galt die mir?

Marek sitzt hier ein, weil er einen Togolesen krankenhausreif geschlagen hat. Ein Jahr zuvor hatte er schon einen Jordanier, der ihn nach dem Weg fragen wollte, wie ein Wahnsinniger über Eisenbahngleise gejagt und ihn dann dort brutal zusammengeschlagen. So viel weiß ich von ihm. Ob er wohl noch an den Afrikaner denkt? Wenn man seine Bewegung eben übersetzt, dann könnte das geheißen haben: Verdammt, die ist ja auch schwarz, so wie der Typ, den ich verprügelt hab! Am liebsten würde ich Mareks Move noch mal sehen. Körper stopp, Oberkörper

nach unten wippen, wippen, wippen, in federnden Wellen-
bewegungen, dabei den Kopf nach unten hinten drehen.
Ein Fluchtversuch? Aber akrobatisch irgendwie.

Marek gibt mir die Hand, weil er's muss. Dann laufen
wir stumm weiter, durch Tausende von Türen. Bis wir endlich von der Wärterin in ihrer harmlos pastellfarbenen
Bluse in ein harmloswirkendes Zimmer geführt werden.
Der Dramaspot, ein dunkles Dreierledersofa, auf dem wir
zwei Platz nehmen. Schwarz neben Weiß. Oder ein Mann
und eine Frau, ein Ossi neben einer Wessi. Dazwischen
Freifläche. Genau wie damals an der Grenze zur DDR, die
sogenannte Pufferzone, die durch Kugelhagel, Hunde und
Minen zum Todesstreifen wurde. Zwischen uns beiden
eine stumme Leere, und trotzdem wütet es dort. Was das
genau ist, und wie er seine Emotionen gegen den schwarzen »Feind« beschreibt, das will ich heute herausfinden.
Für den Anfang habe ich mir nur eins vorgenommen: Ich
werde viele Fragen stellen, viele ungemütliche Fragen. Ich
habe zwei Stunden Zeit dafür und warte auf sein Pöbeln.

Marek trägt einen blauweißgestreiften Sträflingsanzug,
wie man ihn aus Filmen kennt. Unterhalb der kniehohen
Hose sehe ich, wie er seine Waden heftig nach hinten gegen das Sofa drückt, bis sie ganz breit aussehen und ihm
somit anscheinend mehr abschreckende Nazimasse verleihen. Am liebsten würde ich sagen: Hey, das funktioniert
so nicht, sag mir lieber, was du über mich denkst.

Ich darf ihn alles fragen, hatte Marek mir über den Ge-
fängnisdirektor ausrichten lassen. Leider ist bei mir die
Denkfähigkeit kurzfristig lahmgelegt und so 'ne Art Angst-
Alzheimer im Anmarsch. Was wollt ich sagen?

Die Anwesenheit eines Neonazis im Raum, der genau
genommen noch gar nichts Fieses zu mir gesagt hat, ist

wie eine Klippe, von der man noch nicht gestoßen wurde. Das Warten darauf ist unerträglich. Sekunden vergehen, die sich wie Stunden anfühlen. Das Fenster ist gekippt, leichter Wind weht hinein. Jeder Schlag der Gardinen wirkt wie in Zeitlupe.

Langsam gleiten meine Augen an Marek herauf. Von unten nach oben suche ich seinen Körper nach einer möglichen Anfangsfrage ab. Eigentlich siehst du harmlos aus, sage ich ihm mit meinem Blick. Tief drin weiß ich, das täuscht nur.

Hat er vielleicht irgendwo am Körper ein Hass-Tattoo, so wie es Peer trägt? Ich sehe keins. Hilfe, mir fällt keine Frage ein.

Was soll man einen Nazi fragen, wenn man darf? Ich fürchte, ich bewege mich zu lang schon in einer Anti-Nazi-Welt. Jegliche Fragen in Richtung: Warum bist du ein Nazi?, Wieso trägst du so viel Hass in dir?, Warum sagt ihr so gemeine Worte zu uns? – werden in meiner Welt konsequent weggebeamt. Dafür hat man keine Zeit, man muss die eigenen Wunden lecken.

Marek hat ratzekurz geschorene Haare, wie fast alle hier im Knast. Nur seine glänzende Stirn wird überdeckt durch schweißdurchzogenes etwas längeres Fronthaar, das aussieht wie ein halbes Dutzend Spinnenbeine. Ganz vorne läuft es spitz zusammen, so dass es mitten auf seiner Stirn ein verklebtes »V« formt.

Nein, ich denke jetzt nicht an V-Männer, nein, nein, und frage auch nicht danach! Obwohl mir in der letzten Zeit immer wieder Leute E-Mails schreiben, in denen sie behaupten, der Hass-Song von Lars Burmeister »Die Kugel ist für dich, Mo Asumang«, sei von V-Männern des deutschen Verfassungsschutzes produziert und auch vertrieben worden. Kann schon sein, aber da bin ich noch lange nicht. Ich habe ja gerade erst entdeckt, dass ich überhaupt mal etwas über einen Neonazi erfahren möchte. Früher waren Nazis für mich einfach nur eklig und dumm. Dank der Kugel von Lars, die kurzerhand aus meinem Leben in Dur eins in Moll gemacht hat, sitze ich jetzt hier mit einem Nazi, der mit mir reden will.

Das V auf Mareks Stirn gibt mir einen kleinen Stups. Na klar, so einer hört doch die Musik von Lars, so einer hört vielleicht sogar die »White Aryan Rebels«, so einer hört auf jeden Fall Hassmusik! Ich pöbel mal voraus und schau, ob er zurückpöbelt.

»Man kann doch niemandem einen Vorwurf machen, dass er so 'ne Musik hört«, stammelt Marek auf meine Anmache und vollzieht mit seinem Kopf wieder diesen nach unten wippenden Move, diesmal im Sitzen. »Natürlich ist das strafbar, was wir hören, aber mir gefällt's, dabei muss ich mir nichts denken.« Dann Kopf zur Seite, nach unten und noch so ein verlorener Blick durch die Luft. Es geht los. Die Worte rollen nach rechts außen. Viel zaghafter, als ich erwartet habe. Das Knatschen des Kunstleders kommentiert abwechselnd erst meine, dann seine Unentspanntheit. Den Wächter, der hinten im Raum bewegungslos steht, bemerken wir kaum.

Mit »wir« meint er seine Nazifreunde aus dem Viertel Hansa-Nord oder Neuberesinchen und warnt mich, begleitet von einem weiteren Move, ausdrücklich davor, dort hinzugehen. »Alles, was schwarz ist oder Schlitzaugen hat, wird dort weggeschlagen«, fügt er wissend hinzu.

Mein Ausflug zum Mühlenbecker See nächstes Wochenende cancele ich auf der Stelle gedanklich und reihe mich vorsichtshalber in die Gruppe von Migranten ein, die

Teile des Umlands von Berlin als No-Go-Area ausgewiesen haben und mit ihren Kindern im Sommer doch lieber ein öffentliches Schwimmbad in Kreuzberg besuchen als einen schönen, sauberen See in Brandenburg.

Kann mir mal einer sagen, warum ein so junger Mann solche Musik hören will? Ich denke, er könnte doch einfach nein sagen und die Wut und den großen Hass, die getarnt als Musik durch die Luft donnern, ablehnen. Hat er keinen Schutzengel, der seine Ohren schließt, um seine Seele davor zu beschützen?

Wahrscheinlich nicht, hätte er sonst den 27-jährigen Asylbewerber Jacques B. aus Togo durch einen Schlag mit einem gläsernen Bierkrug ins Klinikum Markendorf befördert? Marek und seine Kameraden haben ihn erst ausländerfeindlich angepöbelt und dann zugeschlagen. Das hätte auch ich sein können, die Hautfarbe stimmt überein. Eine stark blutende Schnittverletzung auf der Stirn hat man damals in der Polizeiakte von Jacques vermerkt. In einem Bus hat sich das Ganze abgespielt. Die Meute hatte an der Haltestelle gestanden und ist dann mit dem Opfer in den Bus eingestiegen.

Nach dem Überfall muss das Blut nur so an Jacques' Gesicht runtergelaufen sein und seine Augen und seinen Blick rot verklebt haben. Alles rot, die ganze Busfahrt über rot. Die Häuser, die Bäume, die Straßen, so rot.

Hassmusik, das ist ein Dreiklang mit Folgen. Hassmusik soll Neonazis dazu aufrufen, gegen Menschen wie mich zu hetzen, sie zu schlagen oder gar zu töten. Hassmusik, wie sie auch Lars rausgeschossen hat.

Müsste Marek nicht eigentlich schreien, wenn er an das Opfer denkt und mich dann vor sich sieht? Stattdessen habe ich das Gefühl, er hält die Luft an.

Und jetzt, zwei Jahre später, was denkst du da über das Opfer?

»Leid tut es mir nicht«, sagt Marek in einem sehr bestimmten Ton über seine Attacke gegen Jacques und atmet wieder nicht. »Leid tut es mir wirklich gar nicht, aber ich weiß, dass ich einen Fehler gemacht habe.« Meint er damit, dass er geschnappt wurde? »Wenn mir das leidtun würde, dann hätte ich's ja gar nicht machen brauchen. So sehe ich das.«

Zögerlich suppt sein Hass aus ihm heraus, immer dann, wenn er zwischendurch mal atmet. Was denkt er wohl über mich, wenn er meine dunkle Haut sieht, frage ich mich wieder. Bei Jacques hatte das schon gereicht, und dann war er Minuten später blutüberströmt. Ich guck runter auf meine Hand und sehe seine daneben. Na gut, meine ist ein bisschen dunkler. Muss man deshalb zuschlagen? »Erklär mir mal, was deutsch ist?«, kommt es mir hoch. »Sagt deine Musik dir was dazu?«

»Wenn man wirklich rein deutsch ist, dann muss man blonde Haare haben, blaue Augen. Da gibt es ja das Sprichwort, dann bist du ein arisches Kind.«

Ich frage ihn: »Und was ist ein Arier in deinem Lied?«

»Da muss der ganze Stammbaum deutsch sein, sonst biste kein arisches Kind.«

»Und wer hat dir das erzählt?«

»Ich hab 'ne CD zu Hause, die heißt *Arisches Kind*«, sagt er. »Das singt, ick glob *Landser*, ich weiß nicht genau.« Jetzt atmet Marek wieder. »Da heißt es: *Blonde Haare, blaue Augen, so weit wie der blaue Ozean. Du bist ein arisches Kind.* Also zieh ick daraus, die Leute, die so was singen, sagen bestimmt kein Quatsch.« Als würde er seine eigene Antwort kommentieren, verzieht sich

Mareks Lippe in Zeitlupe erst spitz nach vorne, dann zur Seite und wieder mittig. Ein unbewusster Zweifel? Am Schluss wieder dieser verlorene Blick nach oben und noch ein kurzer Atemzug. Fast schüchtern fügt er hinzu: »Ick wees ja nicht alles! Ich könnt Ihnen aber erzählen, dass Adolf Hitler fünf Minuten vor Kriegsende geheiratet hat.«

Ich frag ihn: »Weißt du eigentlich, was heute für ein Tag ist?« Weil ich ja weiß, dass er sich in diesem Thema sicher fühlt.

»Na klar, wenn ich das nicht wüsste, dann wäre ich ja, dann wäre ich ja … Heute ist der Geburtstag von Adolf Hitler. So einer wie ich muss das wissen!«

Das alles klingt so unglaublich auswendiggelernt. Als hätte er immer ein paar Sätze auf einem DIN-A5-Blatt bereit. Mir ist aber so, als wär er mit diesen Sprüchen, die er von seinem Kader und von den Nazi-CDs zum Schutz vor ungemütlichen Fragen bekommen hat, fast durch. Und jetzt?

Ich bohre weiter, jetzt, wo wir beide schon leicht Schlagseite haben. Wir könnten zusammen kentern, und das wäre gut so. Eine Stunde habe ich noch dafür, dann muss ich wieder draußen sein.

An das Knarzen des Leders unter uns haben wir uns inzwischen gewöhnt, und auch an uns. Ich warte nicht mehr auf ein Pöbeln.

»Ich hasse mich dafür, dass ich jetzt schon dreimal an ihrem Sterbetag nicht auf den Friedhof gehen konnte«, sagt Marek zornig zu sich selbst, als ich ihn nach seiner Familie frage. »Das ist das Schlimmste«, erklärt er im klaren Ton. »Das ist genauso, als wenn meine Mutter noch leben würde und ich würde sie im Stich lassen. So lasse ich sie an ihrem Sterbetag und ihrem Geburtstag im Stich, und das ist ziemlich traurig.«

»Kannst du dir nicht verzeihen?«, frage ich Marek, den Nazi, zum ersten Mal mit einem Gefühl von Nähe.

»Im Thema Familie, schwer. Im Thema Freundin, auch sehr schwer. Ich werde mich dafür immer hassen, dass ich meine drei Geschwister im Stich gelassen hab. Knapp dreieinhalb Jahre lang. An Mutters Geburtstag oder Sterbetag entwickele ich so einen Hass oder Trauergefühl. Vor ein paar Monaten war's nur Hass. Jetzt sind es Gefühle, Scheiße, warum ist das passiert, warum musste das mir passieren? Jetzt versuche ich, langsam mit der Trauer und dem Hass umzugehen. Ich bin gut dabei, das zu schaffen, dass ich den Hass unter Kontrolle krieg«, beschwört er mit Sätzen, die er wahrscheinlich aus seinen Therapiestunden mitgenommen hat, und sucht nach etwas im Raum, das ihm Halt gibt.

Dann, wie aus der Pistole geschossen, repetiert er: »Wer 'ne rechte Gesinnung hat, will dass Deutschland den Deutschen bleibt«, und fügt hinzu, wieder ohne mich anzugucken, »auch wenn Sie hier geboren sind.« Da ist es endlich, ich habe drauf gewartet. Diese weißgetünchte Nazivision, in der es ihm wieder gutgehen wird, hat er in Naziliedern gefunden: viele weiße Deutsche, in einem weißen deutschen *Lullaby* von einem arischen Einerlei. Was mich angeht, tauche ich darin nicht auf, und so presst er noch ein paar Worte über seine Lippen: »Deutschland nur den Deutschen. Man will, dass alle, die in Deutschland und schwarz oder farbig sind, dass die weg sind.«

»Ich will hier aber nicht weg«, schleudere ich in seine Traumvorstellung hinein.

»Ich bin ja nur ehrlich«, sagt er wieder mit diesem

Move, und dreht sich weg. Ich weiß nicht, was das soll, und sag geistesgegenwärtig einen Satz, den ich schon viel früher in meinem Leben hätte fragen sollen: »Und wo soll ich hin?«

Ein in die Enge getriebenes »Huuu« huscht über seine gespitzte Lippe.

»Ja, wo soll ich denn hin?«, wiederhole ich. »Ich, in Kassel, in Hessen geboren.«

Mit einem Doppel-Move hüpft ein »Na, da, wo Ihr Papa ist ... oder weiß der Geier wohin« von seiner Zunge, ohne mir dabei in die Augen zu schauen.

Ich guck auf meine Hand. Afrika?

Erster Gedanke: Da will ich tatsächlich mal hin. Zweiter Gedanke: Wieso schaut er mich die ganze Zeit über nicht ein einziges Mal an. In diesem Moment fällt es mir wie Schuppen von den Augen. Mir wird klar: Er schämt sich!

Wie kann das alles nur sein? Wenn ein Neonazi dir nicht in die Augen schaut, dann weil er dich nicht leiden kann, oder? Aber nein! Er schämt sich! Die ganze Zeit über, in der wir hier miteinander reden. Und ich Dussel merke das erst jetzt. Er schämt sich für diese ferngesteuerten Worte, die aus seinem Mund kommen.

Vielleicht ist das heute der allererste Tag in seinem Leben, an dem er seinem angedichteten Feindbild fiese Dinge in aller Ruhe direkt ins Gesicht sagen kann. Aber es klappt nicht. Auweia.

Hat er dieses Gezeter und Wortgestupse sonst nur im Kreise seiner Stammtischbrut von sich gegeben? Hetzen auf sicherem Boden? Ich sehe euch Buben beieinandersitzen, wie ihr euch gegenseitig aufwiegelt und grölend lacht.

Ja, das hat immer funktioniert und Spaß gemacht. Aber auf einer Couch mit der schwarzen Mo, im ehrlichen Miteinander, da klappt es nicht.

Da, schon wieder dieses wipp, wipp, in federnder Wellenbewegung nach unten, Kopf kurz runter, dann nach hinten, und weg. Es schämt sich sein ganzer Körper.

Am Ende des Gesprächs ist der Platz zwischen uns noch genauso groß wie zu Anfang, aber es rumort dazwischen nicht mehr so. Die Nazigeister haben sich kurz schlafen gelegt. Ich nutz die Chance und schau ihn noch mal an, seine Lippen, die zucken, seine zugekniffenen Augen, sein leeres DIN-A5-Blatt mit ausgelutschtem Nazigequassel. Seinen Satz »Da, wo Ihr Papa ist«, also Afrika, dreh ich um, und mach ihn zu meiner Kraftmaschine. Und zwei Jahre später sitze ich in einem Flugzeug auf dem Weg nach Ghana. Ob er wohl meine Postkarte von dort bekommen hat? Ich schrieb: »Lieber Marek, ich bin jetzt in Afrika. Danke für den Tipp.«

4. Der Pausenhofaggressor – zu Besuch bei Jürgen Rieger

In Deutschland findet alle dreißig Minuten eine rechtsextreme Straftat statt. Dreißig Minuten passen 48 Mal in einen Tag. Also 48 Mal eine Attacke von rechts außen, jeden Tag. Pro Jahr sind das 17 520 rechtsextreme Delikte.[2]

Falls ich achtzig werden sollte, wären das fast 1,5 Millionen rechtsextreme Straftaten, hier in der Nachbarschaft, der Region, in meiner Heimat. 1,5 Millionen Mal Unrecht. 1,5 Millionen Mal zu viel. Rassismus ist Realität, und ich muss handeln.

Deshalb habe ich mich entschieden, den geschützten Raum der Justizvollzugsanstalt zu verlassen. Werde mich wohl oder übel auf ein neues Level der Konfrontation mit Rassisten schwingen müssen. Ob ich das packe, weiß ich nicht. Da draußen ist es *rough*. Sie sagen »Untermensch« zu mir, »Neger, Nigger, schwarzes Schwein«. Angeblich gehöre ich einer anderen »Rasse« an. Aber woher haben sie all diese verquasten Ideen? Es muss irgendwo da draußen eine Quelle geben, aus der so etwas heraussprudelt. Diese Gemeinheiten sind ja nicht auf einmal da, einfach so, und der Rassist, ein Antisemit oder Islamfeind greift sie sich, um damit zu prügeln. Rassismus ist ein Warenhaus, und es wird beliefert. Aber von wem, das frage ich mich?

Ich habe von einem gewissen Jürgen Rieger[3] gehört, der in der deutschen Naziszene der »Master of Racism« ist. Er verwaltet eine Art »Enzyklopädie der Menschenfeindlichkeit«, ein Lexikon, in dem er Begriffe und Beschreibungen sammelt, die mich und andere herabwürdigen, die mir absprechen, ein gleichwertiger Mensch zu sein. Dieses Lexikon verkörpert er selbst. Und seine Zunge wirkt wie ein Megaphon.

Rieger lebt in Hamburg. Er leitet u. a. die sogenannte völkisch orientierte Artgemeinschaft, die sich mit »Rassenforschung« die Zeit vertreibt. Ein paar Altnazis aus dem Dritten Reich haben ihm Säcke voller Geld vererbt, damit er »die Bewegung« weiterführen kann. So kauft er diverse Immobilien, um dort faschistische Schulungszentren aufzubauen, und organisiert u. a. den »Rudolf-Hess-Gedenkmarsch«, bei dem hunderte Neonazis am Todestag von Hitlers Stellvertreter am 17. August[4] zum Grab von Hess ins Fränkische marschieren. Rieger ist außerdem Mitglied des »Deutschen Rechtsbüros«, ein Netz rechtsextremer Anwälte, die auch Uwe Mundlos vom Nationalsozialistischen Untergrund, NSU, vertreten haben.[5]

Alles in allem ist Rieger der perfekte Einstieg in eine neue Dimension von Rassisten. Schöner Satz, lässt sich leicht auf ein Blatt Papier schreiben. In der Realität ist das eine ganz andere Sache. Die eigentliche Frage lautet: Wie komme ich als Schwarze an einen Nazi-Chefideologen heran?

Vor mir wartet mein neues, rotes Telefon. Auf einen Zettel gekritzelt die Nummer von eben diesem Nazianwalt. Der steht sogar im Telefonbuch, man glaubt es kaum. Ich tänzele durch mein Zwölf-Quadratmeter-Büro und drehe mich zeitschindend im Kreis. Mal schaue ich rechts die Aktenordner an, die mittlerweile voller Infos über Neonazis sind. Mal strecke ich meine Arme nach vorne oder oben aus, mal rekle ich mich schlafwandlerisch in eine

Mut-Pirouette hinein und hoffe, eine kluge Eingebung sagt mir, wie ich das Vorabtelefonat mit Deutschlands Topneonazi Jürgen Rieger beginnen soll.

Erst mal nur anrufen, das wirst du wohl auf die Reihe bekommen, sage ich mir, der kann ja durchs Telefon nicht sehen, dass ich schwarz bin, oder?

Ich greife zum Hörer und lege das verdammte Ding auch gleich wieder auf. O no! Kann er vielleicht doch hören, dass ich schwarz bin? Klingt meine Stimme eigentlich schwarz, afrodeutsch oder pigmentiert? Wenn einer in der Szene als »Top-Ten-Nazi« gehandelt wird, kann er vielleicht durch die Telefonleitung die Hautfarbe heraushören. Vielleicht hat er aber auch heimlich mal meine TV-Sendung »Liebe Sünde« geschaut und erkennt meine Stimme schon beim »Hallo Herr Rieger«-Sagen.

Es ist doch nur ein Anruf, Mo! Ich könnte es einfach wagen. Und wenn er an meiner Stimme erkennt, dass ich nicht groß, blond und blauäugig bin, sondern groß, schwarz und dunkelhaarig, inklusive Afrolook, das ganze Paket? Was dann?

Plötzlich im Netz ein Indiz dafür, dass er für Unkonventionelles zu haben ist. Rieger veranstaltet nämlich eine Art rechtsextremes Showbiz. So ist er z. B. 1993 in einem originalen Militärauto der Waffen-SS durch Reinbek bei Hamburg gefahren. Auf dem historischen Nummernschild befanden sich noch die alten SS-Runen. Die waren unzureichend verdeckt und sausten als Zeichen für »ER ist wieder auferstanden« an den verdutzten Passanten vorbei. Und Rieger am Steuer grinste sich einen ab. Resultat seines neonazistischen Tamtams: Rieger musste vierzehntausend D-Mark Strafe zahlen und war mal wieder in aller Munde.

Auch sonst ist Rieger wohl ein Hans Dampf in allen Gassen, spricht vor Tausenden auf Nazidemos und in jedes Mikrophon, das er vor die Nase bekommt. Immer im Gepäck seine Rassenideologie, vermengt mit Aussagen über die Wurzeln der Deutschen und jede Menge Gründe, warum Menschen wie ich aus Deutschland über das Mittelmeer verschwinden sollten. Komme ich in den bitteren Genuss, endlich *face to face* Rassistendeutsch ins Gesicht geklatscht zu bekommen? Mir wird ganz anders, wenn ich nur an ihn denke. Komisch, und trotzdem hoffe ich, dass es mit dem Treffen klappt. Auch, damit ich durch die neugewonnenen Erkenntnisse aus nächster Nähe die Morddrohung von Lars ein Stück weit defragmentieren kann. Aber ganz ehrlich: Hätte ich vorher gewusst, mit was ich neunzig Minuten lang bombardiert werden würde, wäre ich nie hingefahren, so maso bin ich dann doch nicht.

Mit schwitzigen Händen greife ich mir erneut den Telefonhörer. Die Stimmbänder stelle ich auf Bariton ein, leicht und flockig. Ein tiefes, sonores »Hallo« blubbert heraus. Puh, wie klingt das albern, Mo. Zweiter Versuch: Sopran, ein hohes »Halloooo«. Geht gar nicht, die Königin der Nacht würde ich live, wenn ich vor Rieger stehe, sowieso nicht lange durchhalten. Würde wahrscheinlich nach ein paar Minuten meine Zunge verschlucken, das muss nicht sein. Also versuche ich es im Normalklang: »Hallo Herr Rieger, mein Name ist Hhhasuman«. Na ja, nicht cool, wenn ich meinen Nachnamen akustisch etwas verschnubbel, damit er nichts merkt. Das bringt mir Abzüge in der B-Note, aber im Namen von Black Power, was soll's.

Meine Finger berühren nacheinander vorsichtig die Zahlen auf dem Telefon, Deutschland, 040 863… Es klingelt auf der anderen Seite. Klingeling, kling kling. Mein Herz klopft doppelt so schnell wie das Klingeling. Er geht ran.

In einem Rutsch, auf einem Ton sage ich ihm: »Ich würde Sie gerne zu den Wurzeln der Deutschen interviewen. Ich habe gehört, das ist Ihr Spezialgebiet.« Hätte nicht gedacht, das man den so einfach anteasen kann, aber das reichte schon, und Rieger erzählt mir zehn Minuten lang die unglaublichsten Dinge über die Wurzeln echten Deutschseins. Das Zuhören ist schon jetzt eine echte Qual. Und er möchte mir noch mehr erzählen.

Kreisch, er hat zugesagt. Jetzt sitz ich in der Falle.

Wir verabreden uns für ein ausführliches Gespräch mit Kamera in seiner Kanzlei in Hamburg.

Wuoo! Noch nie hat in Deutschland ein führender Neonazi öffentlich mit einer Schwarzen, einer *person of colour*, über neue Nazideutsche und die Wurzeln der Deutschen geredet. Meine Löckchen beben.

Nächste Herausforderung, was zieh ich an? Muss ich mich da schönmachen? Soll ich seriös aussehen oder lieber funky? Nein! Ich muss aufpassen, dass ich vor lauter Rumalbern, weil er zugesagt hat, nicht den Ernst der Lage verkenne.

Pssssst, ganz leise, Mo!

Drei Monate später in Hamburg-Blankenese. Zweimal tigere ich an Riegers Haus vorbei, versuche, eventuelle Auffälligkeiten, wie Security oder Kameras, ausfindig zu machen. Die zweistöckige Jugendstilvilla ist hochherrschaftlich, beige, die rotweiße Haustür hat schlangenartige Verzierungen.

Auf einem Schild mit seinem Namen stehen seine rechtsanwaltlichen Fachgebiete: »Strafrecht, Immobilienrecht,

Stiftungsrecht, Erbrecht«. Also alles, was man braucht, um als Nazianwalt weiterzukommen. Ich klingele. Eine Frau, die sich später als Riegers Sekretärin herausstellt, öffnet mir, und ich falle schon beim Aufmachen der Tür mit meinem gesamten Körpergewicht nach vorne, damit auch ja kein Gedanke aufkommt, die Tür vor meiner Nase wieder zuzuknallen. Das Fräulein Sekretärin scheint nur Befehle auszuführen, öffnet und zeigt mir sein Zimmer.

Puh! Ich bin drin! Wo ist Rieger?

Jeder Schritt in seine Richtung ist wie eine Mondlandung. Werde ich den Fuß auf den Boden seines Bürozimmers setzen können? Oder tritt mich vorher ein aus der Ecke schießender Springerstiefel wieder raus? Riegers Zimmer liegt im Hochparterre. Die Stufen dorthin knarzen ein wenig. Im Haus ist es still. Tip-tap-tip-tap, wo ist der »Meister der Rassenhetze«? Gleich wird er sehen, dass eine Schwarze in sein Haus eingedrungen ist. Das wird er nicht für möglich halten. Eine Schwarze, die seine Treppen hochläuft, eine Schwarze, die freundlich in sein Zimmer schaut. Kuckuck! Vielleicht denkt er, ich bin eine Art Fata Morgana und nimmt mich gar nicht ernst. Schaut wieder runter in seine Strafakten. Oder aber, mein Anblick wird so einen Schock in ihm auslösen, dass er unverzüglich zur einer Attacke ausholt.

Jetzt stehe ich vor seiner geöffneten Bürotür und luge in das Zimmer hinein. Er ist am Telefon und schaut nicht auf. Nur seine Augen drehen sich einmal kurz chamäleonartig in meine Richtung. Hat er mich erkannt?

Touchdown. Ich habe den Fuß in Riegers Büro. Fühlt sich an, wie gerade frisch in Lampedusa gelandet.

Rieger legt den Hörer auf, stößt sich nach oben und läuft in seinem von Akten vollgestopften Raum auf mich zu. Dann gleitet seine Hand durch die Luft auf mich zu. Nach einem sehr kurzen Schockmoment sagt er: »Hallo«, ganz freundlich.

Ganz freundlich? Hallo? Bin ich im falschen Film? Das Ganze scheint komplizierter zu werden, als ich dachte. Rieger trägt keine Springerstiefel, keine Uniform, er hat keine Glatze, sieht nicht aus, wie man sich einen Neonazi so vorstellt. Stattdessen trägt er eine graue Bundfaltenhose, ein grünes Jackett, ein steifweißes Hemd und eine graue Krawatte, die wie bei fast jedem Mann hoch oben an der Gurgel Platz nimmt. Die Parole »Nazis raus«, die ich manchmal zu Hause im Affekt gegen die Wand schleudere, wird bei so einer Aufmachung erst mal nicht getriggert. Schade eigentlich, das würde es jetzt leichter machen.

»Das eben war die BBC«, sagt er. Journalisten ließen sich ja nicht so schnell abwimmeln, aber das müsse er mir wohl nicht erzählen.

Smalltalk, das passt mir jetzt gar nicht. Ich will wissen, was seine Waffen sind. Und wie ich mich dagegen wehren kann. Rieger schlägt vor, zum Reden in den benachbarten Baurs Park zu gehen. Dort hüpft das Tacheles dann endlich aus seiner Hose.

Wir stehen auf einer riesigen Wiese. Ein weißes Herrschaftshaus, eine große, stattliche alte Eiche und jede Menge Büsche säumen unsere Arena. Unter uns Gräser, Gänseblümchen, die Regenwürmer schlängeln sich an den Wurzeln der großen Eiche entlang, verstecken sich unter den bemoosten Blättern. Es fröstelt sie wohl genauso wie mich.

»Herr Rieger, Sie haben ja auch Versuche gemacht, um den Deutschen zu züchten. Kann man das so sagen?«, fra-

ge ich vorsichtig und schaue mir dabei seinen haselnuss-
braunen Vollbart an.

»Hm, nein … nee. Wir haben keine Züchtungsversuche
gemacht, wär wohl auch ein bisschen schwierig«, sagt er
mit ernster Miene. Der Wind bringt seinen Seitenscheitel
aus der Order.

»Aber Sie haben doch annonciert, ob sich Familien be-
reitstellen, nach Schweden zu gehen, um dort den Germanen zu züchten. Es hat sich leider nicht jeder gemeldet.«

»Das ist natürlich wieder schön *polomisch*«, raunzt er und
mischt, ohne es zu wollen, ein zweites O in polemisch.

»Sie können mich gerne verbessern«, sage ich freundlich.

»Die nordische Rasse ist relativ objektiv, und andere
sind da oftmals nicht so objektiv, und das sehe ich jetzt bei
Ihnen auch. Ich habe ein Inserat reingesetzt, wo ich gesagt
habe, ich suche zu einer Siedlung in Schweden deutsche
Familien, die bereit sind, auf dem Lande, frei von Um-
weltbeeinflussung, Umerziehung und Drogen, ihr Leben
zu führen. Ich habe nicht gesagt, dass ich Familien suche,
um dort eine reine Rasse zu züchten. Das ist ein großer
Unterschied.«

»Und könnte ich mich da auch melden?«

»NEE!«

»Warum nicht?«

»Weil Sie nicht germanischen Ursprungs sind!«

»Wieso nicht?«

»Na, gucken Sie mal in 'nen Spiegel.«

Natürlich könnte ich mich jetzt auf dem Absatz umdrehen und gehen. Rieger mit seinen wuscheligen Augenbrauen und dem siegessicheren Blick einfach hier im Park
stehenlassen, sabbernd, keifend, über mich lachend. Da

vorne ist der Ausgang vom Park, es wären keine fünfzig Schritte und ich wäre erlöst. Es hat weh getan, ein oder eineinhalb Mal. Mein Verbandskasten hat kein passendes Pflaster, also geh ich und kauf mir an der nächsten Ecke ein Zitroneneis.

»Sie sind ja Leiter der *Artgemeinschaft*. Wenn Sie den Stammbaum der Menschheit mal beschreiben würden, wie sähe der aus?«, reiße ich mich zusammen und versuche, mich auf meine vorbereiteten Fragen zu konzentrieren.

»Es gibt drei Großrassen oder auch Rassenkreise«, sagt er. »Die Weißen, die Schwarzen, die Gelben.«

»*Rasse* – dieses Wort kommt noch aus einer anderen Zeit«, werfe ich ein.

Rieger voll im Element: »Rasse ist für mich ein biologischer Begriff. Wir haben mit der Geburt eine gewisse genetische Ausstattung mitbekommen. Und diese genetische Ausstattung unterscheidet uns von anderen.«

»Gehen Sie da nicht sogar noch ein bisschen weiter?«

»Ja! So wie Sie anders aussehen, so denken Sie auch anders!«

»Das Denken fließt mit in die *Rasse* ein?«

»Ja, es gibt eine Rassenseele. Die sind unterschiedlich, und deswegen können Sie da nur reinfühlen und mitschwingen, wenn Sie zu dieser Rasse gehören.«

Mich reißt's, und ich denke, »Rassenseele«? – ganz schön extrem.

Bin ich eine andere »Rasse«, frag ich mich dann. Ja was ist denn anders an mir? Habe ich etwa Flügel oder einen Schnabel? Wächst mir ein Geweih? Oder lebe ich unter Wasser, im Reich der brasilianischen Wuschelkopfpiranhas? Habe ich eine Sprache, oder wiehere ich etwa, wenn ich auf meinem Fahrrad durch den Kiez radele?

Bevor ich zu Rieger fuhr, habe ich mir das Wort mit diesem reißenden Rrrr, das den Globus seit den 1920er Jahren wie eine Bestie zerreißt, genau angeschaut.

In den Schulbüchern steht keine echte Definition von »Rasse«, aber der Begriff wird fleißig in die Klassenzimmer gepustet, wenn über die NS-Zeit gesprochen wird. So hört man schon als Kind Begriffe wie »Rassenlehre«, »Rassenhygiene«, »Rassentheorie«. Der normale Schüler geht natürlich davon aus, dass es demzufolge verschiedene »Menschenrassen« gibt. Da steht ja auch »Rassen« und nicht »Rasse«.

»Es gibt also einen Körper, der einer bestimmten *Rasse* entspricht, und dann gibt es auch eine seelische Ausstattung, die zu dieser *Rasse* passt?«, frage ich bei Rieger nach.

»Als ich angefangen habe Hans F. K. Günter und sein Werk *Die Rassenkunde des deutschen Volkes* zu lesen, da hab ich überhaupt mal Menschenkenntnis bekommen«, sagt er darauf.

Hans F. K. Günther wurde in der NS-Zeit deutschlandweit auch »Rassengünther« oder »Rassenpapst« genannt. Er war einer der mitgelesenen Autoren zwischen dem Ersten und dem Zweiten Weltkrieg. Sein Buch »Die Rassenkunde des deutschen Volkes« hatte Hitler gleich viermal in seinem Bücherschrank. Günther, der einer der Urheber der nationalsozialistischen Rassenideologie war, bekam schon 1930 einen für ihn zurechtgeschnittenen Lehrstuhl an der Universität Jena. Ohne Qualifikation, wohl bemerkt, und ohne die Zustimmung der Universität Jena.[6]

»Also ich bin der Meinung, dass die Deutschen in zweihundert Jahren nicht so aussehen sollten wie Sie, sondern, dass sie so aussehen sollten, wie die anderen von Ihrem

Team«, sagt Rieger mir ohne mit der Wimper zu zucken ins Gesicht und fängt an zu grinsen.

Im Sekundentakt erinnere ich mich jetzt an Darstellungen von unseren nächsten Verwandten, Homo erectus, Homo ergaster, Homo rudolphensis, Homo neanderthalensis, der alte Haudegen. Keine Ahnung, ob das die richtige Reihenfolge der Evolution ist, aber sie sind vor Hunderttausenden von Jahren alle ausgestorben. Nur Homo sapiens, der moderne Mensch, hat als Einziger das Rennen gemacht.

Lautlos flüstere ich Rieger zu: Hallo Herr Rieger, wir sind Homo sapiens, und wir haben blonde Löckchen oder dunkle, haben glatte Haare oder nicht, sind dick, dünn, groß oder klein, mal mit braunen, grünen oder blauen Augen. Sind alle gleichermaßen schön. Sind Homo sapiens. Deshalb zur Info, es gibt keine »Menschenrassen«, der Mensch (an sich) ist die »Rasse«.

Mein Wissen hat mich durch diesen stummen Moment getragen, und es fühlt sich kurz gut an.

»Sind Sie denn selbst in Ihrem Sinn *reinrassig*?«

»Nein, bin ich nicht, der hier ist viel reinrassiger als ich«, sagt er und zeigt auf den Kameramann und lacht. »Ich wundere mich, dass Sie sich mit ausgesprochen nordischen Personen umgeben ... Ich muss schon sagen, das ist ein stärkerer nordischer Bestandteil, der hier um mich rumsteht, als er normalerweise in der deutschen Bevölkerung ist, das fällt also richtig auf ... Sie sind also (stammelt) halb afro...afri...ka... halb afro-afri...«

Das Ganze hier tut weh, kleine Wutmaden schlüpfen in meinem Bauch. Groll im Quadrat, ohne Schmerzablette ist diese verbale Hetze nicht zum Aushalten. Am liebsten würde ich mich an die Wurzeln der großen Eiche hier schmiegen und mich im feuchten Erdreich runterkühlen. Nein! Mit den Würmern Pläne schmieden, wie wir diesen Rieger loswerden. Sind das noch Gedanken einer Frau, die mal Shakespeare gelesen hat, Karl Einstein, Mickey Maus und Proust? Wohl kaum.

Rieger ist nicht nur ein Toprassist für mich, ich fürchte, er ist vor allem auch der drohende Verlust meiner Selbstbestimmtheit.

Während ich ordentlich ins Schwitzen komme, steckt Rieger optimistisch die linke Hand in seine Hosentasche, als könne er nicht umfallen.

Ich spüre, er möchte seine Arme weiter und größer, hitleresque kreisen lassen. Aber sie klemmen am Rumpf fest. Seine Schultern sind irgendwie steif. Braucht er vielleicht Physiotherapie? Möglich ist es. Stattdessen fließt die steckengebliebene Energie noch schneller in seine Zunge. Was macht er bloß mit mir?

»Im Augenblick werden wir Deutschen hier verdrängt. Durch Afroasiaten, die hier reinkommen. Aus unserem eigenen Lebensraum verdrängt. Wir haben so gut wie keine Kinder mehr. Ein Kind pro Familie im Durchschnitt noch. Und die haben sechs, sieben, zehn, zwölf. Da gab's sogar afrikanische Stämme, afrikanische Männer, die hatten fünfhundert Kinder«, sagt Rieger mit groß aufgerissenen Augen. Früher seien die Germanen auch sehr bevölkerungsreich gewesen. Und jetzt sei es so, dass die anderen »randrängten«. »Es ist unser gutes Recht, diesen Raum zu verteidigen, gegen die Andrängenden, die uns diesen Raum nehmen wollen. Wenn ich mich dagegenstelle und sage, ich will diesen Raum für unseren genetischen Stock erhalten, dann ist das doch nicht fehlerhaft.«

»Und was ist mit all den anderen Völkern, die irgendwann einmal durch »Germanien« gewandert sind und sich hier vermischt haben? Ich meine, wer ist schon rein deutsch?«, hake ich nach.

»Ja also! Wer ist denn da durchgewandert?«, insistiert Rieger.

Ich sag ihm: »Die Völkerwanderung hat meiner Meinung nach von Süden nach Norden stattgefunden.«

Rieger platzt: »Nein, nie zuvor hat es eine Wanderung von Süd nach Nord gegeben, außer jetzt … Siehe das ganze Anlanden von Afrikanern in Italien. Siehe die Überschwemmung von Spanien mit Afrikanern. Kanarische Inseln … Das alles führt jetzt zu einer Wanderung von Süd nach Nord.«

»Und vorher hat's das niemals gegeben, auch nicht vor zweitausend Jahren?«.

»Nein! Hat es nicht gegeben! Das ist jetzt neu, das ist eine Entwicklung der letzten zwanzig, dreißig Jahre, vorher hat's das nicht gegeben. Sonst sähen ja alle Deutschen so aus wie Sie«, sagt Rieger und lacht mich dabei aus.

Wie sahen denn die ersten »Deutschen« aus? Na ja, die Wiege der Menschheit liegt in Afrika, das hat man vielleicht schon mal gehört. Was mich bei meinen Recherchen aber richtig überrascht hat, sind die neuesten Forschungen über die Hautfarbe der ersten »Europäer«. Ja, Hautfarbe. Die Anthropologin Prof. Heather Norton von der University of Cincinnati und andere Wissenschftler haben herausgefunden, dass die ersten Menschen im heutigen Europa keine Weißen waren.[7]

Die ersten Menschen, also Homo sapiens, hüpften dort mit dunkler Haut und sogar mit meinen Löckchen herum. Schwarze am Rhein, Afros an der Fulda, Brownies an der Saar oder Aller. Wenn das die Nazis wüssten. Laut

Prof. Norton wandelte sich die Hautfarbe erst vor etwa 12 000 Jahren so langsam von Schwarz zu Weiß. Und da es Homo sapiens in Europa schon etwa 40 000 Jahre lang gibt, waren die ersten Europäer ca. 28 000 Jahre Afroeuropäer oder, salopp gesagt, Brownies wie ich.

Gerade habe ich eine der wirkungsvollsten Waffen gegen Rassismus – das Wissen – ausgepackt, da redet Rieger schon weiter.

»Ich würde mich freuen, wenn Sie sich hinstellen und sagen: *Was meine Eltern gemacht haben, das war ein Fehler!* Das wäre mein Wunsch an Sie.«

»Warum sollte ich das denn tun?«, frage ich ihn.

»Weil Sie andere daran hindern könnten, Unglück in die Welt zu setzen. Vielleicht haben Sie ja noch keine Kinder, aber wenn Sie welche kriegen, dann werden Sie an Ihren Kindern sehen, was ich gesagt hab.«

»Und warum?«

»Weil Ihre Kinder krankheitsbehafteter sein werden. Viel krankheitsbehafteter als der Durchschnitt der deutschen Bevölkerung. Ich bin mal in einer Kirchenversammlung gewesen, die Kirchen sind ja für Rassenmischung und dafür, dass wir alle Menschen integrieren, und immer mehr reinholen, und alle Bleiberecht bekommen, und all das. Da ist ein Schwarzer, also ein Mischling, aufgestanden und hat gesagt, hier wird so viel gequatscht über Rassenmischung und Humanität und jeder soll sich mit jedem vermischen. Ich hasse meine Mutter, weil sie sich mit einem Neger eingelassen hat, hat er gesagt, so wörtlich. Nee, er hat gesagt, ich bin innerlich gespalten, ich habe zwei Seelen in einer Brust, das hat er gesagt, und das kann ich nachvollziehen.«

»Das sind wohl eher die Rahmenbedingungen, die um

ein schwarzweißes Kind herum bestehen«, werfe ich ein. Aber Rieger bleibt im »Rassensaft« und kontert in Manier eines Möchtegern-Psychoanalytikers: »Das bedeutet, dass sie eigentlich nirgendwohin gehören. Das genau ist die Tragik dieser Leute.«

»Aber vielleicht ist es auch so, dass Sie ein bisschen dazu beitragen, dass ich mich nicht so ganz wohlfühle, und ich nicht hierhergehöre, Ihrer Meinung nach.«

»Ich finde die Menschen bedauernswert, die gemischt sind, weil es oftmals dann Probleme gibt. Vermutlich in der ersten Generation nicht, aber bei Ihren Kindern kann's erhebliche Schwierigkeiten geben, mit äh psychiatrischen Problemen. Schizophrenie tritt dann ganz gehäuft auf.«

Rieger sieht mich ernst an. »Wenn Sie das aus der Schule noch wissen, F1- und F2-Generation, Mendel'sche Gesetze oder so was. In der ersten Generation ist das dann noch relativ einheitlich, und nachher spaltet sich das auf in der zweiten Generation, und da haben Sie dann das Chaos.«

»Puh«, sag ich, »waren Sie denn schon mal in einer psychiatrischen Anstalt, ich glaub, da sitzen auch Weiße drin.«

»Ich wollte nur sagen, dass es eben mehrfach so viele sind. Da kommen die immer mit der F1-Generation, und dem Satz, ich kenne da eine, z.B. die Frau von Boris Becker«, doziert Rieger jetzt, »die ist ja aber auch F1-Generation, und was 'ne Powerfrau! Das ist aber nur die F1-Generation. Ich möchte mal wissen, was aus den Kindern wird? Ein reiner Deutscher ist viel gesünder als die F2-Generation.«

Nein, ich habe mich nicht in der Hausnummer geirrt. Er ist es, leibhaftig. Ein NPD-Chef und in Deutschland zugelassener Rechtsanwalt, Jürgen Rieger. Ich möchte nach Hause fahren. Ehrlich. Der Typ kann mich mal.

»Haben Sie schon mal mit Schizophrenie zu tun gehabt?«, frage ich stattdessen weiter.

»Ich selbst nicht, ich hab schizophrene Menschen kennengelernt, und das ist 'ne schlimme Geschichte, aber in meiner Familie gibt's das nicht.«

»Aber bei Menschen, die Ihnen nahestehen?«

»Ich kann nicht sagen nahestehen, nein. Sie können mit diesen Menschen auf Dauer nicht leben. Wie gesagt, ich kenne 'ne Reihe, vielleicht fünf, sechs, wie gesagt, Sie können mit denen keine engere Beziehung aufbauen, das geht gar nicht.«

»Aber Sie würden gerne mit diesen Menschen ...?«

Rieger fällt mir ins Wort: »Ich würde es nicht. Aber ich würde dafür kämpfen, dass es Bedingungen gibt, dass so was gar nicht entsteht. Das ist der Punkt. Das ist mein Ziel.«

Ach, wenn ich nur wüsste, wo er diese schizophrenen Migranten kennengelernt hat.

»Darf ich fragen, in welcher Verbindung Sie zu diesen Menschen stehen?«

»Zum Teil brieflich, zum Teil hab ich sie getroffen, zwei davon waren Mandanten, aber auch sehr kompliziert und schwierig. Das sind arme, bedauernswerte Menschen. In einem Punkt sind sie völlig normal und plötzlich kommen sie auf irgendwelche Sachen und sind völlig abgedreht.«

Seltsame Züge nimmt das Gespräch an. Wer steht da eigentlich vor mir?

»Ich will Ihnen jetzt mal aus der Rassenpsychologie einiges geben«, setzt Rieger erneut an, und ich atme vorsichtshalber tief ein und aus. Ich bin mir nicht sicher, ob ich noch eine Runde Rieger durchhalte.

»Die Afrikaner haben ein sehr gutes Sprachvermögen,

das ist sogar besser als bei den meisten Weißen. Das heißt, sie lernen Sprachen leichter und einfacher«, setzt er an.

»Ah, jetzt wollen Sie mir aber schmeicheln?«

»Nee, will ich nicht. Ich könnt Ihnen auch sagen, dass der durchschnittliche Afrikaner einen Intelligenzquotienten hat, der fünfzehn Prozent unter dem des durchschnittlichen weißen Menschen liegt.«

»Unter?«

»Also bei fünfundachtzig Prozent! Und siebzig Prozent ist Schwachsinnsgrenze. Also liegt er zwischen schwachsinnig und einem normal begabten Weißen.«

Wie lange stehe ich jetzt schon hier auf dieser Wiese mit blutenden Ohren? Aber ich bin nah dran. Bilder aus der Schulzeit kommen mir in den Sinn. Ein paar fiese Möpps hatten mit einem Kommunikationsstil wie Rieger Schüler drangsaliert, die sich nicht wehren konnten oder die keine Lobby in der Klasse hatten. Micha wurde an den Haaren gezogen, Jens haben sie immer gegen das Schienbein getreten, Thomas haben sie mit Worten gereizt. Die Möpps haben alles getan und so lange gestichelt, bis die Angegriffenen nicht mehr konnten. Dann haben Thomas, Jens oder Micha ihre Zähne in die Schenkel der Pausenhof-Aggressoren gehauen. Rieger ist auch so ein Pausenhof-Aggressor. Und soll ich mich jetzt auch an ihm festbeißen? Kurz bevor ich ansetze, um ihm einen ordentlichen Biss zu verpassen, kommt mir ein Gedanke: All diese Gemeinheiten, nur damit ich wütend werde?

Wie konnte ich mich so täuschen? Ich dachte die ganze Zeit, er schiebt mir seinen Hass zu, um sich an mir abzureagieren, so wie ein fieser Chef, der seine Mitarbeiter runterputzt, zur Sau macht, demütigt, um die eigene Größe zu spüren.

Aber nein, so ist es nicht, nicht bei Rieger. Er benutzt diese Worte zu einem anderen Zweck. Er will eine neue Mo kreieren. Eine Mo, die am Ende durch ihre eigene Wut schachmatt gesetzt wird. Eine Mo, die dann genau seinem negativen Bild von ihr entspricht. Die dann bekämpft werden muss, die das Land verlassen muss, die eine Gefahr für Deutschland ist. Nur wenn ich vor Wut platze, bekommt er seine Legitimation, mich zu hassen.

Habe ich's jetzt? Sein Stil, eine simple, alte Schulhoftaktik: Provokation. Und ich soll ihm den Gefallen tun, mich selbst zu demontieren.

»Herr Rieger, ich glaube, Sie haben ein Provokationsgen«, flutscht es aus mir heraus.

»Das hab ich sicher nicht, nein. Das ist Wissenschaft«, versucht er, mir weiszumachen. »Ich halte es vor meinem Gewissen für richtig, vor Rassenmischung zu warnen. Und Sie finden es gut, man soll den Afroasiaten 'ne prima Umgebung bieten. Der Meinung bin ich nicht. Ich bin der Meinung, man sollte es ihnen hier so unbequem machen, wie es nur irgend geht, damit sie zurück in ihre Heimat gehen.«

Mit was will der noch alles kommen, um mich zu provozieren? Ätsch, du Pfeife, ich habe dich durchschaut. »Haben Sie Angst vor dem Anderen?«, frage ich.

»Nee! Ich habe ein sehr niedriges Angstpotential, sonst wär ich auch nicht rechts.«

»Wenn man Angst vor etwas hat, versucht man, es wegzuschieben. Wenn man keine Angst hat, dann …«

»Neeein!«, drängelt Rieger sich dazwischen. »Die Rassenmischung als solche ist übel. Ich versuche da ja nichts wegzuschieben. Die ist ja da. Der Untergang des Abendlandes durch Rassenmischung. Rassenmischung, ein Verbrechen an den Menschen. Ein NPD-Typ in Mecklen-burg-Vorpommern wurde gefragt: ›Was würden Sie denn sagen, wenn Ihre Tochter 'nen Neger heiraten würde?‹ Also wenn Sie mich dazu fragen, ich würde mit der Toch-ter total brechen.«

»Sie könnten Ihre Tochter verstoßen«, frag ich ihn, »nur weil sie jemand heiratet, der 'ne andere Hautfarbe hat?«

»Ja, das würde ich. Das wäre praktisch das Abschnei-den des Erbfadens, das Abschneiden der Wurzel oder so. Das wäre das Schlimmste überhaupt. Bei den Germanen, das geht heute nicht, bei den Germanen wurde so was im Moor versenkt. Das finden Sie heute als Moorleichen, können Sie in Schloss Gottorf sehen.«

Stunden später. Ich bin wieder zurück in Berlin und wäl-ze mich oben in meiner *sleeping box*. Ich kann die ganze Nacht nicht schlafen. Dieser Rieger geht mir einfach nicht mehr aus dem Kopf. Er sagte, »so was« finden Sie dann als Moorleiche, das können Sie auf Schloss Gottorf sehen. »So was« könnte auch seine eigene Tochter sein.

5. Mit 3000 Nazis aufm Alex in Berlin

Am 8. Mai 1945 musste Nazideutschland bedingungslos vor den Alliierten kapitulieren. Heute ist wieder ein 8. Mai. Ich bin in Berlin. Tausende Nazis werden sich am Mittag auf dem Berliner Alexanderplatz versammeln. Sie haben es immer noch nicht kapiert, es ist vorbei. Es werden 10 000 Gegendemonstranten auf den Straßen unterwegs sein und etwa 7000 Polizisten, damit das Ganze nicht komplett eskaliert. Ich bin ein Teil dieses Geschehens.

»Ich hab gehört, dass die Nazis mit 1300 Leuten am Alex aufmarschieren wollen«, sage ich zu Holger Kulick von der *Amadeu Antonio Stiftung*[8], der mit Anetta Kahane die Gegendemo mitorganisiert hat. »Nein, Mo«, sagt Holger, »es werden 3000 Neonazis sein!«

Dreitausend Neonazis, grollt mein Magen und zieht sich vorsichtshalber schon mal zusammen. Am Kunsthaus Tacheles, dem Treffpunkt in Berlin-Mitte, tummelt sich um elf Uhr eine bunte Crowd von coolen Berlinern und Nazigegnern, aber das wirkt im Moment nur bedingt beruhigend auf mich.

»Und Mo, da willst du wirklich hin?«, fragt mich Holger. Wollen ist übertrieben, ich habe da noch was zu erledigen. Ich treffe eine alte Bekannte. Wie heißt die denn, vielleicht kenne ich sie ja? Sie heißt Angst. Nicht etwa Maria Angst oder Sofia oder German Angst. Sie heißt »meine Angst«, mit einem großen A vorne, wie ein weitaufgerissener Mund, der schreit. Und diese Angst ist nicht spezifisch *German*, sie kann jeden treffen, auf der ganzen Welt.

Warum tust du dir das an? Weil ich keine Lust habe, dass Angst mein Leben bestimmt. Ich versuche, heute wieder meine eigene Chefin zu werden. Ob das gelingt?

Das historische Gebäude, vor dem sich jetzt mittlerweile zweihundert Gegendemonstranten versammelt haben, war vor dem Ersten Weltkrieg ein großes Berliner Kaufhaus, und Ende der 1930er Jahre fand hier die weltweit erste Fernsehübertragung statt. Zu dieser Zeit wurde das Gebäude schon von der NSDAP genutzt. Die »Deutsche Arbeitsfront« und auch das »Zentralbodenamt der SS« zogen dort ein, letzteres unterstand dem »Reichskommissariat für die Festigung deutschen Volkstums«, deren Führer Heinrich Himmler war.

Ein guter Ort, um eine Gegendemo gegen die neuen deutschen Nazis zu starten. Wenn der »Herr Reichskommissar« uns buntes Völkchen jetzt vor seiner Tür sehen könnte, er würde sich im Grabe umdrehen. Vor allem auch, weil das ihm unterstehende »Rasse- und Siedlungshauptamt« damals unter anderem die »rassischen Überprüfungen«, ob jemand Arier ist oder nicht, durchführte.

Überhaupt ist die ganze Gegend hier in Mitte voller Stätten, die an Gräueltaten der Nazis erinnern. Wir werden an einigen vorbeilaufen, und Holger wird den Horror durch ein Megaphon für kurze Zeit zum Leben erwecken. Ich hoffe, ich werde das aushalten. Früher in der Schule musste ich immer rausgehen, wenn sie uns Filme aus den KZs gezeigt haben, leblose, bis auf die Knochen abgemagerte Körper, die mit Planierraupen in Gruben geschoben wurden. Manchmal schneidet eins meiner Erinnerungsprogramme im Hirn kurze Sequenzen aus diesen Filmen aus und setzt sie mir vor. Heute könnte so ein Tag sein.

Aber noch genieße ich die friedliche Atmosphäre hier. Lauter liebe Menschen. Es spielt eine Sinti- und Roma-Kapelle, und kleine Schäfchenwolken ziehen am Himmel vorbei.

Doch auch andere haben offensichtlich dran gedacht, dass die friedliche Stimmung hier leicht kippen und es dazu kommen könnte, eventuell schnell wegrennen zu müssen. Ist ja nicht selbstverständlich davon auszugehen, dass sich die Nazis daran halten, auf dem vorgesehenen Spot, dem Alexanderplatz, zu bleiben. Falls sie zum Jagen kommen, sind manche hier vorbereitet.

»Keine schlechte Idee, so ein hoher Turban, aus dem ganz oben dünne, glänzende Rastas herauslugen«, sage ich zu Ngozi, die mal in meiner RnB-Band so wunderbar Background gesungen hat. »Damit kann ich dich schon von weitem sehen und dir vielleicht helfen, wenn sie hinter dir her sind.«

Die Rapper-Jungs von »Brothers Keepers«[9] könnten heute ein Schutz für mich sein. Ich mag sie, sie sehen so kräftig aus, wild, trotzdem sanftmütig, und bereit, sich zu verteidigen. Als Antwort auf den alltäglichen rassistischen Terror in Deutschland und dem Mord an Alberto Adriano, ein Afrodeutscher aus Mosambik, der in Dessau Opfer rechtsextremer Gewalt wurde, haben sie folgende Zeilen komponiert. Brothers, in eurem Rhythmus laufe ich an diesem Tag.

Dies ist so was wie eine letzte Warnung,
denn unser Rückschlag ist längst in Planung.
Wir fall'n dort ein, wo ihr auffallt,
gebieten eurer braunen Scheiße endlich Aufhalt.
Denn was ihr sucht ist das Ende;
und was wir reichen, sind geballte Fäuste und keine Hände.

Euer Niedergang für immer;
und was wir hören werden, ist euer Weinen und euer
Gewimmer.

Im Rhythmus dieser Zeilen setze ich langsam einen Fuß vor den anderen in Richtung Alexanderplatz, unsere Anti-Nazi-Demo setzt sich in Bewegung. Wir haken uns ein, laufen nebeneinander und ebnen wie eine Dampfwalze das Parkett zur Gegenwehr. Hinter uns Hunderte, nervös geeint, im Gleichschritt bunt.

Ich fühle mich gestärkt. Zum ersten Mal auf meiner Odyssee zu den Rassisten habe ich Freunde und Mitstreiter an meiner Seite. Ich kann sie fühlen. Ich bin nicht allein. Rechts neben mir der Rapper D-Flame, links Ade Bantu. Zwei starke, gutaussehende Jungs. Ihr Lächeln. Ihr Selbstbewusstsein. Ich in der Mitte. Unsere Kraft. Ich genieße diesen Moment der Sicherheit so sehr. Neben uns die Bands »Silbermond« und »Seeed«.

Zum ersten Mal laufen an diesem 8. Mai Afrodeutsche zusammen mit der jüdischen Community gegen Rechtsextremismus in Deutschland. Zusammen sind wir das Bewusstsein von Millionen Sklaven und von Millionen Opfern der Shoah. In den USA gibt es diese starke Kombi schon ganz lange. Juden haben die US-amerikanische Afrocommunity im Kampf für die »Human Rights« bereits in den 1960er Jahren unterstützt, in Deutschland ist diese Allianz neu. Ich fühl mich *history*!

Um dreizehn Uhr zieht das gesamte Band von Demokratieprotektoren mit weichen Knien durch das Scheunenviertel. Die fünfundfünfzigtausend von hier aus deportierten jüdischen Seelen begleiten uns und antworten auf D-Flames-Frage:

»Am I My Brother's Keeper?«
mit einem entschiedenen:
»Yes, I am, Yes, I am, Yes, I am.«
Wir, die »Brothers Keepers« und deren Freunde, passieren den Koppenplatz. Dort steht das aus Bronzeguss errichtete Denkmal »Der verlassene Raum« zur Erinnerung an die aus dem Scheunenviertel deportierten Juden. Es besteht aus einer Bodenplatte, die einen Fußboden darstellt, sowie einem Tisch und zwei Stühlen, von denen einer umgestoßen auf dem Boden liegt. Ich schließe meine Augen für ein paar Minuten. In Gedanken sehe ich, wie Türen aufgerissen und Menschen aus ihren Wohnungen verschleppt werden. Schreie, verzweifelte Versuche, sich zur Wehr zu setzen, brutale Gewalt und dann nur noch die Stille und ein umgefallener Stuhl. Meine Trauer möchte mich anketten, aber dann wär's vorbei. »Am I My Brother's Keeper? Yes, I am, Yes, I am.«

Über mir fliegt wieder der Hubschrauber, der die Nazis auf dem Alex bewacht. Alle schauen hoch. Einer flucht. Holger kämpft gegen den Lärm an und liest uns die Worte der Nobelpreisträgerin Nelly Sachs vor, die die kleine Gedenkstädte umrahmen:

O die Wohnungen des Todes
Einladend hergerichtet
Für den Wirt des Hauses, der sonst Gast war –
O ihr Finger,
Die Eingangsschwelle legend
Wie ein Messer zwischen Leben und Tod –
O ihr Schornsteine,
O ihr Finger,
Und Israels Leib im Rauch durch die Luft!

Auf dem Alexanderplatz sind zur gleichen Zeit bereits über tausend Neonazis angekommen.

Holger hält das Megaphon mittlerweile immer schräg nach oben, als wollte er ganz Berlin vor den neuen Nazis warnen. Er ruft: »Es regt uns auf, dass der Aufstand der Anständigen gegen den neuen Rechtsextremismus immer nur vorübergehender Natur ist. Und sich in der Mitte der Gesellschaft Rassismus und Antisemitismus ungehindert ausbreiten. Es regt uns auf, dass seit 1990 über 140 Menschen durch Neonazis in Deutschland ermordet und fast vergessen worden sind, drei – allein – in – den – vergangenen – vier – Wochen.«[10] Ich denke an ein Opfer aus dieser Liste. Nr. 63. Jan W., 45. Er wurde am 26. Juli 1994 von einer Gruppe junger Deutscher in die Berliner Spree getrieben, gewaltsam daran gehindert, ans Ufer zurückzuschwimmen und ertrank.

Wir laufen wütend weiter, wieder im Hier und Jetzt. Schmettern gegen die Hauswände, auf denen teilweise noch die Einschusslöcher aus dem Zweiten Weltkrieg zu sehen sind, die Zeilen, die die »Brothers Keepers« und »Silbermond« gemeinsam singen:

Wir sind bereit für diesen Weg,
mehr als zu zweit auf diesem Weg.
Wir sind bereit für diesen Weg,
mehr als zu zweit auf diesem Weg.

Der Hubschrauber steht immer noch regungslos am Himmel, er bewacht das Geschehen am Alexanderplatz mit mittlerweile Tausenden von Neonazis. Dort will ich hin.

Am letzten Demotreffpunkt am Hackeschen Markt höre ich Cem Özdemirs Worte: »Wir müssen vor allem aufpassen, dass die Nazis keine Chance haben, ihre Sicht der Geschichte zu erzählen!« Nun ist der Moment gekommen, an dem ich mich abkoppeln muss. In Richtung Nazidemo. In etwa einem Kilometer Entfernung wartet dort das Fräulein Angst auf mich. Lange macht sie das nicht mehr. Ich muss los, ehe ich kneife.

Was ich nicht einkalkuliert habe, ist, dass die Nazimeute durch kilometerlange Metallzäune eingekreist ist. Niemand kommt rein, niemand soll rauskommen. Hunderte Polizisten haben rings um den Alexanderplatz eine ein Kilometer tiefe Schutzzone aufgebaut. Am nächsten Tag wird in der Presse stehen: »Die Nazis wurden am Sonntag wie in einem Schweinegatter zusammengepfercht.« Da muss ich rein.

»Entschuldigen Sie, ich möchte gerne rüber zu den Nazis«, flüstere ich den Polizisten an der Absperrung zu. Keine Reaktion. Die denken sicher, ich habe einen an der Waffel. »Ich habe einen Presseausweis. Sie müssen mich da ja reinlassen«, versuche ich es erneut.

Nach ein paar Anläufen öffnet einer der Polizisten eine Metallschranke, die den Weg in ein unkalkulierbares Abenteuer frei macht.

Ab jetzt ist jeder Schritt ein paar Kilo schwerer. Der Gang durch die Rosenstraße ist wie der Gang zum Schafott. Ich spüre, wie die Aufregung zunimmt. Meine Hände schwitzen. Mein Nacken wird heiß. Der Schweiß läuft mir an den Flanken herunter. Weiterlaufen, nicht anhalten, Mo.

Kein Mensch ist auf der Straße. Die gesamte Pufferzone zwischen Nazis und Gegendemonstranten ist wie leergefegt. Da vorne stehen zwei Polizisten mit gelben Westen, auf denen »Deeskalationsteam« steht. Auch das keine wirkliche Beruhigung. Der Hubschrauber schwebt mittlerweile nicht nur über den Nazis, sondern auch über mir. Je näher ich ihnen komme, desto mehr kann ich ihre Redner verstehen. Wortfetzen zischen vorbei, nichts Zusammenhängendes, aber schneidend und angriffslustig.

In einhundert Metern Entfernung sehe ich dutzende Polizeiwannen. Ich könnte mich dort kurz anmelden und sagen, dass ich hier bin. Von denen weiß ja keiner, dass ein schwarzer Punkt auf dem Weg in diesen Pulk ist. Und das der schwarze Punkt eventuell später Schutz braucht, wenn ein …, oh, ich mag es mir gar nicht ausdenken.

Die Bullen sind zur Deckung da, Rückhalt, Bollwerk, Verschanzung. Ich denke mittlerweile wie eine Kriegerin. Sind die Männer dort in ihren Körperpanzern und den Schutzhelmen alle meine Verbündeten? Kann ich mich auf sie verlassen, wenn hier etwas schiefgeht?

An einem ersten Mai vor vielen Jahren in Berlin-Kreuzberg konnte ich das nicht. An jenem Tag, die Berliner nennen ihn auch »Volksrandaletag«, weil sich jedes Jahr Polizei und Demonstranten, linke wie rechte, auf den Straßen Kreuzbergs wahre Schlachten liefern, ging was schief. Ich wollte damals zu einem Café am Paul-Lincke-Ufer laufen, und da sehe ich, wie eine Polizeiwanne in die entgegengesetzte Richtung der Einbahnstraße auf mich zugefahren kommt. Wie die Wilden springen die Bullen aus der fahrenden Wanne und rennen direkt auf mich zu. Reflex, ich renne auch. Vor ihnen weg. Ich renne. Sie kommen immer näher. Ich stolpere. Ich falle hin, und dann haben sie mich. Am Boden liegend werde ich von ihren Stiefeln getreten, von ihren Stöcken geschlagen. Ich weiß noch, wie ich ihnen immer wieder entgegenschrie: »Ich bin eine Frau, ich bin doch eine Frau.«

Wegen dieses Vorfalls laufe ich jetzt mit einer gewissen Vorsicht auf die Polizeiwannen zu.

»Hallo!«, ruf ich. »Darf ich mal kurz mit Ihnen reden?« Die Schiebetür bleibt zu. Ich klopfe immer wieder an, heftiger. Aus der nahen Ferne höre ich die Stimme des NPDlers Udo Voigt: »Wir sind stolz darauf, Deutsche zu sein.«

»Könnten Sie bitte mal kurz aufmachen, bitte!« Es öffnet sich die Tür des Polizeifahrzeugs. Drinnen hungrige, angespannte, aber bemerkenswert freundliche Polizisten.

»Ich wollte nur fragen, falls ich rennen muss, könnten Sie mir da bitte aufmachen. Es könnte sein, dass ich fliehen muss. Ich geh jetzt zu den Nazis rüber.«

Den Polizisten sieht man an, dass sie nicht wissen, was sie von mir und der ganzen Sache halten sollen. Mir ist schlecht. Am liebsten würde ich mich jetzt hier vor der Wanne übergeben. Einer der Polizisten guckt freundlich. Der Chef der Wanne nickt, und ich sehe wieder Land.

Ich laufe zur nächsten Wanne. Zur übernächsten. Knüpfe mir ein Sicherheitsband. Überall bitte ich um Asyl, falls ich von den Nazis verfolgt werde. Es ist der Versuch, mir einen *Homerun* zu skizzieren, wie beim Baseball, Wagen für Wagen. Jeder Schritt ist Leben. Ein Meter zu wenig könnte das Ende sein.

»Kann ich mich auf Sie verlassen?«, frage ich den Polizisten in der letzten Wanne.

»Ja, ja«, sagt der von seinem Beifahrerfenster aus.

Der Alexanderplatz ist wie eine riesige Schlucht mit lauter Osthochhäusern, in der Mitte das Wahrzeichen Berlins, der Fernsehturm mit seiner silberglänzenden Diskokugel. Ich sehe drei große Plattenbauten auf beiden Seiten, mit je elf Etagen. Jede dieser DDR-Vorzugsbürgerbehausungen hat etwa 180 Fenster. Das heißt, es könnten aus den insgesamt 1080 Fenstern über tausend faule Tomaten auf die Nazis geworfen werden, aber es wirft keiner. Ein paar Leute schwenken Demokratiefähnchen, immerhin.

Das Gegröle wird immer lauter, je näher ich komme. Die Worte vom Rednerpult werden echoartig von einem Plattenbau zum gegenüberliegenden geschleudert. Einer der Obermufti-Redner ruft aus: »Wir sagen an diesem Tag: Schluss mit Schuldkult – und Wiedergutmachung an alle Welt. Wir fordern: Arbeit für Deutsche statt Vergangenheitsbewältigung. Wir sind die Bannerträger einer neuen Zeit, in einem neuen Deutschland für uns – einem Deutschland für Deutsche. *Wir* sind das Volk!«

Die Nazis antworten zum Salut, laut und wie immer ziemlich grimmig und verbissen: »*Wir* – sind das Volk. *Wir* – sind das Volk. *Wir* – sind das Volk!«

Da bin ich. Da stehen sie. O mein Gott, deutsche Neonazis, ein-, zwei-, dreitausend. Und neben mir das Fräulein Angst. Wir sind ja verabredet.

Mit den letzten zwei Schritten, bevor ich mittendrin bin, sage ich mir, heute will ich Schluss machen. Mit der Angst. Gerne kann das Fräulein in den nächsten Stunden noch einmal mit mir machen, was sie will, aber dann ist Sabbat. Soll sie sich gut überlegen, wie sie diesen letzten Tag mit mir hier unter all den Nazis verbringen will.

Also: Da sind sie. Die neuen Nazis. Erst mal nur gucken. Fast nur Männer. Weiße Männer. Und ich. Wie könnte ich der Aggressivität von tausenden Neonazis standhalten? Es hat mir niemand beigebracht. Also starte ich den Fünf-Minuten-Crashkurs an mir selbst. Am Ende werden wir sehen, ob es eine gute Idee war, barfuß durch das Feuer laufen zu wollen. Ich muss schnell machen.

Mein Körpercheck sagt mir, ich beiße gerade die Zähne

aufeinander. Oder? Weiß nicht so genau. Ein Knirschen kann ich bei diesem Lärm hier schlecht hören. Ein Blick nach hinten, dahin, wo die Polizeiwannen stehen, der *Homerun*, raus aus diesem Wahnsinn, ist vorbereitet. Ich atme.

Ist mein Mund geschlossen? Ich seh's nicht. Ich geb mir noch vier Minuten, dann muss ich das Anti-Aggressionsschutzschild gespannt haben. Mein Brustkorb hebt sich und senkt sich und hebt sich. Ein bisschen schneller als sonst. Aber noch nicht in völliger Panik. Eigentlich wird es gerade sogar etwas besser, jetzt, da ich angekommen bin. Seltsam. Noch drei Minuten. Ohne Scheiß, ich steh hier mitten unter dreitausend Neonazis. In meinen Gedanken wäre so etwas nie möglich gewesen. Da hätte mich längst einer zerfetzt. Sekündlich warte ich natürlich trotzdem drauf. Atmen, Mo, atmen!

Wie lange gibt es diesen Moment in meiner Vorstellung schon? Sehr, sehr lange. Aber da stehen sie tatsächlich, vor mir, hinter mir, rechts von mir, links von mir, da! Ich hoffe, ich wache jetzt nicht aus einem Traum auf. Dann wäre die ganze Sache, die Übelkeit, das Zittern, die Angst, alles ganz umsonst gewesen. Ich kann ja jetzt schlecht einen Nazi fragen, ob er mich mal zwickt. Das könnte falsch verstanden werden. Also zwick ich mich heimlich selbst. Hm? Alles beim Alten. Das Gebrüll, der Redner, die Nazis und ich. Anscheinend passiert es hier wirklich. Zwei Minuten und dreißig Sekunden habe ich noch.

Hhhey, da fotografiert mich ja einer. Wieso denn? Und wieso haut er ab? Jetzt verschwindet der Fotoapparat unter seiner Bomberjacke. Sicher hat das eine Bedeutung, aber leider bin ich heute hier als Anfängerin unterwegs.

Komisch, die Nazis um mich herum sagen gar nichts zu mir. Ich hatte Anbrüllen erwartet. Jetzt, wo sie hier im Pulk stehen, zu Tausenden. Da können sie sich doch trauen. Ich bin nur eine. Aber nichts passiert. Hm? Ich stehe hier. Ich gucke. Ich drehe meinen Körper nach rechts und links. Ich setze einen Fuß vor den anderen. Ich möchte rufen: Hallo, da bin ich, euer Feindbild. Hallo! Ich bin 1,76 m groß. Ich habe Löckchen. Meine Hautfarbe ist braun. Ich bin hier übrigens die Einzige, die hier wirklich braun ist, ha, ha. Hm? Bin hier eingedrungen in eure Demonstration. Stehe neben euch. Hallo! Was für eine perfekte Chance für die Nazis, ihre Wut an mir auszulassen. Aber nichts passiert. Mache ich was falsch?

Eine Minute noch. Ich fühle meiner Angst nach. Ist weniger geworden. Eigenartig. Wenn ich früher beim Taxifahren Angst hatte, habe ich auf die Tube gedrückt und bin mit den Aggressoren volle Pulle in die Kurven. Einmal habe ich sogar mit einem eine Vollbremsung gemacht, und sein Kopf ist gegen die Kopfstütze gedonnert. Dann hat er nichts mehr gemacht. Seitdem wusste ich, im Zweifel hab ich das Bremspedal als Waffe.

Was macht das Fräulein Angst denn jetzt mit mir? Sie scheint ungeahnte Tricks in der Tasche zu haben. Ach, wenn ich mich jetzt nur sehen könnte. Wie sehe ich aus? Was ist anders? Was ist ungewöhnlich an mir?

Die Nazis sehen mein Gesicht, aber ich selbst sehe es ja nicht. Ohne mein Spiegelbild spüre ich Muskel für Muskel nach. Mir bleibt nicht mehr viel Zeit. Wenn ich alle Muskeln durch habe, sollte mir das mein Spiegelbild zeigen. Stirnmuskel, Nasen- und Nasenflügelmuskel, Ohrmuskel, Kinnmuskel, alles normal. Dann bin ich bei meiner Mundmuskulatur angelangt. Fühlt sich gut an. Vielleicht zu gut für diesen Ort hier und die ganzen griesgrämigen Jungs um mich herum?

Zehn, neun, acht ... die Zeit ist rum. Ich fühle die Bäckchen. Sie zeigen nach oben. Sind immer mal wieder prall, für einen kurzen Moment, auch wenn mich hier alle hassen. Und dann weiß ich es plötzlich. Ich lächle ja. Wow!

Irgendwo habe ich mal gelesen, dass man 43 Gesichtsmuskeln braucht, um ein böses Gesicht zu machen, und nur siebzehn Muskeln, um zu lächeln. Der Hauptmuskel dazu heißt *Musculus zygomaticus major*, muss ich mir merken. Ich lächle. Ist das der Trick? Und wie habe ich das jetzt gemacht? Egal, nicht denken, handeln. Weiterlächeln. Ich könnt mich jetzt ein bisschen mehr bewegen.

Da drüben sieht ja einer aus wie Adolf Hitler. Dieselbe Frisur. Das Bärtchen mittig und akkurat gestutzt. Ob ich da mal hingehe? Seine Bewegungen sind langsam, fast in Zeitlupe schreitet er daher. Er will gesehen werden, schaut sich um, guckt grimmig. Das ist Anstrengung pur, wie ich weiß. Matthias Adrian, ein Aussteiger aus der Naziszene hatte mal gesagt: »Natürlich gibt's in der Szene Leute, die haben ein riesengroßes Selbstbewusstsein und sind auch totale Über-Egos. Das sind dann diese ganzen Pseudoführer. Das ist ja auch das Problem, man hat drei Nazis, und mindestens zwei davon wollen Führer sein.«

Es wehen jede Menge NPD-Fahnen. Und dann singt die Menge die Deutschlandhymne. Auch die beiden ersten Strophen. Den Text kann man kaum verstehen, weil alles so gebrummt wird. Es sind kaum Soprane da, vielleicht fünf Prozent. Alle anderen Bässe, Baritone, maximal knödelnde Tenöre, denen man anhört, dass sie im Musikunterricht nicht aufgepasst haben.

Unter den vielen Bomberjackenträgern, Führerimmos, glatzköpfigen Kapuzenpulliträgern hier hält sich mein Lächeln leider nicht sehr lange. Dafür ist hier zu viel

Schweiß und Testosteron unterwegs. Vorerst merke ich mir das Gefühl: Lächeln, an diesen Punkt möchte ich wieder gelangen. Unabhängig vom Ort oder der Person, die mir gegenübersteht. Das ist mein Ziel. Ich will mich wieder so fühlen. Ich will mich zurück. Vielleicht darf das Fräulein Angst bald in den Ruhestand gehen.

»Ich würde gerne mal mit euch reden«, frage ich einen, der nicht ganz so gewalttätig ausschaut. Dann sehe ich nur noch Rücken an Rücken an Rücken vor mir. Einer murmelt im Umdrehen: »Es ist Redeverbot!« Von den wenigen Nazifrauen, die hier sind, stehen drei ziemlich nah vor mir. Eine hält eine NPD-Fahne. Ihr blondes Haar hat sie zu einem Zopf nach hinten gebunden. Wenn sie mir irgendwo an der Kasse, am Bankschalter oder in einem Amt begegnen würde, ich hätte das »N« über ihr schwebend, mit einem Pfeil, der auf ihren Kopf zeigt, nicht erahnt. Auch sie will nicht mit mir reden, schüttelt nur den Kopf mehrmals, sagt nein, nein, und zieht dann ihre Schultern eng an ihrem Nacken hoch.

In den nächsten Stunden, ist jeder dritte Satz, den ich höre: »Die Presse lügt!!« Ich halte der Aggression, die da offen mitschwingt, stand und frage trotz der grimmigen Blicke immer weiter. Und langsam kommt auch meine Neugierde auf die Nazis wieder. Doch die scheint nicht auf Gegenseitigkeit zu beruhen. Den einen, den ich mir schnappen kann, verwickele ich in ein Gespräch. Er ist schon ein fortgeschrittenes Semester, und ein paar seiner Mitstreiter gucken hin und wieder kritisch zu uns rüber. Eine kleine, dickliche Frau schlägt plötzlich vor uns eine alte Landkarte auf und sagt: »So groß war Deutschland mal.« Sie strahlt. Mein Gesprächspartner, er stellt sich als Klaus-Jürgen Menzel, stellvertretender NPD-Landesvorsitzender in Sachsen und bis 2009 Mitglied des Sächsischen Landtags heraus, erwidert nur, ja, ja, und schickt sie mit einer hastigen Handbewegung zurück in die Herde. Bevor auch ich hier verschwinde, möchte ich von ihm wissen, warum ich von allen hier dauernd ausgegrenzt werde.

»Das Christentum«, sagt er, »ist für uns nicht maßgebend. Sondern der nordische Glaube.« »Wenn Sie die Wahl hätten«, fragt er mich, »zwischen einer Lichtgestalt und einem blutrünstigen Wüstendämon, wie würden Sie sich entscheiden?« »Ich wähle die Lichtgestalt«, sage ich und frage, wen er mit Lichtgestalt meint.

»Das ist Odin. Der höchste Gott«, sagt er.

Was ich von Odin weiß, ist, dass der an einem Baum hing und die Erleuchtung bekam. Das ist ein bisschen so wie bei Buddha, füge ich lächelnd hinzu, es gibt ja ganz viele, die eine Erleuchtung erhalten haben. Richtig, sagt Menzel, und nickt furchtbar wissend.

»Wenn ich die Erleuchtung bekommen hätte«, sage ich, »also wäre ich jetzt Odin oder Buddha, dann hätte ich ein ganz großes Herz. Und dann schlösse ich alle ein und grenzte niemanden aus.«

Es fängt langsam an zu nieseln, und Menzel mit zugekniffenen Augen und gespitzter Lippe: »In jeder Großstadt im Westen werden die Innenstädte langsam von Deutschen gereinigt, das ist 'ne, wie sagt man – ethnische Reinigung, in unserem Lande! Wir haben nichts gegen Italiener, meinetwegen auch Griechen und was hier in Europa, was so um uns herum ist, was uns einigermaßen artverwandt ist, aber bitte keine Asiaten. Muss nicht sein.« Ich denke nur, die Chinesen haben es gar nicht nötig deine deutsche Geschichte zu klauen, die haben selber eine. Und die ist viel älter. Sein Odin hätte ihm das sicher auch so erklärt.

Schon seit Stunden rekel ich mich auf meiner bunten Decke im Park und denk an meine bisherigen Nazi-Tête-à-
têtes. Soll ich es abbrechen? Dreitausend Nazis um mich
herum und keiner wollte mit mir reden, drehten sich nur
weg. Eure kalte Schulter und feindseligen Blicke brauch
ich nicht, dann eben nicht. Ich habe Freunde hier. Die
Wiese ist voll davon. So viele lustige Gänseblümchen hier,
wozu brauch ich da Neonazis an der Backe? Ja, ja! Das
sind ernsthafte Gedanken.

Der Wind weht den Duft von zarten Gräsern und bunten Wiesenblumen zu mir rüber. Und da seh ich einen.
Das ist doch einer, so wie der durch den Park trampelt,
mit seinen dicken, schwarzen Stiefeln bei 35 Grad im
Schatten.

Es ist die Gunst der Stunde, die mich, meine Blumen-
freunde und die zärtlichen Gräser in eine freudig erregte
Luv-Stellung treiben lassen. Und ihn, den Herrn Nazi in
rund achtzig Metern Entfernung, auf vier Uhr, in Lee. So
würde ich es als alte Seemannsbraut ausdrücken. Sollte
es nun zu einem offenen Rassismusgefecht kommen, ist
er auf jeden Fall in der ungünstigeren Position. Auf hoher
See hätte er keine Chance.

Aber er bemerkt mich gar nicht. Vielleicht ist seine Sonnenbrille verschmiert. Ich danke dem Wind und segele
weiter in meinen Gedanken, um eine endgültige Entscheidung in Sachen Nazis zu treffen. Inspiration habe ich jetzt
genug. Da drüben, unter einem Baum, sitzt sie.

Herr Nazi sitzt da allein. Zwei Mollen werden ausgepackt, eine Schachtel Zigaretten fliegt auf eine gerade frisch zertrampelte Butterblume, seine Jacke mit einem Asgar-Aryan-Aufdruck hat einen Riss.

Was treibt ihr Nazis eigentlich, wenn ihr weich sein könnt und euch unbeobachtet fühlt? Auch diese Frage sollte ich mal beantworten. Aber wie? Ich frage mein Handy. Es ist mein mobiles Orakel und kommt immer zum Einsatz, wenn ich Antworten brauche. Ich öffne meine Mails und scrolle eine unbestimmte Zeit abwärts. Die Augen sind dabei geschlossen, um nicht zu mogeln. Dann hebe ich den Finger und gucke gespannt auf das Display. Bei welcher Mail hat es Stopp gemacht? Und was wird mir mein mobiles Orakel heute verraten?

Das ist jetzt doch ein Witz, oder? In der Mail steht: »Sie sucht ihn – er sucht sie. ElitePartner – Singles mit Niveau.« Danke Wind, danke Finger, danke Spammail.

Ich guck zu Herrn Nazi rüber und stelle mir vor, was der so nachts treibt, wenn er nicht gerade auf Krawall gebürstet ist. Hat er so was wie ein Liebesleben? Und wie findet er eine Frau oder auch einen Mann? Gibt's alles!

Da oben am Himmel, da braut sich mittlerweile etwas zusammen. Ein Gemisch aus Wolken, Stadtstaub und neue Energie in Sachen Nazientschlüsselung, die mich zu einem Dating-Portal führt, auf dem auch Nazis was zum Poppen oder so suchen: »Odin Kontaktanzeigen: der Anzeigenmarkt von Patrioten für Patrioten.« Seine Heimat zu lieben ist kein Verbrechen, schreiben sie da. Nach zwei Stunden langem Grübeln über eine geeignete Profilerstellung logge ich mich mit einem Jugendfoto meiner Mutter ein. Sieht ganz nett aus. Mein Profilname: Moni_in_Berlin.

Der Erste, den ich anklicke, heißt Hans, er beschreibt sich folgendermaßen: »Ich bin sportlich und schnell wie die Windhunde, bin hart wie Kruppstahl und zäh wie Leder. Meine Frau sollte eine Reenie sein. Suche nach: weiblich.«

Reenie? Das muss ich googeln. Reenie, die Bezeichnung für einen weiblichen Skinhead, kurzgesagt, er sucht eine Frau mit Glatze. Oder wie?

Unter Beziehungsart schreibt er: »Freundschaft«. Unter Stadt: »Reichshauptstadt.«

»Hallo Hans«, schreibe ich, »der Sommer ist krass. Lange kann man es sich nicht mehr auf einer Wiese gemütlich machen mit 'nem Bierchen. Deshalb check ich dich mal ab, bevor es Herbst wird. Kein Bild von dir, Hans. Hast du was zu verstecken? Moni«

Ich fühl mich miserabel bei dieser Heimlichtuerei. Aber wenn ich hier ein Originalfoto von mir mit Löckchen und meinem Teint reinstelle, kann ich sicher auf 'ne Antwort warten, bis ich schwarz werde. Außerdem hat der Hans Adolf Hitler in seiner Beschreibung zitiert, »zäh wie Leder, hart wie Kruppstahl« und so. Hitler hat das am 14. September 1935 bei einer Rede zu mehr als 50 000 Hitler-Jungen im Nürnberger Stadion in mehrere Mikrophone gleichzeitig gebrüllt, und dabei die Hände zu Fäusten geballt.

»Heil dir! Danke für dein Schreiben«, kommt es kurz darauf von der E-Mail hateline@... in meinen Naziflirt-Account geflattert. »Heil dir!«, schreibt ein gewisser René, den ich ebenfalls angeschrieben habe. Noch bin ich heil, da hast du recht, denk ich mir. »Natürlich können wir uns treffen«, schreibt er, »bin öfter in Berlin, weiß leider jetzt noch nicht wann, da ich z. Zt. viel im Gau Pommern unterwegs bin. Vielleicht sehen wir uns auf Usedom, wenn sich wieder viele Kameradinnen und Kameraden auf der Insel treffen? MkG, René«

MkG, mit kameradschaftlichen Grüßen, das klingt aber gar nicht sexy, René. Aber vielleicht ist das der Ton, den man hier beim Onlineflirt mit Nazis anstimmt.

»Hier ist ein Michael, männlich, Single, 1,86 groß, 88 kg, Typ: weiß. Suche: weiblich, weiß. Du solltest national denken, rauchen. Ich suche keine Superfrau, aber eine Frau wäre super!!« Auf seinem Flirtprofilfoto ist Michael mit verschränkten Armen vor einer schwarzweißroten Flagge mit dem gleichschenkligen Keltenkreuz zu sehen. Das Emblem, vor dem er steht, das der rechtsextremen und verbotenen »Volkssozialistischen Bewegung Deutschlands« (VSBD/PdA) zugeordnet wird, ist als Symbol in der rechtsextremen Szene mega angesagt und in dieser Kombi verboten, sagt mir Google gleich. Ein anderes Foto zeigt Michael mit nacktem muskulösem Oberkörper, seine Haut glänzt. Vielleicht hat er sich für die Pose eingeölt. Das Bild wurde schräg von unten fotografiert, ein bisschen im Leni-Riefenstahl-Stil.

Was die Angabe 88 Kilogramm bedeuten soll, bin ich mir nicht sicher. Ist das sein tatsächliches Gewicht, er sieht wesentlich kräftiger aus, oder ist das eher symbolisch? Die 8 steht nämlich bei den Nazis für den achten Buchstaben im Alphabet, und zweimal die 8, also 88, heißt so viel wie HH, »Heil Hitler«. Will er andeuten, dass seine Körpermasse für den Führer schwingt? Oder ist er selbst ein Führerkörper? Oder lebt er wie der Führer eher keusch, mit gelegentlichen Bekanntschaften, von denen mindestens zwei sich umgebracht haben sollen? Wofür steht die 88 bei dir, Michael? Die Frage direkt zu stellen, wäre fatal.

Michael scheint für mein Vorhaben zu gefährlich zu

sein, aber wenn seine Profilbeschreibung nicht komplett geheuchelt ist, könnte ich's vielleicht trotzdem wagen. Er schreibt nämlich auch: »Bin treu, gutherzig, national, pünktlich, lustig, alles andere auf Anfrage.«

Lieber Michael,
du bist mir in den Odin-Anzeigen als ziemlich kräftiger Kerl aufgefallen. Wie du suche ich Kontakt zu heimatverbundenen Kameraden, die unsere Geschichte kennen und dazu stehen. Wenn du außerdem ein echter Germane und nicht auf den Mund gefallen bist, dann sollten wir uns kennenlernen. Meld dich mal, bin gespannt auf deine Antwort.
Bis bald, Moni

Ich warte nicht auf eine Antwort, sondern stürze mich auf den nächsten Micha. Der nennt sich Buffe88, hat stahlblaue Augen und steht für sein Profilbild vor einer schwarzen Sonne.

Michael, Buffe8888@... schreibt mir zurück:

Hallo, ich hätte schon Lust, dich zu treffen. Würde dich gern mal in meine WOLFSCHANZE einladen. LG und Bussi

Wolfschanze! Jetzt wird's ernst.

Hans (der aus der »Reichshauptstadt«) hat mittlerweile auch geantwortet:

Tach Moni,
hier ist ein Bild von mir. Leider nur von der Seite. Ich hoffe, beim Bierchen bleibt es trotzdem. Jetzt wäre aber auch ein Bild von dir knorke.
Hansi

Hallo Hans,

klar bleibt's bei dem Bierchen, vielleicht werden's auch mehr. Habe Anfang nächster Woche meine neue Telefonnummer, die schick ich dir und dann lass uns mal telefonieren, das geht einfacher. Reserviere schon mal ein schönes Fleckchen auf 'ner Wiese.

Moni

Hans' Bild löst bei genauer Betrachtung bei mir unerwartete Gefühle aus. Er hat diesen Schnappschuss wohl auf einer Nazidemo aufgenommen. Habe ich ihn schon mal irgendwo gesehen? Hat er mich vielleicht gesehen? Um ihn herum lauter Glatzen, er selbst trägt auch eine. Sein Arm ist voller Tattoos, so dass er schon fast schwarz ist, sieht gefährlich aus. Nicht wegen der Tattoos, sondern wegen … ich weiß nicht, was ist das, mir ist komisch zumute. Ich lösche sein Profil. Sofort. Mein Bauchgefühl.

Michael, der mit den 88 Kilogramm, will plötzlich, dass ich ihm meine Ideologietreue nachweise, bevor er mich trifft. Kneift der jetzt? Oder bin ich aufgeflogen? Auch von anderen möglichen Kandidaten kommen solche Anfragen. Die wollen wohl prüfen, wer hinter Moni_in_Berlin steckt. Sie fragen:

Wie stufst du dich in deiner Treue zur Bewegung ein?
Wie weit geht deine Treue als Patriotin?
Gab es Opfer in Konzentrationslagern?
Wann entschloss sich Heydrich, die Laufbahn eines Marineoffiziers einzuschlagen? (1918, 22 oder 23)? Und so weiter.

Bevor es zur Sache geht, wird also stramm die Ideologietreue abgecheckt. Nicht auszumalen, was passieren würde, wenn sich ein deutscher Mann aus Versehen in eine Linke, eine Muslima oder eine Schwarze verliebt! Mir jedenfalls ist das zu anstrengend, also lösche ich alle Profile, die zu viele Fragen stellen.

Da ist noch ein Michael, vielleicht ist das einer, mit dem ich mich treffen könnte.

> Michael (2), Single, 190 cm, 124 Kilogramm. Typ: weiß. Religion: andere. Suche weiblich, Deutschland. Typ: weiß. »Vielleicht finde ich ja hier den passenden Deckel«, schreibt er. »Trinke gern. Hauptschulabschluss.«

Sein Profilbild zeigt einen 1973er, dessen Kopf quasi quadratisch ist und keinen Hals besitzt. Sein T-Shirt hat den Aufdruck »KC« auf dem Ärmel. Google sagt mir, »KC« ist die Abkürzung für »Kategorie C« – polizeiliche Einordnung für gewaltbereite Hooligans.
Beruf: Hausmeister in einem Altenheim.
Michael (2) schreibt auch sofort zurück:

> »Hi Moni. Dein Profil macht einen neugierig, he he. Wie geht es dir denn sonst so? Hoffe doch gut. LG Michael. Melde dich mal, wenn du möchtest.«

Ich überlege. Contra Michael (2) spricht: Gegen 124 kg kann ich nicht anstinken. Wenn der mich sieht und sich vor Wut auf mich wirft, bin ich platt. Pro Michael (2) spricht: Er arbeitet im Altenheim, das finde ich irgendwie beruhigend. Da muss ich sofort an meine beiden Omas denken, die mich großgezogen haben. Uromi Helene und ihre Tochter, meine Oma Charlotte. Wenn die wüssten, dass ich gerade auf einer Nazi-Chatplattform herumlungere.

Zu Uromis Zeiten gab es keine Flirtportale. Wenn doch, dann hätte sie sich dort vielleicht irgendwann in den Zwanzigern mit Helene Pauline Henschke angemeldet, geboren an einem 1. Mai 1886, Geburtsort Dresden, verwitwet, zwei Kinder. Mein Opa, Rudoph Henschke, war Montageinspektor und hat die Edertalsperre bei Korbach mit aufgebaut. Eines Nachts wurde er zu einem Bauern gerufen, um dessen Stromanlage im Stall zu reparieren. Dabei kam er mit einem Ärmelknopf an die Hochspannungsleitung und war auf der Stelle tot. Omi hat nie wieder geheiratet, trotz der zwei Kinder.

Den Michael (2) hätte die zierliche, kleine Dame, die ihre beiden Mädels mit ihrem Job als Hutmacherin durchbrachte, wohl auch nicht genommen. Solche Jungs sind nach der Diktatur der Nationalsozialisten eigentlich bei der Mehrheit der Frauen hier in Deutschland eine absolute No-Go-Area. Ich suche trotzdem einen. Nicht zum Poppen, nur zum Reden.

Woche für Woche chatte ich mit Rechtsradikalen, lerne Nazis online kennen und verdufte dann aus Muffensausen wieder von der Bildschirmfläche. Mein Profil pimpe ich zwischendurch immer mal wieder auf.

»Moni_in_Berlin. Ich suche einen gleichgesinnten Kameraden, der 100 % geschichtlich gefestigt ist und der neue Kontakte sucht.«

So machen im Laufe der Zeit viele deutsche Nazis, ohne es zu wissen, die Bekanntschaft mit einer schwarzen Frau, mit mir. Die meisten säge ich schnell wieder ab, manche aus Angst, und viele, weil ich es nicht übers Herz bringe, sie zu enttäuschen. Ich bin eine Schuftess. Manchmal könnte ich mich hauen dafür.

Hallo Moni!
Nun bin ich aber enttäuscht, dass du nicht zurückschreibst, da ich mir doch solch eine Mühe gegeben habe. Einerseits wollte ich ein wenig von meinem Humor zeigen und andererseits ehrlich bzw. offen sein. Da hab ich wohl nicht so überzeugt?
Gruß aus dem Havel-Gau!
Mike

Mike? Irgendwie heißen hier alle Mike, Michael oder Micha.

Zwischendurch frage ich auch mal einen Tobi, mit dem ich ein paarmal gechattet habe, nach den »White Aryan Rebels«, die ja die Morddrohung gegen mich ausgesprochen haben: »Sag mal gibt's eigentlich noch die *White Aryan Rebels*? Ich glaub, ich bin hinterm Mond, bin leider nicht auf dem neuesten Stand. Vielleicht weißt du was?«

Fortan kommt von Tobi nix mehr. Das bedeutet, die »White Aryan Rebels« scheinen auch für Neonazis auf Brautschau gefährliches Terrain zu sein. Oder war's vielleicht der Leadsänger der Band, Lars Burmeister persönlich, der da mit Tarnnamen Tobi im Netz eine »arische« Frau sucht – weiß man's?

Der Sommer ist langsam zu Ende, und da schreibt mir ein Frank:

Hallo Moni,
wenn du einen richtigen Kerl suchst!!!???
Dann hast du hier einen jung gebliebenen 38er, sehr kräftig
und extrem tätowiert, 181cm und 90 kg und Glatzenträger,
gerade kennengelernt!
Deine Annonce hört sich sehr vielversprechend an! Hast
du Lust einen strammen Nationalisten mit seinem braunen
Dobermann kennenzulernen!??? Bis hoffentlich bald ... LG
Frank

Jahrgang 1938 mit Dobermann? Das ist der Moment, an
dem ich aufhören möchte. Wie plemplem muss man eigentlich sein, um sich als Schwarze mit Nazis daten zu
wollen? Auch wenn's dazu dient, mal in die Gefühlswelt
eines Rechtsradikalen Einblick zu bekommen.

An einem sonnigen Augusttag steht ein ca. 1,75m großer Mann mit Fastglatze und einem schwarzweißrotem
T-Shirt, auf dem eine Bulldogge thront, am Eingang des
Bahnhofs Lichtenberg ganz im Osten Berlins. Er wartet
auf Moni_in_Berlin, auf mich. Über ihm an den schweren
Eingangstüren hängen weiße und gelbe Luftballons. Aus
einer Anlage donnert Bum-Bum-Musik. Eine Frauen-
stimme animiert zum Kauf: »Und dazu gibt es eine Trage-
tasche, italienische Rotweine und einen weißen Sizilianer.
Wir laden Sie dazu ein, einfach zuzuschlagen. Viel Spaß!«
Zuschlagen muss nicht sein. Ein Hau-ab-du-Schlampe
würde mir völlig reichen. Ich möchte einfach nur, dass es
vorbei ist, und ich aus dieser fixen Idee rauskomme.
Ich stelle mir vor, wie der ganze Hass eines Neonazis mit
einem Schlag aus ihm herausbrechen würde. Hilfe, eine
Schwarze! Nigger, Neger, Stück Scheiße. Ajuto, Pozor,

Dangerous, Help! Meine Michas, Renés oder Tobis würden im Testosteronmodus nicht mal mehr den Geburtstag von Adolf Hitler wissen. Mein kleiner Trick mit dem Tarnnamen Moni_in_Berlin wäre da das Geringste. Womöglich würde ihre Hass-Konditionierung wie in einem gecrackten Kriegsspiel, das einen Schaden abbekommt, sofort aus einem einzelnen Neonazi ein ganzes Bataillon machen. Mein Bildschirm flimmert. Nicht auszudenken, wie das ablaufen könnte. Ein Blick, ein Schlag und aus die Maus. Oder ein Blick zu mir, ein Ich-fass-es-nicht, zerquetschte Nelken im Gulli. Niemand ruft die Polizei.

Im Moment, als ich auf ihn zugehe, denke ich, bitte, bitte mach das, was ein normaler Nazi, wenn er auf eine Schwarze, eine Jüdin oder eine Muslima trifft, so macht oder sagt. Mehr will ich gar nicht.

Ich sage: »Hallo, ich bin Moni.« Er gibt mir rasch die Hand und stellt dann seine Ellenbogen auf wie bei einem Tier, das sich größer und breiter machen will: »Jörg, ich heiße Jörg«, sagt er, und nach einer kurzen Pause fragt er leise: »Und? Wo wollen wir hingehen? Hast du dir schon was überlegt?« Habe ich eben richtig gehört? Wo verdammt blieb die Entrüstung und die Ablehnung? Und dann laufen wir los, wie ferngesteuert. Schritt für Schritt nebeneinander, ziellos auf die Rolltreppe zu.

Keine Ahnung, aber für Plan B habe ich mein Babyalbum mitgenommen, und habe auch vor, es ihm gleich zu zeigen. Meine Wurzeln mütterlicherseits sind in Dresden und Kamenz, und das kann ich auch beweisen.

Jörg, der Neonazi mit der E-Mail-Adresse »wir-sind-bereit@...«, und ich fahren die Rolltreppe runter. »Und, wie geht's dir?«, frage ich – immer noch leicht irritiert.

»Och, bin gerade von der Nachtschicht gekommen. Ist natürlich immer erst mal blöd der Wechsel. Na ja, was soll man sagen.«

»Haste dir vorgestellt, dass ich anders aussehe?«, komme ich zur Sache.

Kurz vorm Ende der Rolltreppe kommt ein ehrliches: »Tut mir leid, aber ich habe mir nicht vorgestellt, dass du braun bist, weil du dich in ein nationales Forum eingeschrieben hast.«

Mir fällt nur ein Ja ein, vertuscht habe ich genug, jetzt sind wir zusammen, darum geht's.

»Ist aber nicht schlimm, oder?«, purzelt es noch hinterher.

Da sagt er: »Nö!«

Was bleibt von einem Nazi, wenn er poppen will?

Unten angekommen, laufe ich, um Zeit zu schinden, auf einen Obststand zu. »Ich hol mir hier erst mal was zu essen. Willst du auch was?« Beim Kopfschütteln einer Glatze fliegen keine Haare.

Der Apfel, den ich kaufe, passt zum Date. Ich möchte aber nicht, dass er giftig ist. Und seine Süße vertreibt sogar die Nazis-raus-Gedanken für einen Moment. Irgendwie fühle ich mich ganz wohl mit Jörg, dem Nazi, wenn auch mit einem Puls, der durchaus für einen Hundertmetersprint geeignet ist. Ich bin doch ganz schön nervös. Ich mach das ja auch, um meine Angst loszuwerden.

»Es gab da mal so einen Song von den *White Aryan Rebels*. Hast du davon gehört?«, fang ich an. »Die haben zum Mord gegen mich aufgerufen und seitdem hab ich mir gesagt – ich muss der Sache mal auf den Grund gehen.«

»Ist ja nicht jeder, der 'ne nationale Einstellung hat, einer, der gleich die Gaskammern wieder aufmachen will.

Jeder will seine Nationalität unter Beweis stellen. Das heißt aber nicht, dass ich jeden abschlachten muss. Oder ein System herstellen will, so wie es '33 war«, sagt Jörg.

»*Nazis raus,* haste das schon mal gehört?«

»Na klar«, murmelt er.

»Wie hast du dich da gefühlt?«

»Da rein und da raus«, zeigt er mit seinen schmalen Fingern zuerst auf sein linkes, dann auf sein rechtes Ohr. »Das ist doch mein Land hier. Warum soll ich mich da rausschmeißen lassen. Das letzte Mal hab ich das in Tempelhof gehört, bei der NPD-Wahlversammlung«, bemerkt er stolz. »Sagen wir mal so. Ich hab nichts gegen Ausländer«, sagt er dann und verschränkt seine Arme sofort. »Ick koof genauso auch mal beim Türken meinen Döner. So extrem sehe ich das auch nicht.«

»Wie fühlst du dich jetzt, wenn du mir so gegenüberstehst? Ich bin ja sozusagen dein Feindbild.«

»Warum? Wenn das so wäre, dann würde ich mich jetzt hier umdrehen und sagen, das hat sich erledigt.«

Dann endlich fragt er, was ihm schon die ganze Zeit auf den Lippen lag: »Bist du an einer Beziehung interessiert? Oder ist das nur ein Besprechen oder irgendwat?«

Nickend sag ich: »Ich bin an einer Beziehung interessiert, die sozusagen mit Deutschland zu tun hat. Ich möchte eine neue Beziehung zu Deutschland aufbauen.«

»Aber keine Partnerschaft?«

»Eine Partnerschaft mit Deutschland möchte ich aufbauen! Und du bist der derjenige, der mir das auf 'ne andere Art und Weise vermitteln kann. Du kannst mir sogar die Ängste nehmen. Es gibt so dunkle Stellen in diesem Land, da fürchte ich mich, aber du, du könntest mir das von deiner Seite her erklären, hm?«

»Wie sollen wir das machen?«, fragt er verständlicherweise verwirrt.

Ich sag: »Ich hab versucht, mich auf 'ne ganz außergewöhnliche Art Deutschland zu nähern, du bist ein Teil davon.«

Da verschränkt er die Arme zu einem Knoten.

»Warum fühlst du dich denn so angezogen von Odin-Kontaktanzeigen?«, frag ich.

»Man fühlt sich da hingezogen, weil man ein Erkennungszeichen sieht.«

»Erkennungszeichen, Odin und so?«, frag ich und denke an den NPDler auf der Demo mit den dreitausend Neonazis.

»Natürlich. Aber da könnte man auch alles Mögliche nehmen, 88, oder so. Was ist 88?«

Er weiß, dass ich's schon weiß und sagt lapidar, H. H., Heil Hitler.

»Also, warum bist du auf Odin-Kontaktanzeigen?«

»Durch die Überschrift, Forum für *Patrioten und Nationalisten*. Da könnte man noch weitergehen. Der arische Mensch, der ist halt weiß und blond und so weiter.«

»Wer sagt das denn?«, will ich wissen.

»Sagen wir mal so, jahrelang wurde das so weitergegeben, im Dritten Reich. Das ganze Denken war ja so ausgerichtet. Aber sagen wir mal so, ich hätte kein Problem 'ne Partnerschaft mit 'ner Farbigen einzugehen. Die Hautfarbe alleine sagt ja nichts über den Menschen aus.«

»Du sagst, eine Schwarze könntest du durchaus auch attraktiv finden? Würdest du dann auch politisch wieder mehr in die Mitte gehen?«

Er macht eine Pause. »Im Reich, da gab's ja auch Schwarze. Ist ja nicht so, dass es da nur Weiße gab. Selbst

Führungspersönlichkeiten hatten auch Beziehungen zu andersfarbigen.«

»Wer denn?«

»Hm. Mir fällt jetzt kein Beispiel ein. Natürlich nicht so offen. Aber gerade in den Filmen. *Mephisto*, kennst du den? Mit dem Brandauer. Da ist es ja auch so dargestellt. Aber damals haben die sich auch 'ne Geliebte gehalten, die schwarz war. Nach vorne haben sie sie dann versteckt.«

»Ich zeig dir mal was! Kannst du mal meinen Apfel halten?« Mein Babyalbum hat sich schräg in der Tasche verhakt, und ich rupfe daran, bis ich es endlich draußen hab. Dann halte ich Jörg das geöffnete Album mit einem Babybild von mir hin.

»Das bist du?«

»Ja, das bin ich. Und auf dem anderen Bild, das ist meine Mutter, die ganz kleine. Rechts das ist meine Oma, links meine Uroma. Als das Bild aufgenommen wurde, war meine Mutter zehn. Alle auf dem Bild sind weiß, und trotzdem meine Familie. Als Kind habe ich oft dafür gekämpft, dass es einen weißen Anteil in meiner Familie gibt.« Ich blättere um. »Das ist meine Oma mit meinem Vater, schon ein bisschen gemischter.« Jörg schaut meinen Vater an. Auf dem Bild lacht er so frei, das auch ein Nazi Schwierigkeiten hat, seine Hassmaschine anzuschmeißen.

»Sieht doch gar nicht so schlimm aus«, sage ich.

»Du hast das Bild von deiner Mutter ins Internet gesetzt, oder?«

»Könnte schon sein. Was hättest du denn gemacht? Hätte ich ein richtiges Foto reingestellt, hätte sich keiner gemeldet.«

Jörg gibt mir meinen Apfel zurück, und ich klappe vorsichtig mein Babyalbum zu. Wir sind beide enttäuscht.

Diese ganze Heimlichtuerei, die Nazi-Undercover-Chat-seite, das ewige Schwarz- und Weiß-Gerede, jahrelanges Schubladendenken, das alles liegt zwischen uns.

»Ich hab jetzt och keen Bock mehr«, sagt er ganz ehrlich. Ich geb ihm zum Abschied die Hand, warum soll ich das nicht machen. »Ich ruf dich trotzdem noch mal an, okay?«

»Ja, kannste machen«, sagt mein Flirtplattform-Arier von der Odin-Kontaktseite.

Und zum ersten Mal habe ich meine bescheuerte »Wan-derangst« im Griff. Gestern war sie in der Schulter, heute Morgen beim Treffen im Knie, und jetzt fühl ich gerade nichts. Das ist doch schon mal ein Anfang.

7. Mit den Nazis auf Aldebaran

Seit Wochen frage ich mich bei Freunden, Verwandten durch und spreche sogar Passanten auf der Straße mit einem »Suche Arier«-Schild an. Entschuldigen Sie bitte, wissen Sie zufälligerweise, wer oder was Arier sind? Ach, ich hätte da eine Frage. Sind Sie ein Arier? Oder wissen Sie vielleicht, wer einer sein könnte?

Dieses Arier-Ding, das mir ja immer wieder begegnet in unterschiedlichsten Zusammenhängen bei meinen diversen Nazidates, das auch Jörg draufhatte, aber auch sonst, wenn ich z. B. an Schulen über Fremdenfeindlichkeit und Rassismus rede, geistert es wie ein Gespenst durch den Raum. Doch keiner weiß was. Nur beim Aussehen sind sich die meisten einigermaßen sicher: groß, blond, blau-äugig und deutsch sollen die Arier sein. Aber oft bekomme ich nur ein Stirnrunzeln zur Antwort, oder mein Gegen-über schlägt sich gleich in die Flucht. Irgendwie scheint der Begriff Arier wie eine heiße Kartoffel zu sein, die man besser nicht anfasst.

Eines Nachmittags kommt ein Freund von mir, Erwin Platzke, der mir beim Recherchieren hilft, mit einer ziem-lich interessanten Entdeckung. Alle zwei Wochen findet in Berlin-Britz, im »Restaurant Roseneck«, ein Treffen statt, es nennt sich »Neu-Schwabenlandtreffen«. Dort soll ein ge-wisser Dr. Axel Stoll[11], Jahrgang 1948, Pressekonferenzen mit Arierbezug, insgesamt sind es bereits 243!, zu den The-men Ufos, Nazis auf dem Mond und so weiter abhalten.

Den ersten Eindruck, den ich von Dr. Axel Stoll im Internet bekomme: sieht aus wie Adolf. Nicht schon wieder. Seitenscheitel, gegelte, nach links gezogene Haare, Hitlerbärtchen-Imitation, längliches Gesicht mit einem gewissen Schmunzeln. Trotzdem, nicht unsympathisch. Erwin hat es geschafft, innerhalb mehrerer Monate diverse seiner Pressekonferenzen mit Ufo-Inhalten und Nazigedöns durchzustehen. Kein leichter Tobak. »Reichsdeutschland« war förmlich als Holographie dort im Raum, im »Restaurant Roseneck«, bekannt auch für seine schönen Raffgardinen. Völlig erleichtert, die Sache nun an mich weiterzugeben, zieht Erwin sich mit einem Kichern wieder in sein Recherchekämmerlein zurück. Er weiß, was auf mich zukommt, ich weiß es noch nicht.

Es ist ein Mittwoch im Dezember, vier Uhr nachmittags, die Sonne geht schon langsam unter. Der Bezirk, in dem ich mich befinde, eine Mischung aus gepflegter Bürgerlichkeit und gesichtslosen Neubauten. Das Treppenhaus, das zu Stolls Wohnung führt, scheint die perfekte Tarnung zu sein. Niemand würde hier zwischen Altberliner Schick, abgewetzten Stufen und Raufasermonotonie Außerirdisches vermuten. Mit fast unbezwingbarer Neugierde und Vorfreude klopfe ich an die Wohnungstür.

Ein Kevin macht auf und verschwindet auch gleich wieder. Vor mir liegen Räumlichkeiten, die dem Auge etwas Muffeliges signalisieren, obwohl man gar nichts riecht. Im Wohnzimmer angekommen gucke ich mich vorsichtig um, es könnte trotz meiner Gelüste auf Abenteuer ein Hinterhalt sein. Ach, da sind ja auch wieder diese Raffgardinen, die aus den YouTube-Videos von Herrn Stoll. Diesmal sitzt er allerdings live davor, und ich habe das Gefühl, ich könnte seine Haut riechen. Während er seine letzte Zigarette aus-

105

drückt, übt er unaufgefordert noch ein paar Statements im Off. »Wichtig ist, dass der Algorithmus gehalten wird. Der Algorithmus, das heißt, immer der rote Faden, nicht wahr. So! Und der Fahrplan ist klar«, murmelt er vor sich hin.

Ich sag, »Tachchen. Danke, dass Sie mich eingeladen haben«, und freue mich insgeheim auf neue Arierinfos. Mit einem »gerne« und einem angedeuteten Kopfnicken lässt er seine wortgewandte Kommunikationsmaschine an, und dann geht es gleich rein ins Reich. Sein langer, dünner Arm im olivbraunen Jackett fliegt noch etwas zögerlich über die sechs Bücher, die er mir auf seinem großen, runden Tisch präsentiert. Was da alles rumliegt, ich traue meinen Augen kaum. Ach, wo man überall landet, wenn man zum Thema Nazis und Arier forscht.

»Das sind einige Schriften, die ich publiziert habe: *Hitler's Flying Saucers – Man-Made UFOs 1944–1994.* Habe ich übersetzt. Zu Deutsch: Von Menschen hergestellte Flugscheiben«, sagt er, »wurde fünfzig Jahre lang verschwiegen. Hier«, er zeigt auf das nächste Buch, *Hochtechnologie im 3. Reich*, so als müsste den Schinken jeder kennen.

Neben den Büchern liegt ausgebreitet eine riesige Karte, auf der im Maßstab 1 : 1 000 000 dieses ominöse Gebiet »Neu-Schwabenland« zu sehen ist, nach dem sich seine Gruppe benannt hat. »Schwabenland«, so hieß das Schiff der von Göring 1938/39 angeordneten »Deutschen Antarktischen Expedition«, das hatte mir Erwin schon erzählt. Verschwörungstheorien behaupten, dass im Zuge dieser Expedition ein riesiger militärischer Stützpunkt errichtet worden sei. Nach der Kapitulation Deutschlands hätten sich dort hochrangige Nationalsozialisten versteckt. Die USA und Großbritannien würden seit Jahrzehnten heimlich und vergeblich versuchen, das Gebiet zu erobern, und hätten in diesem Zusammenhang auch Nuklearwaffen eingesetzt.

Stoll scheint auch ein Fan dieser Theorien zu sein. Wie elektrisiert feuert er die Infos auf mich ab: »Neu-Schwabenland, das ist ein deutsches Gebiet. Umfasst 600 000 Quadratkilometer. Das wurde 1938 bis 39 in Besitz genommen. Dort sind unterirdische Basen.« »In der Antarktis?«, frage ich.»Ja, in der Antarktis. Und in diesem Faltengebirge hier«, sein knochiger Finger reckt sich spitz nach vorne, »hat man riesiggroße Produktionsstädten reingebaut.« Und wer hat das gemacht?, will ich wissen.»Reichsdeutschland!« Reichsdeutschland? Ja, beteuert der Doktor. »Riesengroße Produktionsstädten, wo Flugscheiben hergestellt werden, unter anderem.« »Flugscheiben? Sie meinen UFOs?« Fälschlicherweise nennt man sie UFOs, belehrt mich Stoll, »also *Unknown Flying Objects*. Das sind aber keine unidentifizierten Flugobjekte. Die müssten IFOs heißen, *Identified Flying Objects*. Die waren weltalltauglich.« Und als wäre es der normalste Satz der Welt, schiebt er hinterher: »Und die fliegen heute noch. In meinem Buch *Hochtechnologie im 3. Reich*, ist alles beschrieben.«

Ich überlege, wie ich Arierinformationen aus Stoll herauskitzeln kann und nehme sein Buch, auf dem »3. Reich« in Frakturschrift geschrieben ist, in die Hand. Weiter nach Inspiration suchend schaue ich mich im Zimmer um. Der Aschenbecher steht immer noch auf der Fensterbank, wo ihn Herr Stoll hingestellt hat, er ist nicht weggeflogen, ein gutes Zeichen. Links von mir ein ca. 1,80 Meter hoher, brauner Holzschrank mit vier Glastüren, hinter denen sich kleine, vielleicht etwa zehn Zentimeter hohe Glasfläschchen befinden. Ob da Drogen drin sind? Das Zimmer ist groß, aber zu übersichtlich für einen versteckten Glatzennazi mit Baseballschläger im Anschlag. Die Luft ist rein. Hinter der grauen Couch, dem Sideboard oder dem Holzschreibtisch scheint auch alles koscher zu sein.

Stoll erhebt seinen ausgezehrten Körper. »Kommen wir nun auf den praktischen Teil, Neu-Schwabenland.« Wir beugen uns über die Karte. »So, also das hier ist es. Und hier in der Antarktis ist der Nullmeridian. Hier oben liegt Südafrika.« Mein Blick schweift von Südafrika nach unten zum südlichsten Punkt der Erde, dahin, wo man nichts vermutet. Nur Eis und Einsamkeit. Da ist Neu-Schwabenland. Und was ist jetzt mit den Ariern, ich traue mich noch nicht, das zu fragen, und lass ihn noch etwas erzählen.

»Hier schauen die Gebirgsspitzen heraus. Es ist genau hier.« Der Doktor tippt ein paarmal mit seinen festen, dicken Fingernägeln, die vom Rauchen leicht gelblich sind, auf eine Stelle auf der Karte. Wir schauen gemeinsam hin. Die Antarktis liegt vor uns. Dünne, schwarze Linien markieren die einzelnen Teilgebiete. »Also noch mal, in der Antarktis sind unterirdische große Fabriken?« »Sehr große!«, beteuert er. Ich frage, von den ... – jetzt muss es raus – ... von den Nazis? Bedeutungsschwer, wie der letzte Eingeweihte, nickt Stoll: »Von den Nazis, ja natürlich. Unterirdisch. So!«

Und dann ergänzt er sachlich: »Da gab's mal die Strafexpedition von Admiral Byrd 1947/48. Er war ein Forscher für die Antarktis. Weil man dort Adolf Hitler und andere vermutete.« »Und war der da?«, platzt es aus mir heraus. »Er war nicht dort. Das wissen wir über südamerikanische Quellen«, lässt er mich in einem süffisanten Ton wissen. Und dann, nach einer Pause: »Es waren natürlich keine Killerpinguine, die Admiral Byrd damals in der Antarktis verjagt hat. Flugscheiben kamen aus dem Meer heraus.«

108

Der Doktor zieht sein Jackett etwas zurecht, hebt seinen Oberkörper leicht an, und es folgt eine nachgeschobene offizielle Begrüßung: »Mein Name ist Stoll, Axel Stoll, ich bin promovierter Naturwissenschaftler, bin in allen Naturwissenschaften zu Hause, mit einer ganzheitlich vernetzten Denkweise.«

»Und, sind Sie auch ein Arier?«, schiebe ich schnell hinterher.

»Ja, natürlich. Selbstverständlich«, erwidert er fast beiläufig. »Ich bin germanisch-deutscher Herkunft, das ist alles. Mein Vater war hoher Militär und im Zweiten Weltkrieg ja auch Freiwilliger der SS. Mein Vater musste einen Ariernachweis erbringen.«

»Ihre Familie hatte so einen Ariernachweis«, robbe ich mich weiter ran.

»Ja, mein Vater, natürlich. Alles Militärs, und das ist auch die Ursache dafür, dass ich mich sehr gut in Militärtechnik auskenne.«

Wenn man mit Leuten spricht, die rechtsnational denken, so wie Stoll, Rieger oder mein Chat-Nazi Jörg, muss man äußerst vorsichtig vorgehen, das weiß ich inzwischen. Normalerweise reden sie ja nur mit ihren Leuten und scheuen die offene Auseinandersetzung. Im innersten Kern wird der Arierkult zelebriert und exzessiv als kraftbringender Umhang stolz am Leib getragen. Kaum ist ein Fremder im Raum, wird der Arierumhang schnell im Hinterzimmer versteckt, man will ja nicht auffliegen.

Achtsam blättere ich in einem anderen Buch von Stoll mit ganz vielen Schwarzweißzeichnungen von unterschiedlichen Flugscheiben. Ich guck ihn an, schweige und schaue dann wieder runter auf sein vermeintliches Geheimwissen. Sekündlich warte ich darauf, dass es ihn reißt, und er den

Arier aus sich rausholt. Nach seinem Blick zu urteilen, braucht er noch einen Loop Flugscheibe. Ich horche.

»Hier, die *Reichsdeutsche-Flugscheiben-Entwicklung*, die man hier sieht.« Wieder kratzt sein Finger kurz über das Objekt. »Das sind die anfänglichen Formen. Dann gab es noch Flugscheiben-Modelle eins, zwei und drei. Die nicht richtig funktionierten und explodierten. Einer der Piloten konnte sich noch gerade so retten. Das sind so die Anfangsschwierigkeiten«, gluckst er redelustig vor sich hin.

Ich zeig auf eine Zeichnung im Buch. »Das sind Haunebu-Flugscheiben. Da gab's verschiedene«, erklärt er. »Da ist ja ein Hakenkreuz drauf!«, bemerke ich. »Bei den ursprünglichen ja! Der Mond ist besiedelt, der Mars ist besiedelt und noch einige Planeten mehr. Vermutlich auch einige Fixsternsysteme. Aber das ist 'ne Vermutung.«

»Na ja«, sag ich, »das würde ja bedeuten, der Mond und der Mars sind besiedelt von Nazis.« Nickend sagt Stoll: »Ist richtig. Die Rückseite, ja.«

Der Doktor scheint Spaß daran zu haben, sein Wissen vor mir auszubreiten. Was ich aber jetzt schon weiß, Arier haben wohl was mit Außerirdischen zu tun. »Tja!«, sagt er. »Das wird alles verschwiegen. Aber ich sage, ich bin Wahrheitssuchender. Es gibt ein Sprichwort: Nichts ist unglaublicher als die Wahrheit.«

Wir schweigen eine Weile zusammen, während wir möglicherweise von Außerirdischen in dieser Wohnung gescannt werden, so zumindest die Erfahrungen eines Freundes von Stoll, dessen Sohn in deren Wohnort Neusalza-Spremberg eine UFO-Sichtung gemacht haben soll. Daraufhin machte sich der Doktor über das Scannen so seine Gedanken. »Ich hab mir gedacht, was haben die dort gewollt, da ist doch nichts in dem kleinen Ort. Keine

Bunkeranlage, nichts dergleichen. Aber mein Freund experimentiert mit freier Energie. Und das haben die natürlich gescannt.«

Mir ist, als flögen kleine Plastikscheiben an durchsichtigen Nylonfäden haarscharf an unseren Köpfen vorbei. So weit hat mich Stoll schon gebracht.

Darf man eigentlich lachen, wenn man bei einem rechtsdenkenden Menschen sitzt, der sich selbst Arier nennt? Ja, nein, vielleicht. Mir jedenfalls ist es fast unmöglich, das Zucken meiner Mundwinkel zu beruhigen. Der Doktor ist das Schärfste, was ich bisher auf der rechten Seite kennenlernen durfte. Ich möchte mich auf den Boden werfen, die Beine nach oben strecken und wie ein Kind im Taumel der Albernheit versinken. Reiß dich zusammen, Mo, befehle ich mir. Und so mach ich brav weiter und versuche, an den Kern zu gelangen und meine Ariermission weiterzuverfolgen. Dafür bin ich schließlich hier.

»Wie sind Sie aufgewachsen?«, frag ich den Doktor wieder gefasst. »Können Sie mir von Ihrem Vater erzählen, hohes Militär sagten Sie?« »Der war Oberst der Nationalen Volksarmee, stellvertretender Chef vom NB 5. Und im Zweiten Weltkrieg bei der SS. Weil man da schneller befördert wurde. Der rote Faden war sofort gelegt für mich. Ich selbst habe mich erst einmal nur mit Naturwissenschaften befasst. Alles andere hat mich nie interessiert. Ich habe natürlich eine sehr gute Erziehung genossen. Ich konnte forschen und Wissen vermittelt bekommen. Aber das eigentliche Wissen bekam ich erst nach der sogenannten Wende.«

Wie ist das passiert, will ich wissen und freue mich, wieder ganz nah am Menschen auf der Erde zu sein. »Kurz nach der Wende gab's hier im Haus der Russen eine Ausstellung über Flugscheiben, hieß UFO-Ausstellung. Da hab ich mich umgesehen, ist interessant. (...) Die haben mich auf Videos aufmerksam gemacht, die waren damals noch teuer, hab ich hundert Mark ausgegeben. *Das 3. Reich schlägt zurück, UFO-Technologie*, und dann die gesamte Literaturliste vom Dr. Dambeck Verlag. Und seitdem hab ich mich intensiv damit befasst. Das ist zwanzig Jahre her.« Ich frag ihn: »Kennen Sie den Film *Iron Sky*?« – Das lag mir jetzt auf der Zunge, weil in dieser Science-Fiction-Komödie des finnischen Regisseurs Timo Vuorensola sogenannte Mond-Nazis, die Nachfahren der nach '45 geflohenen echten Nazis, von der Kehrseite des Mondes aus einen erneuten Versuch der Welteroberung starten. Mit Flugscheiben selbstverständlich. »Ich hab davon gehört«, antwortet der Doktor, »hab ihn leider noch nicht gesehen. Was ich gehört habe, ist sehr gut, es trifft den Nagel auf den Kopf.«

Ich muss wieder zurück zum Menschen Stoll: »Sie sagen, Ihr Vater war bei der Armee. Was hat Ihre Mutter gemacht?«, frage ich ihn. »Hausfrau! Ich hab noch einen Bruder. Mein Vater war ja nur unterwegs, kaum zu Hause. Um die Erziehung zu gewährleisten, war meine Mutter Hausfrau. Sie kennen eine Mikrowelle?« »Ja«, sag ich, und frag mich, wo das Gespräch jetzt wohl hingeht. »Elektromagnetische Kriegsführung, ganz, ganz gefährlich«, warnt mich Stoll. »Man kann aus der Mikrowelle einen *Maser* bauen, das ist ein Mikrowellenlaser, und das ist eine Waffe. Gefährlich. Man sieht nichts, man riecht nichts. In den USA, da gibt es Militärfahrzeuge, darüber 'ne Parabolantenne, da werden Demos mit Mikrowellen aufgelöst. Den Leuten wird's warm in der Birne, denen wird speiübel und weg! Und bei hochgepulsten Mikrowellenstrahlen führt das bis zum Tod. Mikrowellenterror!«

Mit so einem Vollblutarier zu sprechen, braucht viel Konzentration, ich muss ihn wieder auf Spur bringen.

»Haben Sie denn schon UFOs gesehen?«, steure ich erst mal wieder sein Lieblingsthema an. »Ja, mehrere. Hier im Berliner Raum. Mehrfach. Das sind energische Flugmanöver«, schwungvoll und spitz saust des Doktors Hand durch die Luft. »ZACK, ZACK, ZACK. Mit Gravitationsabschirmung.«

»Und da sitzen die Arier drin?« So jetzt aber.

»Da sitzen se drin! Ja. Richtig.«

Volltreffer, immer dann, wenn man loslässt.

»Und, wo kommen die Arier jetzt her?«, frage ich vorsichtig.

»Vermutlich, aber es ist eine Vermutung, beweisen kann ich es nicht, da würde ich mich hüten, vom Aldebaran. Von diesem Sternensystem, im Haupte des Stiers, 68 Lichtjahre von uns entfernt, aber na ja, mit Überlichteffekten ist das ein Katzensprung.«

»Also, die Arier sind quasi nicht auf dieser Welt geboren?«

»Nein, gar nicht auf dieser Erde geboren.«

Ich bin am Kern, jetzt nicht loslassen.

»Und bei den Ariern auf Aldebaran, gab's da auch Schwarze?«

»Nein. Sagen wir mal so: Es entzieht sich meiner Kenntnis. Möglicherweise hatten die auch mit Nachbarplaneten Krieg geführt.«

»Und wenn die Arier von dort kommen, wollen die auch wieder dorthin zurück?«

»Ja, sicherlich wollen sie in ihr Mutterland zurück. Das ist natürlich klar. Jetzt fragen mich viele, warum haben die noch nicht eingegriffen? Die Frage höre ich immer wieder.« Er senkt den Kopf und wirkt nachdenklich. »Ich kann nur sagen, wen sollen sie denn befreien? Für wen sollen sie eingreifen? Geht doch gar nicht. Erst wenn die Menschheit reif dafür ist, kommt es dazu, dass sie sich zu erkennen geben und dergleichen.« Wer, frage ich. »Reichsdeutsche! Aus den Sperrgebieten. Ich kenne Leute, aber die Namen werde ich nicht nennen, die haben Kontakt zu den Basen.«

Ich denk mir, jetzt laufen lassen, laufen lassen, laufen lassen. Fest steht jetzt schon, Arier als Außerirdische zu deklarieren, ist die krasseste Form des Rassismus, die ich je gehört habe.

»Es gab im deutschen Reich die sogenannte Vril-Gesellschaft. Vril stammt aus dem arkadischen Sprachgebrauch, heißt so viel wie göttliche Kraft. Und da gab es transmediale Kontakte zum Aldebaran. Mit den Vril-Damen.« Dr. Stoll schaut mich prüfend an. »Die langen Haare einer Frau – das wissen die wenigsten – fungieren als Sender und Empfänger.«

»Können Sie mir das mal erklären, wie das funktioniert mit den Haaren?« Ich greife mir von unten in die Löckchen. »Ja, Haare sind magnetisch aufgeladen, zum Empfang, sie dienen als Empfänger. Und auch als Sender. Die Informationen, die geliefert werden, manifestieren sich dann auch im Gehirn.«

»Aber nur durch die Frauenhaare?«

»Durch die Männerhaare auch, aber völlig unvollkommen. Da kommt Murks heraus ... verstümmelt. Kann man vergessen.« Warum? »Weil das Magnetfeld des männlichen Haares schwächer ist, wesentlich.« Aha! »Was ist jetzt mit meinen Locken? Geht das dann auch?« »Nee! Das ist zu kurz, das Haar«, sagt er lachend, »tut mir leid.« Ich setze noch mal an: »Weil es im Kreis wächst?« Ja, sagt er, das würde auch gehen, aber ergebe eben nur verstümmelte Information.

»Und woher kommt das Wissen?«, frag ich weiter.

»Das Wissen kommt aus dem Deutschen Reich. Und von uralten Hochkulturen. Das können Sie nachlesen in meinem Buch *Hochtechnologien Uralter Kulturen.*«

Ich greife mir das Buch. Es liegt schwer in der Hand und zerfällt trotz Materie in Luft, wenn ich darin herumblättere. In Naziluft.

Leise frage ich Stoll, wie es denn mit dem Wissen der Arier steht, sind die schlauer? »Natürlich sind die schlauer, die jetzigen.« Die jetzigen? »Ja, die, die sich abgeseilt haben. Was haben die für eine Intelligenz.« Er reißt die Augen auf. »Hoch! Sehr hoch! Denkende Menschen. Die uns weit, weit voraus sind. Das ist unglaublich. Aldebaran ist uns, wenn man den transmedialen Kontakten der Vril-Gesellschaft Glauben schenken soll, eine Million Jahre voraus, in der Wissenschaft und Technik. Die hatten eine Technologie, wie gesagt, vom Feinsten. (Pause) Und moralisch waren sie uns um tausend Jahre voraus.«

Er zeigt auf die Karte: »Sehen Sie die Karte hier zur Linken, das sogenannte Vril-Gelände in der Nähe der Stadt Brandenburg, bei Berlin. Ich hab's mehrfach aufgesucht. Es ist nicht viel zu erkennen. Man muss dazu sagen, die oberirdischen Anlagen wurden von der SS mit der Kraftstrahlkanone zersprengt.«

»Ja, und was ist da jetzt los?«

»Ich hab die Startbasen gesehen, sieht man noch. Das ist heute offensichtlich noch aktiv, das Gelände.«

»Das heißt, da drunter könnten Basen sein?« Ich zeige auf die Karte.

»Da drunter sind riesige unterirdische Anlagen.«

»Und wo ist das?«, frag ich noch mal, weil ich's nicht fassen kann.

»Das ist bei Brandenburg.«

»Da könnte ja jeder hingehen.«

»Sicher kann man das. Wird aber beobachtet von den Leuten, das ist ja klar. Aber das ist kein Problem.«

»Wissen denn die anderen Länder von diesen unterirdischen Stationen?«

»Die Geheimdienste wissen alle sehr gut Bescheid. Ob es der NSA ist, die CIA, der ehemalige KGB, der BND mit Sicherheit auch.«

»Ich hab noch eine letzte Frage. Sie haben gesagt, Sie sind ein Arier, können Sie das mal genauer beschreiben? Sie können es mir ruhig sagen, auch wenn ich schwarz bin. Ich werde nicht gleich tot umfallen.«

»Sehen Sie, alle wichtigen Erfindungen wurden von Deutschland gemacht. Von der weißen Rasse. Muss man natürlich wissen, es gibt, sagen wir mal so, die weiße Rasse. Das ist arisch!«

Auf dem Nachhauseweg versuche ich, mein Oberstübchen zu sortieren. Was habe ich von Dr. Axel Stoll gelernt? Neue Ideen, wie man Fremdenfeindlichkeit von dieser Erde verbannen kann, gäbe es genug: ins UFO und weg. Na klasse!

Die Arier stammen von Aldebaran und sind Außerirdische, die darauf warten, sich als Reichsdeutsche zu erkennen zu geben. Da fließen also abstruse okkult-heidnische Rassegedanken á la Thule-Gesellschaft mit SF-Phantasien zusammen. Kann mich mal einer zwicken? Das alles ist ganz schön crazy, aber woher stammt das? Von Axel Stoll, oder gab es solche Gedanken womöglich schon viel früher?

8. Hallo Herr H.,

woher haben Sie eigentlich diese Idee mit den Ariern? Den
großen, blonden, blauäugigen? Und warum denken Sie, dass
weiße Deutsche Arier sind und Herrenmenschen und dadurch
besser als andere Menschen auf dieser Welt? Bin ich weniger
wert? Weniger als ein weißer Mensch?

Ich frag das jetzt mal so, weil Sie und Ihre Nazischergen
die Menschen in zwei Kategorien aufgeteilt haben, in Arier
und Nicht-Arier. Und weil infolgedessen Millionen von sogenannten »Nicht-Ariern« in Konzentrationslagern vergast
oder auf andere Art brutal verfolgt und ermordet worden sind.
Sie erinnern sich sicher noch daran.

Ich selbst bin übrigens von der Hautfarbe her schwarz. Und
in Ihrer Vorstellung eine Nicht-Arierin. Jetzt verstehen Sie
sicher auch, warum ich wissen will, was es mit diesem Arier-
kram auf sich hat.

Noch etwas zu mir, ich bin in Kassel geboren und bis auf
ein paar Zwischenstopps in England und New York bin ich
auch in Kassel aufgewachsen. Wenn da nicht meine dunkle
Hautfarbe wäre, würden Sie nicht merken, dass irgendetwas
anders ist an mir. Deutsch eben.

Herr H., für all die Neonazis und Rassisten, die Sie mit Ihrer Arier-Idee herangezüchtet haben, ist meine Hautfarbe immer noch ein absolutes No-Go, und sie feinden mich deswegen
an. Die Band »Weiße arische Rebellen« hat einen Hetzsong
mit einer Morddrohung gegen mich geschrieben. Wieso das
alles? Wissen Sie, für mich ist jemand, der »anders« ist, immer
besonders. Sie oder er macht mich deshalb neugierig. Hey, guck

117

mal, sag ich mir, das Mädchen da drüben hat eine andere Hautfarbe, Religion, sexuelle Orientierung, oder der Junge da hört ganz andere Musik und hat ganz andere Klamotten an. Für mich ist »anders« immer Inspiration: Da kann ich was dazulernen. Also düse ich da mal rüber und stelle Fragen, das bringt mich im Leben weiter. Genauso mache ich das jetzt auch mit Ihnen, denn auch Sie sind »anders«, Herr H. Nein, eine Schublade habe ich nicht für Sie.

Wollen wir uns duzen? Das Sie fällt mir bei Ihnen schwer.

Zurück zu den Ariern. Gestern habe ich mal wieder in Wikipedia gestöbert, und da stieß ich auf die »Aryan Brotherhood«, also Arische Bruderschaft. Diese Männer bilden die brutalste Rassistengang der USA. Sie agieren im Knast und außerhalb. Arier, da klingelt es doch sicher bei dir? Bei der »Aryan Brotherhood« mit ihren 15 000 Mitgliedern ist ein Teil ihrer Aufnahmeprüfung, so sagt man, ein Mord an einem, na, ahnst du's schon?, an einem Nicht-Arier. Und das passiert siebzig Jahre nach deinem selbstgewählten Abgang.

Überhaupt, wenn man mal recherchiert, findet man überall auf der Welt Neonazis und Rassisten, die sich irgendwie als arisch oder Arier betiteln. Das haben sie von dir, du alte Pissnelke. Oh, entschuldige, das ist mir jetzt so rausgerutscht. Wird nicht wieder vorkommen.

In deinem »Dritten Reich« hast du den Befehl gegeben, die sogenannten Nicht-Arier zu vernichten. Ach ja, du hast deine Vorhaben ja auch in deinem Buch »Mein Kampf« in weiten Teilen bereits angedeutet. Irre, wie du dort deine sogenannten Arier als »Herrenrasse« eingeführt hast. Als vorletzten Satz des gesamten Buches schreibst du: »Ein Staat, der im Zeitalter der Rassenvergiftung sich der Pflege seiner besten rassischen Elemente widmet, muss eines Tages zum Herrn der Erde werden.«

»Herrn der Erde«, puh, und damit auch gleich jeder weiß,
wann die »Herrn« um die Ecke kommen, hast du ein Zeichen
gebastelt. »(…) im Hakenkreuz die Mission des Kampfes für
den Sieg des arischen Menschen.«

Arisch?! Also noch mal, woher hast du dieses Konstrukt,
Menschen in Arier und Nicht-Arier einzuteilen? So was fällt
einem doch nicht einfach so beim Abendspaziergang ein, oder?

Ich hatte bereits einen Kontakt zu einem gewissen Dr. Axel
Stoll, der mir erzählte, dass die Arier vom Sternenbild Aldeba-
ran kommen, also gar nicht von dieser Welt, und Außerirdische
sind, was hältst du davon?

Das mit den Ariern lässt mich nicht los, ich fange schon
an, Selbstgespräche mit Herrn H. zu führen. Es muss irgendwie raus. Vor ein paar Wochen habe ich meine Mutter
darauf angesetzt, mir ein Original von »Mein Kampf« zu
besorgen. Das Buch ist verboten, aber auf dem Flohmarkt
an der Straße des 17. Juni, unterm Tisch, für 'nen Fuffi,
hat sie es trotzdem zugeschoben bekommen, während sie
und der Verkäufer aufpassten, dass das keiner sieht.

Seit letzter Woche liegt es nun schon bei mir zu Hause.
Ich habe noch keine einzige Zeile darin gelesen. Das Kras-
se ist, Nacht für Nacht schleichen sich die Arier heimlich
aus den vergilbten Seiten heraus. So zumindest fühlt es
sich an, wenn ich im Bett liege und an meinen kleinen
Bürotisch denke, wo es immer an derselben Stelle liegt
und sich kein Stück weit bewegt. Tagsüber habe ich zwischendurch mal schnell dran gerochen, habe es zehnmal
gegriffen und dann wieder weggelegt. Irgendwann habe
ich »Mein Kampf« dann in einem Anfall von Getrieben-
heit aufgeschlagen. Folgende Worte lagen auf leicht ver-
staubtem Papier direkt vor meinen Augen: »verbastardierte

und vernegerte Welt«, und dass bei »jeder Blutvermengung des Ariers mit niederen Völkern als Ergebnis das Ende des Kulturträgers herauskam«. Nun hätte ich diese 781 Seiten der Hetzschrift gegen alle Nicht-Arier, also auch mich, lesen können, aber ich konnte es einfach nicht. Das Buch musste wieder weg.

So liegt das Ding nun schon eine ganze Weile bei meiner Mutter zu Hause. Sie muss für mich alle Passagen raussuchen, in denen die Worte Arier und arisch auftauchen. Seit Monaten quält sie sich schon durch den Stinkeschinken, ein in Blau gefasstes Hardcover mit goldenem Adler und Hakenkreuz vorne drauf.

Der Zentralverlag der NSDAP, die Franz Eher Nachfolger GmbH, München, ist als Herausgeber abgedruckt. Dieser Verlag gehörte dem Nationalsozialistischen Deutschen Arbeiterverein e.V. mit dir als Vorstand. Und wie könnte es anders sein, wesentliche Voraussetzung für die Mitgliedschaft im NSDAV war die »arische« Abstammung. Das Interessante ist, ihr habt den Verlag, der bis 1944 über zehn Millionen Exemplare von deinem Buch druckte, von einem gewissen Rudolf von Sebottendorf erworben, den du angeblich niemals kennengelernt hast. Dieser Sebottendorf gründete einen Geheimbund, die »Thule-Gesellschaft«. Ich habe nachgelesen: Die Thule-Gesellschaft war ein politischer Geheimbund, der gegen Ende des Ersten Weltkrieges im August 1918 in München ins Leben gerufen wurde und in seiner stärksten Phase rund 1500 Mitglieder zählte. Die Geheimgesellschaft war streng völkisch-antisemitisch ausgerichtet. Der Name »Thule« geht auf das von Phytheas 300 v. Chr. entdeckte nördlichste Land zurück. Ein nördliches Land? Blond? Arisch? Sebottendorfs Thule-Gesellschaft hatte im Logo ein Hakenkreuz mit Strahlenkranz hinter einem

120

*blanken Schwert. Als Motti des Geheimbundes galten zwei Re-
geln:* »*Halte dein Blut rein*« *und* »*Bedenke, dass du ein Deutscher bist*«. *Die Grußformel der Thule-Mitglieder untereinander
war* »*Heil und Sieg*«. *Seltsame Überschneidungen sind das.*

Dieser Sebottendorf hat in seinem Buch »Bevor Hitler
kam« 1933 geschrieben: »Thule-Leute waren es, zu denen
Hitler zuerst kam, und Thule-Leute waren es, die sich mit
Hitler zuerst verbanden.«

Dann war es auch kein Zufall, dass der Eintrag dieser
Gesellschaft so hieß: »Thule-Gesellschaft zur Erforschung
deutscher Geschichte und Förderung deutscher Art e.V.«
Und Thule verlangte von seinen Mitgliedern bis ins dritte
Glied einen Nachweis über die »arische Herkunft«. Auf da-
maligen Versammlungsankündigungen wurden bevorzugt
»Blonde und Blauäugige« eingeladen.

Wenn man mal auf die Gästeliste der Thule-Gesellschaft
schaut, findet man dort führende Nazis, die später auf die
ein oder andere grausame Art daran arbeiteten, Menschen
zu vernichten, die angeblich keine Arier waren. Thule-
Mitglieder und »bekennende« Arier waren Rudolf Hess
(Hitlers Stellvertreter), Dietrich Eckart (Hitlers Förderer
schlechthin, dem er den ersten Band von »Mein Kampf«
gewidmet hat), Alfred Rosenberg (Chefideologe der
NSDAP) und viele mehr. Einige dieser Männer saßen als
Hauptkriegsverbrecher später beim Nürnberger Prozess
auf der Anklagebank. In der Thule-Gesellschaft waren ansonsten hauptsächlich ultraantisemitische Anwälte, Richter, Uniprofessoren, Aristokraten, Wissenschaftler und rei-
che Geschäftsmänner. Diese Oberschicht war es, die ihre
ganze Kraft darein legte, Propaganda gegen »Nicht-Arier«,
hauptsächlich Juden, zu führen.

Doch, was mich interessiert, wieso denkt sich jemand wie du
überhaupt solche Kategorien wie »Arier« oder »Herrenmen-
schen« aus, die später als Legitimation dienten, einen Vernich-
tungskrieg gegen Millionen von Menschen zu führen, die nicht
darunter fielen. Warum? Ich muss es herausfinden. Vielleicht
hören dann meine Bauchschmerzen auf, die die wachsende
Anzahl nationalistisch motivierter Demos und Aufmärsche in
Deutschland heute und die Bilder brennender Flüchtlingsheime
in mir zurzeit auslösen.

Wie war das in deiner Jugend, was war da, das diesen Hass
in dir nährte? Ich weiß, dass du zwischen 1908 und 1913
in Wien gelebt hast. Zweimal bist du durch die Aufnahme-
prüfung an der Wiener Akademie der Bildenden Künste
gerauscht. Konntest deine Malerei und Zeichnungen auf der
Straße kaum verkaufen, warst dann irgendwann mittellos,
sogar obdachlos. Du hast in Männerwohnheimen gewohnt.
Kompletter Absturz. Kamen dann diese Gedanken? Warum
hast du dort in Wien angefangen, Menschen in diese Katego-
rien einzuteilen? Was ist geschehen?

»1908 und 1909 besuchte Hitler im Winter das Parlament, aber nur, um sich dort aufzuwärmen. Denn er
hatte bald keine Unterkunft mehr und verbrachte sogar
Winternächte auf einer Parkbank. Im Parlament erlebte
er nun, wie sich die verschiedenen Völker des Habsbur-
gerreiches gegenseitig beschimpften und sogar verprügel-
ten. Es wurde geboxt und gebrüllt. Die elf Sprachen der
Parlamentarier waren kaum zu verstehen.«[12] Zwischen
1850 und 1900 haben sich die Einwohnerzahlen der
Stadt Wien nahezu verdreifacht. Wohnungsnot und Ob-
dachlosigkeit waren weitverbreitet. Parallel zu einer herr-
schenden Überbevölkerung und der dadurch bedingten

Verelendung breiter Bevölkerungsschichten kam es zu einer Einwanderungswelle von galizischen Juden. 1857 lebten nur ca. 6000 Juden in Wien, bis 1910 war die Anzahl auf 175 000 gestiegen (acht Prozent der Bevölkerung, in manchen Teilen zwanzig Prozent). Die Juden trugen ihre traditionelle Kleidung und schlugen sich als Kaufleute und Hausierer durch.

Das alles hast du gesehen. Die völkischen Deutschen sahen in der ethnischen Entwicklung eine klare Bedrohung. Und du beschreibst in deinem Buch deine erste Begegnung mit Nichtdeutschen in Wien so: »*Widerwärtig war mir das Rassenkonglomerat, das die Reichsstadt zeigt, widerwärtig dieses ganze Völkergemisch von Tschechen, Polen, Ungarn, Ruthenne und Kroaten usw., zwischen allem aber als ewiger Spaltpilz der Menschheit Juden und wieder Juden. Mir schien die Riesenstadt als die Verkörperung der Blutschande.*«

Apropos Rassenschande, heute kam schon wieder so eine Hassmail bei mir an. Da schreibt wohl ein Fan von dir, der sich »ein Deutscher« nennt: »*Deutschland den Deutschen und du geh in deinen Busch zurück! Und nimm das ganze Ausländerpack mit!!!*«

»*Lenk mich nicht ab*«, *habe ich zurückgeschrieben, und dass ich gerade mit dir rede.*

Also, was war damals los? Haben dir diese fremden Leute Angst gemacht? Weil sie anders aussahen? Oder warum deine Erhöhung zum Arier? Warum hast du dir nicht unter den Einwanderern einen Freund gesucht? In deiner miserablen Situation wäre das sicher gut gewesen. Nachdem du völlig mittellos warst, hast du angefangen, dir die ersten rassistischen Heftchen zu kaufen, wie die »Ostara I« von einem »Ariosophen« namens Lanz von Liebenfels. Beide teilt ihr die Welt in

eine »helle arische« und eine »dunkle nicht-arische« ein. Die
eine steht für das Gute, die andere für das Chaos. Das ganze
arische Zeugs, sogar detaillierte Anweisung zu einer arischen
Vorherrschaft, Verbot von Mischehen zwischen Nicht-Ariern
und Ariern und das brutale Vorgehen gegenüber »rassisch Min-
deren« hast du wohl aus diesen Lanz-Heftchen.

Mich würde interessieren, wie die Arier-Idee zum »deut-
schen Volk« gekommen ist. Raus mit der Sprache. Du ant-
wortest nicht? Macht nichts, ich finde es schon heraus.

Fakt ist, die Arierplage fing schon früher an. Genau genommen in Frankreich. Dort verfasste ein Adliger, Joseph
Arthur de Gobineau, 1853 ein Buch, das in Deutschland mit dem Titel »Der arische Mensch«[13] veröffentlicht
wurde. Gobineau äußert in seinem Essay Zweifel an der
gemeinsamen Abstammung aller Menschen und führt die
Ungleichheit von sogenannten Rassen ein. Dabei sei die
»weiße Rasse« der »gelben Rasse« und die der »schwarzen
Rasse« überlegen. Die weiße, die »arische Rasse« besitze
ein »besonderes, kulturförderndes Blut«, das durch Ver-
erbung weitergegeben werde. Eine Vermischung mit einer
niederen führe immer zu einer Minderung der Qualität.

Ein Franzose hat uns das mit den »arischen Menschen«
offensichtlich eingebrockt, das ist mehr als absurd. Ich
würde jetzt gerne herzhaft lachen, ein Franzose. Aber zum
Lachen ist mir gerade gar nicht zumute. Meine Treffen mit
den Nazis hinterlassen Spuren im Netz und sie schreiben
immer mehr in ihren Blogs über mich. Ein »Unregistriert«
postet: »Diesen potthässlichen, provokativen Negerarsch
sollte man mal auf eine heiße Herdplatte setzen.«

Sorry, ich lasse mich nicht ablenken, denke ich mir und
bleibe auf deiner Spur.

124

Zurück zu Gobineau. Tatsächlich war es so, dass der Franzose einen großen deutschen und ziemlich bekannten Bewunderer hatte, dem arisch versus nicht-arisch sehr gefiel. In dessen Umkreis wurde das ominöse Gobineau-Buch sogar zwischen 1893 und 1902 ins Deutsche übersetzt. So schlich sich das »kleine arisch« ganz unbemerkt nach Deutschland. Von Frankreich aus, als Flüchtling sozusagen. Der Bewunderer übrigens, einer der größten Musiker der Weltgeschichte, trug den Namen Richard Wagner. Und dessen Schwiegersohn, Houston Stewart Chamberlain, der ein großer Gobineau-Verehrer war, pflegte das »kleine arisch« und fütterte es zunehmend mit Antisemitismus an – obwohl bei Gobineau die »jüdische Rasse« zur weißen zählte.

Diese Ideen von »Rassenzucht« und »Reinhaltung des Blutes«, von »edlen Ariern und minderwertigen Mischlingsrassen« sprachen sich schnell herum und waren wohl auch bei dir auf offene Ohren gestoßen, als du sie als 19-Jähriger total heruntergekommen in Wien erstmals aufgeschnappt hast.

Meine Selbstgespräche mit ihm und meine Arierrecherche werden mehr und mehr zu einer Therapie für mich. Wissen gegen Angst. Und so sieht mein Frühstückstisch aus wie ein »Rasse«-Labor, überall alte, verstaubte Bücher mit Ariern drin. Ohne Fakten kann ich einfach nicht mehr leben. Fakten werden zu meiner Sucht. Allerdings muss ich schon sagen, es ist nicht leicht, die Fährte des »kleinen arisch« zu verfolgen. Aber was mir jetzt schon klar wird – dies ist wohl der früheste Beweis für die Angst der »Weißen«, irgendwann einmal auszusterben. Und »das kleine arisch« wurde so ungewollt zur Leitfigur erhoben.

Gobineaus Buch verbreitete die These von einer Überschwemmung des arischen durch nicht-arische Völker. Und als diese Idee auf den Schriftsteller Baron Edward Bulwer-Lytton trifft, da wird es richtig wild. Was sehe ich da, da kommt auch wieder das von Dr. Axel Stoll so viel gepriesene Vril ins Spiel. Wusste ich's doch, dass Stoll sich das nicht selbst ausgedacht hat. O-M-G. Ich muss mir mal ein Bierchen holen.

Sir Edward Bulwer-Lytton, angefixt vom »kleinen arisch«, hat zweifellos mit seinem Buch »The coming race« (1871), »Das kommende Geschlecht«, ganz schön Verwirrung in der Gesellschaft ausgelöst. Er entwirft darin eine irdische »Master-Rasse«, die eine geheime Kraft besitzt, die Vril-Kraft. Diese »Rasse« ist den Menschen weit überlegen und lebt unterirdisch. Vorsicht, Bulwer hatte das Buch als vielschichtige Satire auf das viktorianische England geschrieben, und es ist ein Romaaaaaan! Weite Teile der Leserschaft aber interessierte das nicht im Geringsten. Für sie war die Vril-Kraft und die Vril-Ya, so hieß das Volk im Buch, Realität.

Vom 5. bis 7. März 1891 soll es in London in der Royal Albert Hall sogar einen Vril-Ya-Bazar gegeben haben, wo Vril-Kraft verköstigt wurde, yummy. Kurz zuvor kam ein Rindfleischextrakt auf den Markt, das sich »Bovril« nannte, und das vorgab, magische Vril-Kraft zu verleihen.

Meine Recherche wird zunehmend zu einer Anhäufung abstrusester Geschichten über die angebliche weiße Herrenrasse »Arier«, angetrieben mit Vril-Masterpower. Überall wimmelt es nur so von Krypto-Historikern, die sich Pseudofakten dazudichten, damals wie heute. Oft sicher nur aus überbordender Phantasie oder Abenteuerlust. Aber ehrlich, man kann da schon total drauf abfahren, sag ich jetzt mal so, und sich auf der Arier oder Vril-Welle in Ekstase surfen.

Hin- und hergerissen zwischen ungläubigem Kopf-schütteln, bizarrer Faszination und unterdrücktem Loslachen muss ich mir immer wieder in Erinnerung rufen, dass dieses »kleine arisch« in den Händen von Massenmördern Menschen in die Gaskammern befohlen hat.

Die Odyssee des »kleinen arisch« geht noch weiter. Und so langsam wird es auch größer und mächtiger und noch skurriler.

Anfang der 1880er Jahre übernahm die deutsch-russische Okkultistin Helena Petrovna Blavatzky, auch genannt »die Blavatzky«, den Namen Vril als Synonym für geheime Lebenskräfte, mit denen man vollkommene Herrschaft über die Natur erringen soll. Sie hatte Bulwer-Lyttons »The coming race« gelesen und war eine von denen, die echte Unwirklichkeitsfans waren. Unzugänglich für Nichteingeweihte versteht sich, war ja alles geheim.[14] Die Blavatzky entwickelte darüber hinaus noch das »System der sieben Wurzelrassen«, in dem die »fünfte Wurzelrasse« die Arier sind. Nach dem Untergang von Atlantis, wo diese mit Vril-Kraft enorme Bauwerke kreiert hätten, seien ein paar überlebende Priester nach Europa ausgewandert, so die Blavatzky. Diese bewahrten das geheime Wissen und gaben es seitdem nur Auserlesenen weiter.

Ich erinnere mich an das Gespräch mit Dr. Axel Stoll. Was Atlantis anbetrifft, ging der sogar noch einen Schritt weiter und sagte mir: »Die letzte Bastion von Atlantis, und das dürften die wenigsten wissen, war die Insel Helgoland.«

Ich muss oft an den alten Kauz denken. Er war es, der mit seinem »Wissen« über Arier von Aldebaran und Nazis auf der Kehrseite des Mondes vor allem eins bei mir ausgelöst hat, den Nazis mit ihrem Ariertum mal ordentlich auf den Zahn zu fühlen.

Das beweist mal wieder, jeder Mensch ist ein Schatz. Man muss nur ganz genau hinschauen.

Jetzt komme ich wieder zu dir. Es wird spannend. Mittlerweile gab es den Ersten Weltkrieg, Millionen von Menschen sind darin umgekommen. Die Deutschen haben diesen Krieg angefangen, dann verloren, und die Stimmung in Deutschland ist jetzt total am Boden. Ich erinnere mich an ein Gespräch mit Prof. Abraham Ashkenasi, einem amerikanischen Politikwissenschaftler. Den hatte ich gefragt, was genau der Auslöser für diesen Hass und für das Emporkommen der Nazis damals gewesen ist. Er sagte: »Der geschichtliche Ursprung ist wichtig. Aber was wichtig für die Deutschen war, ist der Verlust des Ersten Weltkrieges. Sie waren damals zentral in Europa, sie waren die stärkste Nation, und trotzdem haben sie den Krieg verloren.«

Und, war das so bei dir? Wie ging es dir damals? Der Historiker Karl Alexander von Müller beschreibt seine erste Begegnung mit dir so: »Ich sah ein bleiches, mageres Gesicht unter einer unsoldatisch hereinhängenden Haarsträhne, mit kurzgeschnittenem Schnurrbart und auffällig großen, hellblauen, fanatisch kalt aufglänzenden Augen.« Linkisch habe sich der junge Mann bewegt, mit einer »trotzigen Verlegenheit«.[15]

Tausende demoralisierte und desillusionierte Kriegsverlierer gab es damals, du einer von ihnen. Du wusstest nicht wohin. Freunde hattest du nicht viele. München, wo du mittlerweile lebtest, war groß und fremd.

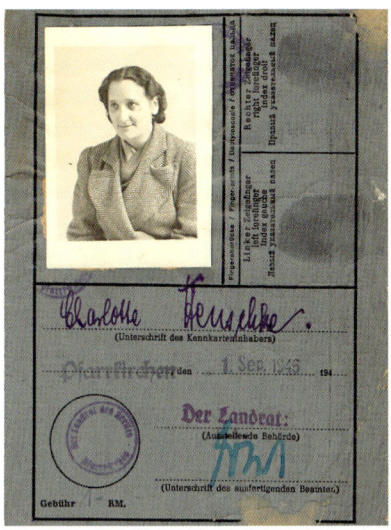

Der Personalausweis
meiner Oma,
Charlotte Henscke

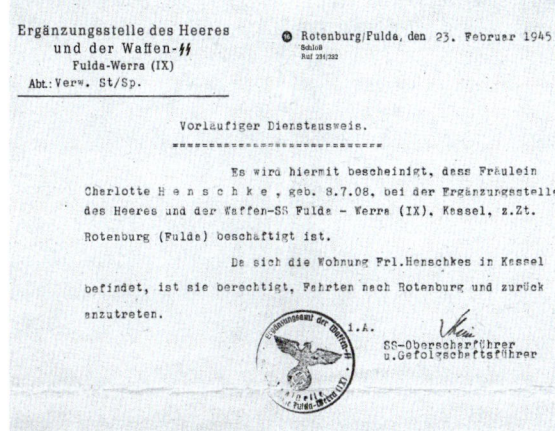

Ergänzungsstelle des Heeres
und der Waffen-ϟϟ
Fulda-Werra (IX)
Abt.: Verw. St/Sp.

Rotenburg/Fulda, den 23. Februar 1945
Schloß
Ruf 234/232

Vorläufiger Dienstausweis.
================================

Es wird hiermit bescheinigt, dass Fräulein
Charlotte H e n s c h k e , geb. 8.7.08, bei der Ergänzungsstelle
des Heeres und der Waffen-SS Fulda - Werra (IX), Kassel, z.Zt.
Rotenburg (Fulda) beschäftigt ist.

Da sich die Wohnung Frl. Henschkes in Kassel
befindet, ist sie berechtigt, Fahrten nach Rotenburg und zurück
anzutreten.

i.A.
SS-Oberscharführer
u. Gefolgschaftsführer

SS-Ausweis
meiner Oma

Meine Oma, mein Vater
und ich in London 1973

Mein Vater und meine Mutter
bei ihrer Hochzeit 1964

Meine Mutter und
mein Vater
1961 in Kassel

Mein Vater um 1960

Im Kinderheim 1964

Als Kind
in Kassel

Anfang der
1990er Jahre

Der »Kleine
Ariernachweis«

20-Pfennig-Briefmarke
aus der NS-Zeit

Die CD der
»White Aryan Rebels«

Bei der
Recherche in
apapiz-Archiv
in Berlin
Foto:
Alexander
Gheorghiu

Beim Ku-klux-klan
2012
Foto:
Yolisawa von Dallwig

Mit Axel Stoll 2012
Foto: Susanna Salonen

Mit Jürgen Rieger
2006
Foto: Felix Leiberg

Im Iran vor der Inschrift von Darius I. 2013
Fotos: Silvio Naumann

Bei den »echten« Ariern 2013

Mit Chris auf dem Alexanderplatz 2015

Mit meinem Vater in Ghana 2006
Foto: Joachim Gern

Als Brunhilde 2003
Foto: Joachim Gern

In diesen Tagen betäubten viele ihren Frust, verloren zu haben, mit Rassismus und Antisemitismus und liefen scharenweise neugegründeten Parteien zu. Frustrierte Männer wie du sollten besser beobachtet werden. Das »kleine arisch« hatte den Krieg überlebt und trieb sich mitten unter ihnen herum. Und um genau diese Leute auszukundschaften, wurdest ausgerechnet du von der »Nachrichtenabteilung im Gruppenkommando 4 der Bayrischen Reichswehr« zum V-Mann ausgebildet. Ein Frustrierter, der Frustrierte beäugt!

Am 12. September 1919 schickte dich Hauptmann Mayr in das Münchner Wirtshaus »Sterneckerbräu«, in der Nähe vom Isartor, um eine Versammlung der »Deutschen Arbeiterpartei (DAP)« auszuspähen.

Zu deinem Erstaunen war »das kleine arisch«, das du auch im Gepäck hattest, schon dort. Und so hast du nach kurzem Undercover-V-Mann-Einsatz als Reichswehrspitzel wenig später in völliger Raserei um dein Lieblingsthema die Debatte an dich gerissen. Der damalige Parteivorsitzende Anton Drexler soll dazu gesagt haben: »Mensch, der hat a Gosch'n, den kunnt ma braucha.«[16]

Ein paar Monate später hat die DAP von dem Gründer der Thule-Gesellschaft, diesem Sebottendorf, den Eher Verlag gekauft. Und noch ein paar Monate später wurde aus der DAP die NSDAP und du ein Jahr darauf ihr Parteichef.

In der Zwischenzeit wurde auch dein Buch veröffentlicht und das »kleine arisch« wird berühmt. Tag für Tag füttern es du und deine Mitläufer mehr und mehr mit Antisemitismus und Menschenverachtung.

Als du es dann geschafft hast, an die Macht zu kommen, das war im Januar 1933, kam in Windeseile ein kleiner Ausweis raus, den du und deine Schergen »Ahnenpass« nannten. Im Volksmund hieß er »Ariernachweis«. Weil per

Definition dort Menschen in Arier und Nicht-Arier auf-
geteilt wurden.

Arisch, was soll das denn eigentlich sein? Genau weiß das ja
immer noch keiner. Weißt du es denn?

Monatelang frage ich mich durch. Immer sehr vorsichtig,
ist ja klar. Egal, wen ich frage, keiner hat mehr so ein Ding
oder will es rausrücken. Wer doch einen »Ariernachweis«
direkt nach dem verlorenen Krieg in seiner Wohnung
hatte, lebte gefährlich. Es gibt diese Dinger nur noch in
Stoff eingewickelt unter Dielen versteckt. Hinter doppel-
ten Schrankwänden. In Speichern. Unter Toilettenfliesen
eingemauert. (Bei hartgesottenen Neonazis.) Oder in Grä-
bern, in der Hand von Naziskeletten.

Im Internet habe ich dann immerhin schon mal die Vor-
derseite eines »Kleinen Ariernachweises« auf einer Website
einer Landesregierung gefunden. Als ich um die Rechte
bat, war das Ding am nächsten Tag nicht mehr online.
Spooky.[17] Da muss etwas drinstehen, das keiner lesen soll.
Schließlich geht es hier um das Ansehen Deutschlands.
Was soll ich also nicht lesen? Was steht denn da geschrieben?

Dann treffe ich einen Geschichtsprofessor, der nament-
lich nicht genannt werden möchte. Dicht gebeugt hängen
wir über dem »Ariernachweis«, den er mitgebracht hat,
und ich suche mich in dieser altdeutschen Schrift so lange
durch, bis ich »das kleine arisch« im Text finde. Und da ist
es dann auf Seite 41. Als Überschrift kann ich dort lesen:
»Der Begriff der arischen Abstammung«.

Wir tuscheln, es soll uns im Café niemand hören. Ich
frage den Professor, ob er mir helfen kann, die Frakturschrift zu lesen. Ich will jetzt keinen Fehler machen. Er

flüstert den Text in Richtung unserer Tassen, und ich stelle mir vor, dass dieser hochentzündliche Begriff in Verbindung mit meinem Espresso eine Explosion verursachen könnte. »Hallo, die Rassisten sind Terroristen, aber wir doch nicht!«

»Vorsichtig, nicht so laut«, mahnt der Professor. Wer sind denn jetzt die Nicht-Arier, frage ich leise. Eins nach dem anderen, sagt er, hier haben sie es notiert.

»Arischer Abstammung (= ›deutschblütig‹) ist demnach derjenige Mensch, der frei von einem, vom deutschen Volke aus gesehen, fremdrassigen Blutseinschlag ist.«

Fremdes Blut? Blut ist doch immer gleich, zähflüssig und rot. »Professor, sagen Sie mal, welche Farbe hat Ihr Blut?« Dunkelrot wahrscheinlich. Ich habe mich gestern beim Radieschenschneiden geschnitten, meins war gestern auch noch dunkelrot, hm. Lassen Sie uns weiterlesen.

»Als fremd gilt hier vor allem das Blut der auch im europäischen Siedlungsraume lebenden Juden und Zigeuner, das der asiatischen und afrikanischen Rassen und der Ureinwohner Australiens und Amerikas (Indianer) …«

Die meinen da tatsächlich auch mich mit »Afrikanische Rassen« so, so. Also, wenn ich jetzt nicht genau wüsste, dass es überhaupt keine unterschiedlichen »Rassen« gibt, denn der Mensch ist die »Rasse«, dann wär ich jetzt auf diesen »Ariernachweis« reingefallen.

Damit den Deutschen auch klarwurde, was mit dem fremden, dem nicht-arischen Blut passiert, steht über der Definition der arischen Abstammung noch Folgendes geschrieben: »Der Rassegrundsatz. Die im nationalsozialistischen Denken verwurzelte Auffassung, dass es oberste Pflicht eines Volkes ist, seine Rasse, sein Blut von fremden

Einflüssen reinzuhalten und die in den Volkskörper einge-
drungenen fremden Blutsschläge wieder auszumerzen ...«

Der »Kleine Ariernachweis«, in dem man seine »arische
Abstammung« bis zu den Großeltern nachweisen musste, war für den Durchschnittsbürger Pflicht. Wer ihn nicht
erbringen konnte, wurde aus fast allen Bereichen der
Gesellschaft ausgeschlossen und musste um sein Leben
bangen. Und so wurde aus dem »kleinen arisch« nach viel
NS-Spinnerei, Manipulation und Erpressung schließlich
der Arier, der große Arier. Vorne drauf auf dem Papier
steht es ja großgeschrieben: »Ariernachweis« – da steht
nicht mehr »arisch«.

Natürlich muss ich ab jetzt Verfolgungswahn bekommen
und Verschwörungstheorien wittern, überall. Plötzlich
taucht dieser Begriff Arier in Hunderten von Worten auf.
Das ist mir noch nie vorher aufgefallen. Er steht in liter-
arisch, fragment-arisch, solid-arisch und prolet-arisch.
Vom Parlamentarier, zum Vegetarier und Planetarier. Ich
wittere den Arier überall, sogar in Malaria oder Varieté
und Rosemarie. Es ist schrecklich!

Meine Paranoia beruhigt sich erst wieder, als ich an der
Uni Kiel bei Prof. Dr. Josef Wiesehöfer sitze, einem der
wenigen Wissenschaftler, der mir die Wahrheit über die
Arier in knappen Worten verklickert.

»Die Deutschen sind keine Arier. Die Deutschen haben
mit den Ariern überhaupt nichts zu tun.«

Whaaaaaaaat??? Ja, schrei, Mo, schreeeeiiiiii!!!, befehle
ich mir.

Das Lächeln des Professors und sein freundliches Kopf-
wackeln geben mir den Anschein, als würde ich gerade

eine liebliche Geschichte hören, von Elfen, guten Geistern und anderen freundlichen Fabelwesen. Aber nein, #whatsaaaa, #rassismus, #unglaubliches #solldaseinScherzsein, #krasseGeschichte, #gruselig!!!

Selten habe ich so große Ohren bekommen wie bei diesen Sätzen.

Also, wenn das stimmt, dass die Deutschen keine Arier sind, dann … oh, nein. Das kann ja gar nicht stimmen. Seit Kindesbeinen an kenne ich die Arier und habe sogar mitverfolgen können, in Büchern, Filmen und im Geschichtsunterricht in der Schule, wie sich das »kleine arisch« bis zum »großen Arier« entwickelt hat. Habe tagtäglich zu spüren bekommen, du gehörst nicht dazu. Und jetzt das? Nein!

Doch! Die ruhige Stimme des Geschichtsprofessors fließt in meine zu Satellitenschüsseln mutierten Ohrmuscheln hinein und erzeugt ein Echo von diesem Satz, den es eigentlich gar nicht geben kann. Die Deutschen sind keine Arier, die Deutschen sind keine Arier, die Deutschen sind keine Arier, trommelt es auf meinem Trommelfell von einem Busch zum nächsten.

»Also, das Arische«, sagt er, »ist ein Terminus, oder der Arier ist ein Begriff, der in der Sprachwissenschaft durchaus seine Bedeutung hat, der aber kein Begriff sein kann, der Völker beschreibt. *Rassenkundler* wie Gobineau haben Mitte des 19. Jahrhunderts diesen Begriff *Arier* aus der Sprachwissenschaft in die *Rassenkunde* übernommen, und die Arier so zu einem Teil der *weißen Rasse* gemacht.«

»Das heißt, dass die Deutschen gar nicht die Arier sind‹, ich will es nochmals hören.

»Nein, ganz zweifellos nicht!«

Mein Universitätsprofessor erklärt mir, dass als Arier

nur Menschen aus dem indoiranischen Sprachgebiet bezeichnet werden können, d.h. Menschen, die im Gebiet des heutigen Irans und im Nordwesten des antiken Indiens siedelten. Die Sprachen, die dort gesprochen wurden und z.T. noch werden, sind Teil der indogermanischen oder auch indoeuropäischen Sprachfamilie, zu der auch die deutsche Sprache zählt. Zu diesem großen Sprachzweig gehören die romanischen Sprachen (Spanisch, Portugiesisch, Französisch, Italienisch, Rumänisch), die keltischen und slawischen, die baltischen und die armenischen Sprachen. Gobineau und Chamberlain, und später Hitler, hätten sich bei dem Trick, den Arier-Begriff aus der Sprachwissenschaft zu klauen, genauso gut Armenier nennen können oder Franzosen ... Das alles geht aber nicht. »Arier«, das können nur Menschen sein, die eben aus diesem östlichen Sprachgebiet stammen. Ebenso wie germanische Stämme hier bei uns lebten, so lebten die Arier in Asien.

Prof. Wiesehöfer erklärt: »Weltweit gibt es nur zwei Regionen, in denen dieser Begriff *Arier* wirklich quellenmäßig nachzuweisen ist. Das ist das alte Indien und der alte Iran. Und Iran heißt eigentlich wörtlich übersetzt *Land der Arier.*«

Ich halte mal fest. Auf dem »Kleinen Ariernachweis« steht Arier drauf, aber es ist kein Arier drin. Was würde meine jüdische Freundin Esther dazu sagen?

»Arier könnten sich de facto höchstens die Iraner nennen, und Teile der Inder. Vielleicht noch Leute aus Afghanistan, Tadschikistan ...«, schließt Wiesehöfer ab. »Im zweiten bzw. ersten Jahrtausend v.Chr. finden solche Gruppen dann in den Quellen im Nahen Osten, auf dem Hochland des Iran und in Indien Erwähnung.« Von dort aus haben sie sich nach Indien und auch in den Süden des Irans ausgebreitet.

Das alles hätten die Naziideologen auch schon nachlesen können. In den Schriften des indischen Rigveda, in den Texten des Zarathustra, den alt-persischen Königsschriften, bei Strabo oder auch bei Herodot.

Natürlich kann das mit den Ariern nicht so wirklich bei mir ankommen. Nach dem, was ich bereits erlebt habe. Heute muss ich wieder ganz besonders an dich denken, Lars, und an deine Band »White Aryan Rebels«. Wie viele deiner Hass-CDs sind wohl schon verkauft oder runtergeladen worden? Wie viele Nazis singen als Pseudoarier »Die Kugel ist für dich, Mo Asumang«?

Deshalb entscheide ich mich dazu, die »echten Arier« zu besuchen. Ich möchte mich vor Ort davon überzeugen, dass der Begriff nur missbraucht wurde und nicht dafür taugt, Menschen wie mich überall auf der Welt herabzuwürdigen.

Der Flieger nach Shiraz mit Zwischenstopp in Teheran ist ziemlich voll. Es ist Nacht. Touristen kommen im »Land der Arier« oft nachts an, tagsüber würde man in Teheran vier Stunden bis ins Hotel brauchen. Arier-Stau in der iranischen Hauptstadt, jeden Tag.

Ich habe neun Monate gebraucht, um dieses verdammte Visum für den Iran zu bekommen. Später habe ich dann gehört, dass die in der Iranischen Botschaft dachten, ich sei bei der CIA unter Vertrag, von der Bundesregierung eingeschleust oder beim Mossad. Kein Scherz.

Schon nach ein paar Stunden im »Land der Arier« ist klar, mit groß, blond und blauäugig ist hier nichts. Sogar vollkommen nichts. Und ich muss sagen, ich habe wirklich genau hingesehen.

Hey du da, in meiner Tasche, ich bin jetzt im »Land der Arier«. Es ist alles ganz anders, als du behauptest. Ich habe dich in deinem Buch mitgenommen, kannst durch 'nen Schlitz aus der Tasche gucken, sollst ruhig sehen, wie die echten Arier aussehen, denke ich und genieße die Fahrt.

Von Shiraz aus reise ich in einem Minibus einmal quer durch das Land, von Süden nach Norden. Vielleicht ist es ein Zufall, aber meine Mutter ist dieselbe Strecke in den 1960er Jahren, noch vor meiner Geburt, von Norden nach Süden gefahren. Sie hatte einem befreundeten Iraner in Kassel das Leben gerettet, indem sie ihn mit einer schweren Blinddarmentzündung gerade noch rechtzeitig ins Krankenhaus brachte. Zum Dank wurde sie von dessen Eltern in den Iran eingeladen. Als meine Mutter und der Iraner in seinem Auto saßen, sagte er zu meiner Mutter: »Komm zieh meine Soldatenmütze auf und fahr du«. Also ist meine Mami die neunhundert Kilometer am Steuer durch dieses wunderschöne Land gefahren.

Ein halbes Jahrhundert später fahre auch ich hunderte Kilometer durch weites, flaches Land. Kilometerlange Berge, rechts und links. Der Himmel ist blau. Hier und da kleine Wölkchen. Es ist März, und ich genieße die trockene Wärme. Die Berge im Hintergrund, so wunderschön.

Die Straße ist gut ausgebaut. Vor Tausenden von Jahren war sie das auch schon. Auf der südlichen Seite der Seidenstraße gab es lange vor Christi schon Handel. Gewürze, Porzellan, edle Stoffe wurden auf ihr zwischen China und dem Nahen Osten transportiert.

Ich will in ein Bergdorf, hoch hinauf zu den Hängen des Karkas-Gebirges am Barzrud-Fluss. Die Archäologin Dr. Barbara Helwing hatte mir von einem der ältesten Dörfer Irans erzählt, das Bergdorf Abiyaneh. Ich will nah ran an die Beschreibung der Ur-Arier, die in Bergdörfern lebten.

Steile, enge Straßen führen mich auf über zweitausend Meter Höhe. Man sieht sogar Schnee auf den Bergspitzen. Der Minibus zischt an dürren Bäumen vorbei, die sich an das Wetter hier oben angepasst haben. Und dann Abiyaneh. Für mich geht ein Traum in Erfüllung. Wie lange habe ich schon auf diesen Moment gewartet.

Ich hole das Buch aus meiner Tasche, in dem er den Deutschen seine Arier beschreibt, die es so offensichtlich gar nicht gibt. Dreimal klopfe ich darauf, klopf, klopf, klopf: »Jetzt nicht einschlafen, gleich geht's los.«

Eine Baumallee führt leicht bergab zum Eingang in die Altstadt. Das Dorf leuchtet so warm wie ein Sonnenaufgang. Die Häuser und Wege sind aus rötlichem Lehm. Etwa dreihundert Menschen leben hier, aber gerade ist es ziemlich ausgestorben. Ich frage eine alte Frau, die ein langes, weißes Tuch mit einem farbigen Blumenmuster um Kopf und Oberkörper trägt, wo sich denn die Bewohner aufhalten. Ihr Arm weist langsam kreisend in Richtung Dorfzentrum. »Schimidoni«, sagt sie sanft und leise. »Schimidoni« ist das bisher weichste Wort, das mir auf meiner kompletten Arier-Recherchereise begegnet ist. Es bedeutet etwas wie ein liebevolles »weiß nicht«, und man sagt es, wenn man jemandem etwas nur ganz vage beantworten kann. Schon komisch, aber so ein sanftes Wort habe ich schon so lange nicht mehr gehört. Das Pseudoarier-Gekreisch aus Deutschland hat die alte Dame mit einem Wort weggehaucht »schimidoni, schimidoni«, wie das klingt.

Ich bin jetzt auch gefühlsmäßig hier angekommen und so neugierig auf die wahren Arier.

Ein älterer Mann beobachtet mich von weitem und sieht mich umherschauen. Dann läuft er schnell auf mich zu und fragt spitzbübisch, ob er mir helfen kann. Er war mal Lehrer und sagt, er kenne jeden hier im Ort. Zielstrebig eilt er voran und greift mit der Hand durch die Luft, als Zeichen, komm, komm, hier entlang, komm schnell. Er ahnt, dass er mich auf einem dramaturgischen Höhepunkt erwischt hat, und hilft mir, ein paar Leute zu finden, mit denen ich reden kann.

Wir laufen über weichen Lehmboden, große Steinplatten, vorbei an kleinen Türen, auf einer habe ich beim Vorbeilaufen ein Hakenkreuz gesehen. Das Zeichen ist über dreitausend Jahre alt und kommt aus Asien, und nicht aus »Germanien«. In Indien ist es als »Rad des Lebens« bekannt, teils trägt es die Bedeutung »Glück«, manchmal auch andere, aber immer deutet es auf etwas Positives, sogar Liebevolles hin.

Wir eilen weiter, durch schmale Gassen, immer tiefer in den Ortskern hinein. Da vorne, vor einem alten Hauseingang und einer wunderschön verschnörkelten, alten Holztür, unterhalten sich ein paar Leute. Ich zupf mein Kopftuch zurecht und gehe mit aufrechtem Gang auf sie zu. Höflich sage ich: »Selam«. Die Gruppe Dorfbewohner, zwei Männer mit schwarzen Pumphosen, eine Frau mit ihrer Tochter, die die gleiche Tracht tragen wie die alte Frau, und ihr kleiner Sohn schauen etwas überrascht, aber wundern sich nicht darüber, dass ich als Schwarze auf sie zukomme. Mein Dolmetscher, der mir von der Regierung vorsichtshalber auch als Begleitschutz mitgegeben wurde, spricht ein paar Worte, setzt sich zu der Gruppe und erklärt ihnen, dass ich ganz spezielle Fragen an sie habe.

»Almani hastam«, sage ich genüsslich in die Runde. Das bedeutet »Ich bin Deutsche«. Ich glaube, diesen Satz habe ich noch nie so gerne gesagt wie hier oben, als schwarze Deutsche unter den wahren Ariern. Wenn das meine Freunde von der »Initiative schwarze Menschen in Deutschland« miterleben könnten.

Ob ich den Kampfbegriff »Arier« jetzt einfach mal ausspreche? Bisher war's überall still, oder die Leute sind weggelaufen. Was werden sie tun?

»Ich habe eine Frage: Sind Sie ein Arier?«

Alles bleibt ruhig. Keiner flüchtet.

»Sie hat gefragt, ob du ein Arier bist«, übersetzt mein Dolmetscher.

Der Mann, und offensichtlich der Familienvater, antwortet gelassen: »Ja. Ich bin Arier. Und wir sind stolz, Iraner zu sein.« Ich frage alle in der Runde: »Arier? Sind Sie Arier?« Die Frau und ihre Tochter nicken. Sie lächeln, als würden sie sich über diese Frage freuen. »Sind Sie ein Arier?«, frage ich den alten Mann. Als wäre es das Normalste der Welt erwidert er: »Wir sind hier alle Arier.« Die Runde freut sich, wir lachen über das anscheinend Normalste der Welt: ein Arier zu sein.

Keiner hier ist blond und blauäugig, und die Frauen tragen Kopftuch. Befinde ich mich in einer surrealen Welt oder die Nazis, auf die ich hier in meinem kleinen Arierbüchlein zeige? Normalerweise schreibe ich mir darin meine Erlebnisse mit den Ariern, ach Verzeihung, Pseudoariern auf. Aber jetzt zeige ich vorsichtig die Seite, die ich darin ein paar Rassisten gewidmet habe. Die Arierin schaut sich die Nazis an, die ihren Anhängern in Deutschland und den USA erzählen, dass sie ganz besonders arisch sind, z. B. Lars Burmeister, den Sänger der »White Aryan Rebels«. Die junge Frau schaut Lars auf dem Foto lange an. Er trägt eine dunkle Sonnenbrille, Bomberjacke mit Frakturschrift drauf. Das Foto wurde heimlich von der Antifa geschossen und zeigt ihn sehr undeutlich. Ich sage: »Dieser Mann hier, Lars Burmeister, hat eine Morddrohung gegen mich ausgesprochen, weil ich in seinen Augen nicht arisch bin«. Ich höre, wie die Frau kurz einen Laut von sich gibt. Mit dem Finger zeigt sie auf das Foto von Lars und dreht sich zu ihrer Tochter rüber, um sie darauf aufmerksam zu machen.

Ihr Blick schweift über die Buchseite zu dem Foto eines Mannes, der ein Tattoo auf der Schläfe trägt »Aryan

Hope« ist dort eingelasert, es ist Matthias Fischer aus der bayrischen rechtsradikalen Kameradschaftsszene, gewalttätig, saß mehrfach im Knast. Die Frau denkt nach. Lange schaut sie die beiden Worte »Aryan Hope« über dem kurzgeschorenen Haar an. Hope? »Das heißt Hoffnung«, übersetzt der Dolmetscher. Sie runzelt die Stirn.

Als Nächster im Bann der Arierin, der Amerikaner Tom Metzger, Gründer der »White Aryan Resistance« und ehemaliges Ku-Klux-Klan-Mitglied. »Sie nennen sich Arier, die ganzen Männer hier. Und sie sind sehr brutal, um ihre Rassenideologie durchzusetzen«, werfe ich ein.

Das kleine Mädchen schaut sich die Rassisten an und grübelt vor sich hin. Alle in der Runde versuchen, sich ein Bild zu machen. Aber es scheint nicht zu gelingen. Was soll auch ein richtiger Arier über diese Neonazis denken?

Auf einer anderen Seite habe ich Fotos von blonden, blauäugigen Deutschen aufgeklebt, die ich aus NS-Propagandabüchern ausgeschnitten habe. »In Deutschland denken die Menschen, das hier sind die Arier«, sage ich. »Weltweit glauben die Menschen, dass Arier so aussehen.« Mein Büchlein wird in der Runde herumgereicht, und alle schauen die Fotos sehr genau an. Auf einem sieht man einen Jungen mit kurzgeschorenen, blonden Haaren, einen anderen mit blonder, hochstehender Tolle, ein Mädchen mit einem blonden, langen Zopf auf der rechten Seite, und ein weiteres Foto zeigt eine Frau mit blonden, hochgesteckten Haaren, ihre Augen sind hellblau.

Die Arierin lächelt und freut sich über die Fotos mit den vielen blonden, blauäugigen Menschen. Nichts Besonderes, ganz und gar nicht, nur anders als sie selbst, scheint sie zu denken. Ich freue mich, das zu sehen.

Es dauert nicht lange, und ich befinde mich mit den

Ariern mitten in einem Gespräch über Deutschland und die Nazis. Mein Dolmetscher übersetzt im Akkord.

Und er in meiner Tasche möchte am liebsten seine SA-Staffel auf ihn hetzen.

Ich zeige dem alten Mann mit dem grauen Mantel und der dunklen Mütze ein Foto aus der Nazizeit, auf dem eine Parkbank zu sehen ist. Wir gehen ganz nah an das Bild heran, »Nur für Arier« steht auf der Rückenlehne der Bank in Großbuchstaben geschrieben. Wo hat diese Bank wohl gestanden? Ich sehe vor meinem inneren Auge ein altes jüdisches Pärchen, das sich ein paar Minuten auf ihrer Lieblingsbank ausruhen will. Dann erblicken sie die frisch beschriftete Bank, »Nur für Arier«. Sie wundern sich und nehmen sich bei der Hand. Ein paar Jahre später wird dasselbe Pärchen im KZ Majdanek in die Gaskammer geschickt, weil sie nicht nachweisen konnten, dass sie Arier sind.

»Nur für Arier?«, der alte Mann hält mein Arierheftchen mit dem Bild dicht vor seine Augen und schüttelt kurz den Kopf. Der Blick durch seine Brille ist wie ein Scan quer durch alle Zeitungen und Bücher, die er in seinem Leben je gelesen hat, im Abgleich mit seiner Lebenserfahrung. Er schaut die andern an und dann wieder auf das Bild mit der Parkbank. Er brütet noch über einem Satz, der den ganzen Wahnsinn auf den Punkt bringen soll.

»Und diese Frau hier ist eine Jüdin.« Ich zeige auf ein Bild meiner jüdischen Freundin Esther Bejarano als Mädchen in den 1940er Jahren. »Viele Juden wurden umgebracht, weil die Nazis sagten, dass sie keine Arier sind.«

»Das ist nicht in Ordnung. Die Arier sind gut. Töten ist schlecht«, sagt die Frau, und ihr Mann fügt hinzu: »Die Juden haben auch das Recht auf Leben. Das hätten sie nicht tun sollen. Das kommt von ihren dummen Ideen. Das war eine Hitler'sche Idee.«

Schau mal, was hier alles zum Vorschein kommt, schießt es mir in den Sinn. Und als hätte der alte Mann meine Gedanken gehört, wirft er jetzt seine lang überlegte Essenz in die Runde: »Kurz gesagt, wir, die Arier, denken, Hitler war verrückt.«

Soll ich jetzt Mitleid mit dir haben? Wohl kaum! Dreimal muss ich auf meine Tasche klopfen, weil er darin tobt. So fühlt es sich zumindest an. Und obwohl ich mir einen Kaugummi rausnehmen möchte, wage ich es nicht, mit meiner Hand in die Tasche zu greifen. Es scheint mir augenblicklich zu gefährlich, weiß man's.

Der Vater der kleinen Familie wirkt verunsichert, wie ich, als ich das erste Mal davon hörte, dass die Deutschen gar keine Arier sind. »Es gibt keine Unterschiede zwischen den Völkern«, sagt er. »Und *das* ist arisch! Ein Arier fordert Gerechtigkeit und nicht Mord und Totschlag. Es ist einfach zu töten. Jeder kann einen Vorwand finden. Hitler war jemand, der geistige Probleme hatte. Er war Rassist, und in seinen Öfen hat er ganze Völker verbrannt. Daran sind aber nicht wir, die wirklichen Arier, schuld.«

Die Stimmung ist ruhig und die junge Frau möchte mir etwas mitgeben »Als eine Arierin sage ich, alle Menschen sind gleich. Es gibt keinen Unterschied zwischen uns. Wir sollen miteinander leben und einander unterstützen.«

Ihr Mann schaut mich an und lächelt: »Ariersein hat nichts mit einer bestimmten Hautfarbe oder einem bestimmten Aussehen zu tun«, sagt er ruhig.

»Da hörst du's!« Aber aus der Tasche kommt kein Mucks mehr.

Wir blättern noch eine Weile in meinem Arierbüchlein herum. »Schau dir das ruhig an«, sagt die Frau zu ihrer

Tochter. Dann fällt ihr Blick auf ein Bild, auf dem die Menschen zu sehen sind, die in Deutschland vom Nationalsozialistischen Untergrund (NSU) hingerichtet wurden. Neun von ihnen waren Muslime, wie sie und ihre Familie und die meisten hier im »Land der Arier«. Auf einem Bild hält eine Muslima bei der von der Bundesregierung organisierten Gedenkveranstaltung für die Opfer eine Kerze in der Hand. Ich erzähle der Arierin kurz, was damals geschah, und sie gibt es ihrer Tochter weiter. »Diese Menschen wurden von Neonazis getötet, weil sie keine Arier waren.«

Leise beginnt der Muezzin seine Verse zu singen, und seine Worte hallen durch das Dorf. Es ist Zeit zu gehen. Auf den kahlen Ästen der wenigen Bäume im Dorf sitzen riesige Schwärme von Raben, sie krächzen der herannahenden Nacht entgegen.

»Gott schütze dich«, ruft mir die Familie hinterher. »Khoda hafez«, auf Wiedersehen, sage ich.

★★★

Ein riesiges Felsmassiv liegt vor mir. Darin befinden sich vier Gräber achämenidischer Könige. Ich bin im Süden des Irans, nahe Shiraz. Der Ort hier heißt Naqsch-e-Rostam. Es ist der einzige Ort weltweit, an dem der Arierbegriff nachweislich belegt ist – und zwar in Stein gemeißelt. Von hier und im indischen Rigveda, eine der wichtigsten Schriften des Hinduismus, wurde der Welt zum ersten Mal von den Ariern erzählt.

Ich spüre ein Stechen in der Brust, wie kitschig. Aber mein Herz zieht sich leicht zusammen, und ich glaube, mein Mund steht sogar offen. Genau kann ich es gerade nicht sagen, ich bin zu aufgeregt. Jetzt sind es nur noch

144

ein paar hundert Meter, und ich kann endlich mit eigenen Augen den Arierbeweis sehen.

Der Großkönig des persischen Achämeniden-Reiches, Darius I., hat dort oben, man kann es kaum noch lesen, vor 2500 Jahren sein Vermächtnis an die Welt hinterlassen.

So was macht man nur einmal im Leben, und ich versuche, langsam zu laufen. Wieso ist eigentlich niemandem aufgefallen, dass es in Deutschland keine alten Arier-Gräber gibt, keine alten Arier-Steininschriften. Außer den Behauptungen der Nazis finde ich in seriösen Büchern über die deutsche Geschichte keinerlei Nachweise für Arier, sie tauchen dort einfach nicht auf.

Möglicherweise waren die Deutschen zuerst auch erstaunt, als plötzlich millionenfach vom RNK-Verlag ein Dokument gedruckt wurde, mit der Aufschrift »Kleiner Ariernachweis«, mit dem sie beweisen sollten, dass sie Arier sind.

Vielleicht hat es sogar Leute gegeben, denen auffiel, dass es in Deutschland noch nie Arier gegeben hat, aber in einer Diktatur sind Menschen, die die Wahrheit sagen, oft plötzlich einfach nicht mehr da. Ermordet, still und heimlich. Und dann fragt keiner mehr. Ich denke an euch in diesem Moment und wüsste gerne eure Namen, um sie hier, mit meinen Fingern in den Sand zu schreiben.

Eine andere Frage, die mich nicht loslässt: Warum wollten die Nazis unbedingt Arier sein? Es hätte ihnen doch reichen können, Germanen zu sein, das sind ja schließlich die historisch belegten Vorfahren.

Die Felsen mit der Inschrift von König Darius I. sind ganz warm von der Sonne. »Arier« steht dort oben irgendwo geschrieben. Ob ich sie mal anfasse?

All die Lügen, all der Hass fühlen sich hier so klein an, hier vor diesen Fels der Wahrheit – wenn man das so sagen kann. In meiner Tasche ist es still. Ich verstehe nicht, wie man einen Begriff aus so einem erhabenen Zusammenhang herausreißen und zu einer reißenden Bestie machen kann. Ich schaue ratlos auf die Tasche. Schweigen. Vielleicht kann mir der Archäologe Dr. Ali Reza Askari weiterhelfen.

Ein Mann in einem unauffälligen grauen Anzug mit grauer Mütze und Brille kommt langsam auf mich zu. Wir haben uns per E-Mail hier verabredet, und sicher weiß auch die hiesige Regierung davon. Ich zupfe kurz an meinem Kopftuch und versuche, nicht reflexartig ihm meine Hand zur Begrüßung entgegenzustrecken, denn das darf ich als Frau hier nicht.

»Gibt es irgendwelche Beweise für die Existenz von Ariern in Deutschland?«, frage ich ihn als Erstes. Dr. Askari hat kaum Luft für die einfachen Worte, die es dazu gibt. »Ein Irrtum«, er schnappt nach Sauerstoff, »lächerlich, schlimm, wie sie dieses Wort missbraucht haben.«

In meiner Tasche ist es weiterhin still. Der Despot schweigt.

Ich lausche und versuche herauszufinden, warum den Nazis ihre Ahnen, die im Fellfummel herumhüpfenden Germanen, nicht gereicht haben. Warum wolltet ihr unbedingt Arier sein? Was war dran an ihnen?

»König Dareios I. war der Erbe eines großen Reiches, das er von Kyros übernahm. Er herrschte über 32 Länder, von Griechenland, Ägypten bis Palästina und Indien. Ein Riesenreich.« Dr. Askari klappt ein Buch auf und liest mir vor, was Darius da oben in den Stein meißeln ließ:

»Ich, Darius, der große König, König der Könige, König über viele Länder mit verschiedenen Völkern. Der König über dieses weite Land, Sohn von Wischtasp, ein Achämenide, ein Perser und Sohn eines Persers, ein Arier, von arischem Ursprung.«

Könnte es sein, dass die Nazis neidisch waren? Neidisch auf so eine Wucht von Geschichte? Neidisch auf diese Größe? Neidisch auf die Wurzeln der anderen?

Ich erinnere mich an meine Recherche zu den Germanen. Damals war ich losgezogen, um alles über den Ursprung der Deutschen herauszufinden. Ich war wie wahnsinnig danach. Egal, wo ich hinkam, fand ich nur ein paar Bücher, während die Römer und die Griechen ganze Bibliothekshallen füllten. Einmal habe ich in einer riesigen Bibliothek gleich die komplette Zeile Germanenbücher aufeinandergestapelt und dann so aus dem Laden geschleppt. Für Rom und Griechenland hätte ich einen Container oder einen LKW gebraucht, für die Germanen reichten eine Jutetasche und mein Fahrrad.

Könnte es also sein, dass die Nazis in ihrem Größenwahn plötzlich merkten, dass ihre so heißgeliebten Germanen gegen die Römer und Griechen nicht anstinken können? Auch von den Sieben Weltwundern, von der Pyramide von Gizeh bis zum Koloss von Rhodos, kein einziges im ollen Germanien.

Ach, das tut mir aber leid, jetzt bist du schon wieder aufgeflogen. Du hättest das mit den Germanen auch einfach hinnehmen können. Der gemeine Germane ist eben noch durch den Wald gehüpft, während andere Länder bereits das Papier, die Seide, das Porzellan erfunden und, wie hier im »Land der Arier«, Wissenschaft und Medizin betrieben haben. Ägypter haben 2540 v. Chr. schon die 147 Meter hohe Cheops-Pyramide gebaut. Die größten Mathematiker kamen aus Afrika, merk dir das mal!

Mit einem Lächeln wache ich aus meinem Gedankenausflug auf, und sage zu Dr. Askari: »32 Länder und so viele Kulturen und Religionen zusammen, multikulti also, und das soll arisch sein? Das wird ja immer besser.«

»Dareios hat daran gearbeitet, Gesetze zu schaffen, die den gegenseitigen Respekt vor Religionen und Kulturen seiner 32 Völker untereinander ermöglichen«, sagt der Doktor. »Ich habe eine Botschaft an die Neonazis. Bei uns im Iran lebten und leben Juden, Christen, Zarathustrier und die Muslime von jeher friedlich miteinander. »Die Vorstellung der Neonazis von den Ariern ist von Grund auf falsch!« Und man glaubt es kaum: Im Iran lebt die größte jüdische Gemeinde in einem islamischen Land – trotz der scharfen antisemitischen und antiisraelischen Propaganda der iranischen Führung.

Ich stelle mir vor, wie es in meiner Tasche jetzt Krawummm, macht, und ein lauter Knall mein rechtes Ohr betäubt. Es war zu erwarten, dass so was passiert. Rauch steigt auf. Nach kurzem Wedeln erkenne ich es dann. Das goldene Hakenkreuz mit dem Adler drüber ist vom Buchdeckel abgesprengt.

Zum Abschied berühre ich noch einmal die von der Sonne aufgewärmten Steine. Mein Blick gleitet zu den Felsreliefs, auf denen große, starke Männer zu sehen sind. Asdaschir I. empfängt von Ahuramazda den Ring der Macht. »Die haben ja Löckchen! Wie auf der Keksdose, die ich vorhin im Souvenirladen gekauft hab, die haben alle Löckchen hier, aber das muss jetzt nicht auch noch sein.«

Dieser Ort ist magisch. Nirgends würde ich lieber mein Zelt aufschlagen und nachts mit einer Taschenlampe zu den Steinen und zu der Inschrift leuchten. Was für ein großer Moment für meine kleine Seele.

10. Die Nazis wussten, dass sie keine Arier sind

Es muss Tonnen von Originalfilm und -tonmaterial über sogenannte Arier geben, das ich mir, nachdem ich die »wahren Arier« kennengelernt habe, unbedingt anschauen muss. Was haben Hitlers Helfer und Vollstrecker den Deutschen alles über Arier erzählt? Was hat Hermann Göring, der die ersten Konzentrationslager eingerichtet hat, den Deutschen wohl über sie gesagt? Was hat der Minister für Volksaufklärung und Propaganda, Joseph Göbbels, hinausgeschrien? Welche Worte über Arier finde ich bei Adolf Eichmann, dem Mann, der für die Deportation von Millionen Juden in die Vernichtungslager zuständig war? Was hat Heß, der Stellvertreter Hitlers, über sie gesagt? Wie hat Heinrich Himmler, der Reichskommissar für die Festigung deutschen Volkstums, die Arier beschrieben? Ich stelle mir eine Flut von Reden vor: »Heil dir, du mein Arier, und so weiter!«

Im Bundesfilmarchiv in Berlin muss all dies auf alten Zelluloidrollen zu sehen sein. Hier lagern die Filme der »Wochenschau«, in denen die Nazis Woche für Woche, Jahr für Jahr zu den Deutschen gesprochen haben. Ebenso in Berlin, im Bundesarchiv, lagern die Mitgliederkarteien der NSDAP und Personalakten von 62 000 SS-Führern. Das Filmarchiv befindet sich in einem riesigen, grauen Gebäude in Wilmersdorf. Auf zwei Etagen gibt's dort Tausende von Filmrollen, auf denen Bilder und Töne festgehalten wurden. Hier muss ich die Reden finden.

Ich fahre in einem engen, muffigen Fahrstuhl in die dritte Etage. Oben angekommen, stehe ich vor einem langen Gang, der sogar noch muffiger riecht. Ich hatte mir vorgestellt, dass jeder Raum, an dem ich vorbeigehe, gefüllt ist mit Leuten, deren Lebensaufgabe es ist, die Nazis zu demontieren. Pustekuchen. Drei Archivare und leere Räume finde ich vor.

Ich komme wegen den Ariern. Ich hatte mich angemeldet. »Könnten Sie mir bitte sagen, wo ich Filmaufnahmen finde, auf denen Hitler und seine Schergen etwas über Arier sagen?«

»Da gibt es nichts«, ist die einfache und gleichzeitig niederschmetternde Antwort.

Wie, da gibt es nichts? Die Deutschen haben doch immer gesagt, und manche sagen es noch heute, dass sie Arier sind.

»Ja, ja, aber dazu gibt es nichts.«

Ich verstehe gar nichts mehr. Es sind solche Momente, die kleine erste Kulturen von Paranoia in einem anlegen. Haben die über Nacht alles weggeschafft? Wussten die von meiner Reise ins »Land der Arier« und haben die Beweise mit einem »nur intern« versehen? Oder macht er gerade einen Spaß mit mir? Wer hier arbeitet, ist eine Koryphäe, ein Meister seines Fachs, und kennt das Material, macht man da Scherze?

»Ich habe Ihnen per Mail drei Titel von Filmen geschickt, die ich gefunden habe, das war's«, sagt der Archivar vollkommen ungerührt.

Drei Filme? Drei Filme aus zwölf Jahren Diktatur, in denen die Nazis von den Ariern sprechen? Drei Filme? Ich bin doch hier im Bundesfilmarchiv oder ist das Disneyland?, denk ich mir.

Das zerschlissene PVC unter mir fühlt sich heiß an. Meine Füße brennen, als ob ich 'ne Vollbremsung auf Schotter mache. Soll ich den Mann anschreien? Der schmeißt mich sowieso gleich raus, so wie ich jetzt gucke.

»Ich zeige Ihnen jetzt den Raum, wo sich die Karteikarten befinden, auf denen die Filme der Nazis, auch die mit allen Reden, aufgelistet sind.«

Der Archivar führt mich in einen vielleicht dreißig Quadratmeter großen Raum. Die Decken sind niedrig, oder bilde ich mir das nur ein? An den Wänden entlang reihen sich bis in Brusthöhe Holzregale mit würfelförmigen Holzschubfächern. An hunderten Griffen darf ich jetzt ziehen, um dann schließlich nichts zu finden, oder was?

Die Hand des Archivars zeigt kurz auf die Holzschubladen: »Es ist nach dem Alphabet geordnet.« Dann überlässt er mich meinem Schicksal, und ich öffne die erste Schublade, Buchstabe A, wie Arier …

Man kommt ins Schwitzen, wenn man keine Zeit hat und tausende Karteikarten nach dem Begriff »Arier« durchsehen muss. Ich muss sagen, dem Suchenden, den Opfern der NS-Zeit, dem Antifaschisten, wird es hier nicht gerade leichtgemacht. Meine Finger tun weh. Der Staub aus den alten Karteikarten verklebt meine Nase. Aber nichts über Arier zu finden.

Gemeinsam mit Dr. Felix Wiedemann vom Fachbereich Geschichts- und Kulturwissenschaften der FU Berlin forste ich Gesetze der Nazis durch. Zum allerersten Mal haben die Nazis den Begriff »Arier« 1933 im »Gesetz zur Wiederherstellung des Berufsbeamtentums« verwendet. Und darin findet sich auch der berühmte »Arier-Paragraph«: »Als nichtarisch gilt, wer von nichtarischen, insbesondere jüdischen Eltern oder Großeltern abstammt.«

Danach durfte kein sogenannter »Nicht-Arier« Beamter werden, also Richter, Polizist, Staatsanwalt, kein Lehrer, Universitätsprofessor, Militär usw. Das Prinzip ist leicht zu durchschauen. Du willst jemanden loswerden? Geht ganz einfach. Du kreierst unterschiedliche »Rassen«. Dich selbst nennst du die »gute Rasse«, und die, die du loswerden willst, packst du in die anderen Kategorien. So haben die Nazis alle rausgekickt, die sie nicht haben wollten.

Wer den Ariernachweis nicht erbringen konnte, ist den »Nürnberger Rassegesetzen« zum Opfer gefallen. Ich blättere im Gesetz »zum Schutze des deutschen Blutes und der deutschen Ehre«, das zur »Reinhaltung des deutschen Blutes« diente. Hier müsste ich fündig werden. Aber wo steht hier Arier oder arisch? Bin ich blind, wo sind die Arier hin? Mein Auge sagt, weg, verschwunden – das »kleine arisch« eliminiert? Obwohl die »Nürnberger Rassegesetze« doch erst diesen Rassewahnsinn bis hin zur Vernichtung von Millionen von Juden, Sinti und Roma, Homosexuellen, Sozialisten, Kommunisten, Gewerkschaftlern und auch Afrodeutschen eingeleitet haben. Aber nein, Arier oder arisch steht da nicht drin. Millionen von Menschen ermordet, weil sie nicht nachweisen konnten, Arier zu sein, und Arier steht nicht in dem Gesetz, das zur Vernichtung führte?! Okay, ich lese die Nürnberger Gesetze noch mal durch. Weit und breit kein arisch, kein Arier. So langsam fange ich an daran zu zweifeln, dass ich noch knusper bin. Hilfe!

Ein paar Wochen später sitze ich wieder mit Dr. Wiedemann diesmal im Politischen Archiv des Auswärtigen Amts, Berlin, über einem Stapel offizieller Akten, eine davon eine Mappe mit dem Vermerk: »Zugehörigkeit zur arischen Rasse«, in der sich Briefe an das Deutsche Auswärtige Amt befinden.

Unterschiedliche Länder hatten den Deutschen, nachdem die den Arierbegriff für sich entdeckt hatten und mit stolzgeschwellter Brust vor sich hertrugen, geschrieben und sich beschwert. Durch den Arierbegriff würden ihre Studenten in Deutschland plötzlich als »artfremdes Blut« eingestuft, und das fanden sie unerhört.

Mit Dr.Wiedemann gehe ich brisante Dokumente durch. Und dann entdecken wir eines, das beweist, dass die Nazis schon damals wussten, wer die echten Arier waren: Die persische Gesandtschaft teilt dem Auswärtigen Amt die »Ungeheuerlichkeit« mit, dass neun persische Studenten – man könnte auch sagen, neun Arier – alle Regierungsstipendiaten des persischen Kriegsministeriums, von SA-Leuten überfallen worden seien. Zugetragen hat sich das Ganze im »Hotel zur Weintraube« in der Adolf-Hitler-Straße in Köthen. Der Arzt, Dr. Oskar Wahn, stellte am 24.4.1933 folgendes ärztliches Zeugnis des verletzten Ariers aus: »Herr Ali Mohamet Haschemi, Studierender an der Köthener Gewerbehochschule, wurde in der Nacht vom 22. zum 23. April a.c. in erschöpftem Zustand zu dem Unterzeichneten gebracht (...) An seinem Körper befinden sich Supillationen und Schwellungen, an der linken Stirnseite, auf dem rechten Scheitel, am Hinterkopf, an der linken Wange und Nase sowie an den Lippen und der Mundschleimhaut. Ferner sind Schwellungen und Druckschmerzhaftigkeit vorhanden an der rechten weichen und am rechten Rippenkorb, seitlich unten, am linken Knie und am linken Schultergelenk. Sämtliche Verletzungen rühren augenscheinlich von Anwendung stumpfer Gewalt her. Gez. Dr.Wahn, Arzt.«[18]

Die Polizeiverwaltung Köthen nimmt die Personalien von Ali Mohamet Haschemi auf, »geb. am 05.05.08 in Teheran (Persien), hier Bernburgstr. 71 wohnhaft, zeigte an, dass er gegen 23:30 mit einem Gummiknüppel bearbeitet worden sei. Haschemis Aussage: Er ging in das *Hotel zur Weintraube*, um sich an dem dort stattfindenden Tanz zu beteiligen. Schon beim ersten Tanz wurde er des Öfteren von Otto Schotte aus Halberstadt, angerempelt. Dessen anzügliche Reden konnte Haschemi wegen des Dialekts nicht verstehen. Haschemi bat ihn heraus. *Denken Sie ich bin ein Jude*, worauf er erwiderte, *Was denn sonst, du Schwein«*.

Vermeintliche Arier haben also hier einen echten Arier verkloppt. 1933. Und die Beschwerde der echten Arier ist auch noch feinsäuberlich belegt.

Der ehemalige Archäologe Dr. Dietrich Huff erzählt mir bei einem Gespräch im Auswärtigen Amt von einem weiteren Hinweis darauf, dass die Nazis schon immer wussten, was Sache ist in Bezug auf die Arier. Der Reichsjugendführer, Baldur von Schirach, soll in den Iran gereist sein, um sich Arier zeigen zu lassen. Der damalige Schah habe also ein paar seiner besten Soldaten in Reih und Glied aufstellen lassen, natürlich alle mit dunklen Haaren und dunklen Augen, wie das dort so ist. Daraufhin schrie der von Schirach »Und daaaas sollen Arier sein!?« und verließ entsetzt das Land. Um dann in Deutschland mit seiner Hitler-Jugend durch deutsche Straßen zu ziehen und laut zu krakeelen:

Deutschland erwache aus deinem bösen Traum!
Gib fremden Juden in deinem Reich nicht Raum!
Wir wollen kämpfen für dein Auferstehn
Arisches Blut soll nicht untergehen!

154

Wir wollen kämpfen für dein Auferstehn
Arisches Blut soll nicht untergehen!

Und dann entdeckte ich im Rundfunkarchiv doch noch einen Ausreißer über Arier. Herman Göring sagte in seiner Erntedankrede 1942 in Berlin: »Dieser Krieg ist nicht der Zweite Weltkrieg, dieser Krieg ist der große Rassenkrieg, ob hier der Germane und Arier steht oder ob der Jude die Welt beherrscht.«

Doch sonst war den Nazis der Begriff »Arier« wohl zu unbequem geworden und sie stellten ihn offiziell klammheimlich in die Ecke, obwohl er durch den »Ariernachweis« längst ein Eigenleben entwickelt hatte.

»Es war ja längst kein einfaches Wort mehr, sondern eine Weltanschauung. Sogar die von ihm betroffenen Kreise sprachen, von seiner magischen Gewalt erfaßt, nunmehr von sich selber in täglichen Gesprächen als von Nichtariern (...) Man muss diese unheimliche Macht des Wortes verstehen, das alle Gedanken längst unterjocht hatte und alle Gefühlsregungen beherrschte, wenn man einsehen will, welche Vorstellungen Hitler und alle, die an ihn glaubten, in den letzten Jahren beherrschten. Das Gefühl der freien Berechtigung zu den ungeheuerlichsten Freveln, die törichte Siegeszuversicht, die Unterschätzung des Gegners, all dies ist aus dem Wortaberglauben entstanden.«[19]

Die eingeführte Wortbildmarke »Arier« ist stärker als alles andere, was die Nazis sich ausdenken – bis heute. Manche Nazis wollen sich »Die Weißen« nennen, aber da hören sie schon die Juden rufen: Hey, wir sind doch auch weiß. Beim Begriff »deutschblütig« rufen die russischen Nazis »niet« und stampfen mit ihren schweren Militärboots auf

den eisigen Boden. Die englischen Nazis schreien laut
»deutschblütig? Nooo!« und ballen die Faust in der Hose
zusammen. Die griechischen Nazis winken ab, die finnischen und dänischen strecken ihre Arme zu Wotan hoch,
die südafrikanischen, ungarischen Nazis pusten einmal
über ihre Waffensammlung, und dann ist »deutschblütig«
auch da vom Tisch.

Also bleibt's bei dem Begriff »Arier«, der weltweit den
Mythos des »Herrenmenschentums« vereint und bis heute
in rechtsradikalen Kreisen Hass, Gewalt und Rassismus
produziert.

11. Gera, die Vollstrecker machen Selfies

Wie kann ich mich gegen Worte wie diese schützen? Ein Kommentar über mich auf YouTube, verfasst von einem, der sich »Wolfsschlucht« nennt: *»Ihre ehrenlose Deutsche Mutter hat einen behaarten Negerlümmel in ihre ausgeleierte Mumu bekommen, das ist ja schon Rassenschande hoch 10 und dann denkt sie auch noch sie wäre Deutsch xD. Tja wie sagt man? Man kann den Neger aus dem Busch holen, aber man kann den Busch nicht aus dem Neger holen ;)«*

Beim Herunterscrollen des Textes fangen meine Hände auf einmal an zu zittern. Meine Handmuskeln verkrampfen sich stoßartig, ganz ohne dass sie etwas greifen müssen. Da ist doch nichts vor mir, was Gestalt angenommen hat. Mo, da ist nur Schrift, und die kann dich nicht hauen, oder? Ich lese die körperlosen Buchstaben noch einmal. *Deine ehrlose Mutter. Rassenschande hoch 10.*

»Wolfsschlucht«, schon wieder so ein Hitler-Verschnitt. Mit beiden Händen muss ich mein Handy halten, und trotzdem wackelt das Display noch vor meinen Augen. Warum kommt die Angst denn plötzlich zurück? Ist da vielleicht etwas in mich hineingekrochen? Etwas, was mich von Innen packt und schüttelt?

Das Schlimme ist, ich dachte, ich wär schon viel weiter in meinem Nazi-Konfrontationskurs. Was habe ich nicht alles schon erlebt? Wen habe ich nicht schon alles getroffen? Bei den echten Ariern im Iran bin ich gewesen, auf einer riesigen Nazidemo in Berlin, habe den Stoll mit seinen Außerirdischen getroffen, mich auf ein Nazi-Flirtportal eingeloggt. Hatte ich nicht schon mein Mittel gegen Nazis gefunden? Ja klar, das In-die-Augen-Schauen und der direkte Kontakt. Aber hier liegt nur ein Internet-Kommentar vor mir. Kein Augenkontakt. Der Verfasser starrt allein in irgendeinen Monitor, in irgendeinem Zimmer, an irgendeinem Ort, weit weg von mir oder ganz in meiner Nähe. Aber was kann man gegen diese anonymen Angriffe machen? Ignorieren? Auf keinen Fall einschüchtern lassen, das ist klar, im Gegenteil. Sorry, »Wolfsschlucht«, falsches Konzept, du zwingst mich dazu, euch erneut zu suchen. Aber in echt. Mir ist ein Nazi-Augenpaar, das sich vor mir schließt oder nach hinten wegrollt allemal lieber als eins, das nur sich selbst anstarrt, in der Reflektion seines Monitors. Einen Rassisten muss ich sehen, riechen, ihm in die Augen schauen und beobachten, wie er auf mich reagiert. Dann fühle ich mich stark. Es ist ein Guck-mal-wer-da-steht-Spiel, bis einer von uns beiden oder beide sich angstfrei anschauen können und Frieden einkehrt. Beinahe hätte ich es ja auf der Demo am Alexanderplatz geschafft. Jetzt versuch ich's einfach noch mal. Aufgeben werde ich jedenfalls nicht. Das habe ich mir selbst versprochen.

*** *

Seit etwa einer Stunde bin ich auf einem riesigen Neonazikonzert, wie es die NPD seit Jahren regelmäßig organisiert. Ich habe keine Waffen dabei, keinen Schlagring, kein Tränengas und steh inmitten der fast ausschließlich schwarzgekleideten Neonazis. Ich schwör's, das ist kein Kaffeekränzchen hier.

Die Veranstaltung heißt »Rock für Deutschland«, und in Gera um das Konzert herum ist Ausnahmezustand, totallemente. Gegendemos überall, jede Menge »Redner gegen rechts«, und keiner von ihnen will die 750 Neonazis hier haben. Gera ist eine der vielen *shrinking cities* in Ostdeutschland, deren Einwohnerzahl stetig sinkt, und jeder hier weiß, dass Presse über Neonazis das Image der Stadt weiter verschlechtert und Investoren wegbrechen. So viel zum Thema Nazis und Wirtschaft.

Ich steh erst mal nur rum und spanne meine Antennen auf. Natürlich will mal wieder keiner der Nazis mit mir reden. Und wieder gucken alle böse. Egal, wo ich lang laufe, sie verschränken die Arme oder drehen sich von mir weg. Aber immerhin ich bin drin und mehr und mehr in der Lage, den Blick auf mein Gegenüber zu richten, nicht mehr nur auf mich. Das ist neu.

Es hat ein bisschen geregnet, und der schwarze Bodenbelag glitzert an manchen Stellen. Aber das gleicht das Inferno hier nicht aus. Wenn ich nicht wüsste, dass das hier in der schönen Stadt Gera ist, würde ich sagen, es ist das Reich der Ewigen Finsternis, des Hades, ein Schattenreich, die Hölle. Ich habe noch nie so viele wandelnde Totenköpfe gesehen. Es gibt sie hier in allen Formen und Farben. Rot, schwarz, mit aufgerissenen Mäulern oder als Sensenmann. Auf einem schwarzen Shirt streckt ein Skelett den Mittelfinger hoch. Einem so richtig entgegen, als wollte es einem anspringen. Es trägt einen Wikingerhelm. Über dem Skelett der Schriftzug »Fuck Hell«, darunter: »I will go to Walhalla.« Ein Galgenstrickprint drängt sich an mir vorbei und ein Babyface mit Nordfront-Sticker vorne drauf gafft rum. Was ist das für eine Welt hier? Der Typ mit dem »Fight-full of Hate«-Shirt sieht sogar noch hasserfüllter aus als sein Aufdruck. Eine junge Frau huscht an mir vorbei. Als sie ein paar Schritte entfernt ist, sehe ich den Aufdruck »Nationale Sozialistin« auf ihrem Rücken.

Wenn ich Mädels als Nazibräute sehe, könnte ich ausrasten. Ich würde sie mir am liebsten schnappen und sagen: »Hey, wir sind Frauen, hör auf mit dem Scheiß.« Aber dann sehe ich einen Typ, unter dessen dunklem Shirt direkt am Hals Flammen nach oben züngeln. Das Tattoo ist schon etwas verblichen, was sich bei Flammen nicht so gut macht. Auf seinem Shirt steht fett geschrieben »Hate Society« und darunter »Ansgar Aryan«. »Aryan«, Arier, na, wenn der wüsste, wie lächerlich das Aryan in diesem Kontext jetzt kommt. Ich sag's ihm aber nicht und verhalte mich still.

Ich fühl mich wie ein Kätzchen unter Orks. Für die Nazis habe ich heute extra ein T-Shirt angezogen, auf dem vorne ganz groß ein blaues Peace-Zeichen zu sehen ist. Ich bin schön bunt, das gefällt mir. Die Nazis sehen mich allein wegen der Farbe als Eindringling, als Fremdkörper, Aggressor. Sie schauen so finster, dass es mich fröstelt.

So langsam wird es ungemütlich hier. Matthias Fischer steht auf der Bühne. Er hat ein »Aryan Hope«-Tattoo auf der Schläfe, wie peinlich. Er schreit heiser: »Also geht zurück in die Städte, trainiert eure Körper, stärkt euren Geist, denn wir werden noch Großes vor uns haben.« Fischer war als Kontakt für Nürnberg im Telefonbuch der NSU-Terroristen verzeichnet. Aus meinen Augenwinkeln heraus sehe ich einen langen, hageren Typen, der auf mich zurennt. Ich kann meinen Kopf gar nicht so schnell drehen, wie der rennt. Kurz bevor er mit mir was weiß ich was macht, wird er von einem Wärter mit weißer Armbinde abgefangen. Ich laufe einfach weiter.

Ein anderer Typ schmeißt mir einen Cent vor die Füße. »Guten Heimflug«, ruft er mir zu und verduftet gleich wieder. Noch einer, mit schwarzem Seitenscheitel und einer schwarzen Anorakjacke schmettert mir entgegen: »Ihr könnt eh nur lügen und hetzen, mehr könnt ihr ja nicht.«

Sie wollen mir Angst machen und laufen direkt auf mich zu. Sie streifen an mir vorbei, berühren meine Haut. Es wird heftiger, von Minute zu Minute. Was tun? Aus den Augenwinkeln sehe ich schon wieder einen auf mich zu-laufen. Auch er wird abgefangen und von dem Wärter be-schwichtigt. Ich darf jetzt nicht einknicken.

Eine weitere Stunde ist vergangen, und ich habe noch nicht aufgegeben. Auf der Bühne ist eine Band, die kreischt einen »Sleipnir«-Song mit folgenden Zeilen: »Eine Jugend rebelliert. Auf den Straßen, in den Gassen – von überall kommen sie her! Eine Jugend rebelliert! In den Städten, auf den Dörfern – wir werden immer mehr! Eine Jugend rebelliert.«

Es ist seltsam, die Nazis um mich herum singen den Text so schlapp mit, das fällt richtig auf. Schlapp, schlapp, schlapp. Was ist denn los mit euch, denk ich mir. Ich lächele sie an, immer wieder. Ich lächele. Auch wenn es hier wirklich nichts zum Lachen gibt, ich lächle trotzdem. »Eine Jugend rebelliert«, singen sie wieder, aber ach wie monoton und kraftlos. Da ist kein Schmackes drin, wenn ihr da mitsingt!

Ja, vielleicht fällt es ihnen schwer, wenn eine, die man weghaben will, offen und freundlich lächelt, sich freut und sogar mit einem sprechen will.

»Eine Jugend rebelliert«, blökt es weiter um mich herum, und die E-Gitarre schrabbelt sich einen ab. »Eine Jugend rebelliert« – ja, aber gegen was denn jetzt eigentlich, wenn man sich hier auf der Stelle mit mir zum Kino oder auf ein Bierchen verabreden könnte? Singt ihr so kraftlos, weil es keine Revolution mehr braucht, wenn einem der »Feind« plötzlich sympathisch wird? Sympathisch?

Ich erinnere mich an ein kurzes Gespräch auf einer anderen Nazidemo. Da war so ein großer, dicker Neonazi, mit breiten Schultern, ein Bär, überall tätowiert, mit einem T-Shirt, »Odin statt Jesus«. Ich mag große, starke Männer, habe ihn eine halbe Stunde lang immer mal wieder angelächelt. Irgendwann hat es dann in seinen Mundwinkeln quietsch gemacht, und die Ecken von den Lippen fuhren wie ein altes, rostiges Metallgelenk nach oben. *Big smile.* Das war Wahnsinn. Einfach so. Ich bin sicher, der wollte das gar nicht. Just in dem Moment, wo er dann noch einmal *Big smile* machen wollte, hat ihn ein zwei Köpfe kleinerer Kamerad am Arm geschnappt und – zack – weggerissen. Ich guckte den Kamerad an und rief: »Hey.« Woraufhin er erwiderte: »Ich habe Ihnen bereits gesagt, dass ich mich mit Ihnen nicht unterhalten werde. Das gilt natürlich auch für ihn.« Der Dicke guckte ein bisschen enttäuscht nach unten und konnte dabei sein schüchternes Grinsen nicht verstecken. Der fand mich nett, wenn auch nur für den Mü-Moment. Da habe ich zum ersten Mal gedacht, auweia, ein Nazi, der öffentlich flirtet. Darf der das? Und jetzt kommt er dafür noch in Teufels Küche.

Ich sagte also seinem Kameraden, um herauszufinden, warum der Dicke nicht mit mir reden darf, das ist doch ein freies Land hier, das schreit ihr ja sogar selbst immer. Ich fragte erneut: »Können Sie nicht reden, oder dürfen Sie hier nicht reden?«

Der Kleine nickte und sagte: »Ich darf nicht.«

»Aha, Sie dürfen nicht reden? Hat Ihnen mal einer gesagt, warum Sie nicht reden dürfen?«

Eine Antwort bekam ich nie.

Der große Dicke mit dem Lächeln und der Kleine gingen mir lange nicht aus dem Kopf. Vielleicht ist es möglich, heute hier in Gera genau da noch mal anzusetzen. Lächeln und reden, mal sehen, was passiert.

Mehr und mehr merke ich, wie sie sich stemmen gegen meine Blicke. Zwischendrin immer wieder welche, die mich wegdrängen oder wegschubsen wollen. Die meisten aber werden langsam ruhiger.

Auf der Bühne hängt ein Transparent, »Thüringer Heimatschutz«. Ein Redner betritt die Bühne, Mitte 30 ungefähr, klein, rundes Gesicht. Er darf reden, die anderen nicht. Ich kenne den sogar von irgendwoher. In geleakten Polizeiakten ist er mal aufgetaucht. Patrick Wieschke ist ein bekannter Neonazi und ein hohes Tier bei der NPD. Jetzt steht er hier auf der Bühne, und Hunderte von Neonazis lauschen seinen Worten: »Liebe Kameradinnen und Kameraden ... Wachsende Überfremdung blabla ...«, schallt es aus den riesigen Boxen auf der Bühne. Die fußballplatzgroße Wiese vor der Bühne ist allerdings komplett leer, erst fünfzig Meter weiter hinten stehen die ersten Kameraden. »... es entsteht eine kleine Moschee für Muslime, blabla ...«, ruft er aufgeregt, und die Herde lauscht und trinkt Bier.

Ich schau runter auf mein T-Shirt. »Peace«, ist es nicht das, was ich den Jungs hier zeigen will? Wie ferngesteuert laufe ich einfach los, über die große, verwaiste Wiese und steh dann als einzige Zuhörerin vor dem Nazi-Wieschke mit dem Peace-Zeichen über der Brust. Er zwei Meter über mir auf der Bühne, mit Mikro vor den sich aufblähenden Nasenflügeln. Das muss doch für die Nazimenge da hinten komisch aussehen, aber sie bleiben stehen, hm.

Wieschke lässt sich kaum beeindrucken und zählt weiter emsig Moscheenamen auf, die er auswendig gelernt hat. Denn er darf ja reden. Und die anderen, die ziehen sich den Stoff rein. »Bla ... da sehen wir doch auch die wachsende Gefahr, Überfremdungsproblematik ... blub.« Die Rede wird schleichend zu einer Wachsende-Gefahr-Infusion direkt in die Hauptschlagader von 750 Nazis, an einem schönen Sonntagnachmittag, mitten in der drittgrößten Stadt Thüringens.

Ich schaue Wieschke direkt an, und eine Erinnerung umhüllt mein Bauchweh, das ich hier jetzt habe. In solchen Momenten besucht er mich. Mein Vater. Er kam als Immigrant hierher. In seinem Dorf in Akrokerri in Ghana kannte er jeden Baum, jedes Haus, die kleinen Wiesen, den Blick zum Wald. Er hatte Freunde, Verwandte, sah manchmal in das faltige Gesicht seiner Mutter. Dann ging er nach Deutschland und hat all das, was er liebte, zurückgelassen. Ob Wieschke sich das vorstellen kann? Mein Vater ist schon tot. Wenn er wüsste, wo ich hier stehe! Wir saßen einmal in Ghana am Meer, und ich fragte ihn: »Was glaubst du? Bin ich ein Kind Ghanas oder Deutschlands?« Vater lächelte mich an und sagte: »Du bist meine Tochter.« Dann überlegte er und fügte hinzu: »Aber du kannst Ghanaerin und gleichzeitig Deutsche sein. Wie du es möchtest, was du für dich für richtig hälst. Was zählt, ist deine Einstellung zu den Menschen.«

Wieschke holt tief Luft »Die Fremden, die hier einwandern, werden immer selbstbewusster, immer gefährlicher für uns Deutsche ... blablub«. Ich denk, das Schöne an dieser Textpassage ist, der wortgedopte Zuschauer, der dort drüben am Ende der Wiese steht, kann im Augenblick dieser Rede, genau jetzt, Wortinhalt und Realität überprüfen, denn ich stehe ja für alle sichtbar als Einzige vor der Bühne. Als dunkelhäutige Migrantin, wenn auch keine

Muslima. Das hier hätte ich niemals für möglich gehalten, als ich mit zwölf Jahren meinen ghanaischen Pass abgab und ihn gegen den deutschen eintauschen durfte.

Es regnet immer noch, und so spanne ich meinen gelben Regenschirm auf. Sieht toll aus auf der leeren grünen Wiese. Dann legt Wieschke einen Zahn zu, Turbohass jagt jetzt über den Rasen. Einige Hassjunkies da hinten schmeißen den Kopf in den Nacken und reißen die Mäuler weit auf, mjam mjam, Hass fressen, wie das schmeckt. Wieschke weiter: »Diese Fremden, die in unser Land geholt wurden … blubblub, wollen die Vorherrschaft in unserem Land. Darum geht es, nicht um Integration … und sie wollen andere Meinungen unterdrücken«, schiebt er noch hinterher. Jetzt reicht's aber, denk ich, und bekomme kaum noch Luft. Wer will hier denn was unterdrücken! Ich frag doch ständig nach den Meinungen der Jungs, aber hier sagt ja keiner was, außer der da oben auf der Bühne.

Dann drückt die Hassspritze noch einmal zu und knallt einen wahren Satz heraus »Wir wollen die Herren im eigenen Hause sein«, schreit Wieschke den Mitläufern zu.

Alles jubelt. »Tja, typisch«, würde meine jüdische Freundin Esther jetzt sagen. Und wo sie recht hat, hat sie recht. Ist jetzt alles weg, was ich vor dem »Hass mjam mjam« hier mühsam aufgebaut habe, frage ich mich? Die ersten Blicke, das kleine Lächeln. Wirklich alles dahin?

»Vollstrecker«, in großen Buchstaben geschrieben, trägt da einer auf dem T-Shirt und läuft dicht an mir vorbei. Alter, du bist so retro, denke ich und überlege, das Gelage hier zu verlassen. Bringt ja nix. Von der Bühne schreit einer »Deutschland den Deutschen«. Jetzt haben sie es gleich geschafft, ich habe keinen Bock mehr. Außerhalb des Areals halten die Sprechchöre der Anti-Nazi-Demo ihr »Nazis raus« eisern durch. Manche stehen sogar direkt am Zaun, »Nazis raus, Nazis raus«. Bleib noch ein Weilchen, sagt mir eine innere Stimme.

Während die Nazis hier weiter Hass fressen und krakeelen, kaufe ich mir Kuchen, Bratwurst, Apfelsaftschorle, und noch mal Kuchen und 'ne Cola. Meine Füße tun schon langsam weh, so viele Kilometer bin ich hier an Nazis vorbeigelaufen, von einer zur anderen Seite des Geländes.

Und dann passiert es. Nach fünf Stunden unter Hunderten von Nazis kommen nacheinander welche auf mich zu und fragen immerfort dieselbe Frage. (Man rechnet ja mit allem, aber dieser Satz und die Aktion dazu hat mein Weltbild auf den Kopf gestellt.) Der erste Neonazi tippt mir auf die Schulter und fragt vorsichtig: »Kann ich mal ein Selfie mit dir machen?« Und da kommt auch schon der nächste: »Ein Selfie mit dir, bitte.« »Ein Selfie?«, frage ich jedes Mal erstaunt und antworte, ja, gerne.

Ein Nazi nach dem anderen stellt sich dicht neben mich. Mal berührt sich unsere Haut, mal drängeln wir uns dicht vor die Linse. Immer wieder hebt einer sein Handy in die Luft, wir gucken auf die Mattscheibe, und Klick-Klick wird abgedrückt. So kommt es, dass auf meinem ersten Selfie mit ein paar Nazis Folgendes zu sehen ist: Zwei Glatzen, dazwischen meine Löckchen, darunter drei Reihen Zähne und ein erster Versuch, zusammen mit Nazis »Cheeeese« zu sagen.

Und was ist da heute geschehen, damit das passieren konnte? Was hat sich in den fünf Stunden meiner Anwesenheit hier verändert? Sie haben sich mit aller Macht gegen mich gestemmt. Sie haben versucht, mir Angst zu machen, haben mich angerempelt. Aber ihre Hass-T-Shirts, ihre Wut-Tattoos, ihre wütenden Blicke, diese ganze Inszenierung des Bösen hier, hat ihnen nicht geholfen. Im Grunde kämpfen sie nämlich nicht gegen mich, sie kämpfen gegen sich selbst. Sie fürchten Sympathie für ihr Feindbild, das sie eigentlich hassen sollen, wie der Teufel das Weihwasser. Sie würden alles tun, damit da nichts rausblubbert. Ihr größter Feind sind ihre eigenen Gefühle.

Sollte sich da was entwickeln, das wissen sie, sind sie geliefert. Vorbei mit dem Alles-auf-andere-Schieben, vorbei andere für die eigenen Probleme verantwortlich zu machen.

In mein kleines Arierbüchlein notiere ich für heute:

»Rassismus funktioniert nur, wenn Menschen mit Hass gefüttert werden. Aber – selbst wenn Rassisten Tag für Tag ihre Dosis Hass fressen, es kann sie doch täglich erwischen. Dann nämlich, wenn sich zwei gegenüberstehen und sich kennenlernen.«

12. Lars Burmeister – der Krieger, der sich nicht traut

Immer wieder sitze ich bei meinen Freunden im Antifaschistischen Pressearchiv[20], um herauszufinden, wo sich Lars rumtreibt. Das apabiz sammelt jegliche Information über die Neonazi-Szene, Hass-CDs, neofaschistische Filme, rassistische und fremdenfeindliche Schriften und Flugblätter, aber auch Fotos von rechtsradikalen Übergriffen und deren Opfern. Über ein paar Wochen verteilt arbeite ich mich hier durch alles durch, was irgendwie im Zusammenhang mit Lars steht, und es kristallisieren sich ein paar Fakten heraus, z. B. dass seine Hauptkieze wohl die östlichen Außenbezirke von Berlin sind, Lichtenberg und Marzahn. Aber da wohnen fast eine Million Menschen, und ich weiß nicht mal, wie er jetzt aussieht. Wie soll ich ihn da finden?

Ein paar ältere Artikel schreiben etwas von einer Kneipe mit dem Namen »Zum Henker«, einem Ladengeschäft »Hexogen« und dass er wohl mit Kumpels ein Tattoo-Geschäft namens »Asgard-Tattoo« am Blumberger Damm betreibt.[21] Die Infos kommen von meinen Antifa-Freunden, die sich mutig an die Fersen der Nazis heften und mich und andere auf dem Laufenden halten. Seltsamerweise ist es mir plötzlich irgendwie unangenehm, diese fast privaten Locations abzuklappern. Ich frag mich, darf ich überhaupt an so ein Treffen mit ihm denken? Habe ich das Recht, jemanden kennenzulernen, der eine Morddrohung gegen mich ausgesprochen hat? Oder habe ich einen an

168

der Klatsche und spiele fahrlässig mit meinem Leben? Wenn er mir bei der Drohung gegenübergestanden hätte, gäbe es das Problem jetzt nicht. Hat er aber nicht, denke ich trotzig. Also dann.

Während ich so in mein Recherchematerial vertieft bin, legt mir mein Antifa-Freund Matty kommentarlos einen Zettel auf meinen vollgestapelten Tisch. Darauf steht: »Gremium MC, Chapter Dark Side Berlin« und daneben gekritzelt ein Name: »Lars.«

Matty schaut mich an, als wollte er zu erkennen geben, sag jetzt nichts, recherchier das erst mal und überleg dann, ob wir da wirklich weitermachen sollen. Ich guck auf seine zusammengekniffene Stirnfalte und erahne schon das Schlimmste.

»MC« steht für Motorradclub. Erst mal nichts Dramatisches, ich hatte selbst mal 'ne Karre. Dann lese ich in den Artikeln über die Motorradclubs mit Verbindungen zu Neonazis nur Scheußlichkeiten. Von »unheimlichen Allianzen« mit den »Freien Kameradschaften«[22] ist da die Rede, von einer brutalen Konkurrenz zu den »Hells Angels« und dass Mitglieder dieser Gangs immer mehr in Waffenschmuggel und Menschenhandel verwickelt seien. In zunehmendem Maße mischten hier auch rechte Skinheads und Neonazis mit. Bei Razzien gegen Rockerclubs seien kistenweise Maschinengewehre, Panzergranaten und Panzerminen sichergestellt worden.[23] Ich hetze über die Zeilen, um den Namen Lars irgendwo darin zu finden, und tatsächlich, er taucht im Zusammenhang mit dem Motorradclub »Gremium MC« auf.[24]

Matty guckt zu mir rüber und runzelt nochmals die Stirn. Ich denke, der schreibt gerade mit seinen Augen das Wort »Selbstmord« in die Luft. Ich hab's geschnallt, klimpere ich zurück, und mach mir erst mal 'nen Tee in der kleinen Küchenzeile des Archivs.

Als ich wieder am Schreibtisch sitze, kommt Matty zu mir, dreht den Zettel mit den Namen des Motorradclubs um und schreibt auf die Rückseite. Dann guckt er mir in die Augen: »Es ist deine Entscheidung, Mo. Die Adresse ist das Clubhaus der *Gremium MC Biker*. Davor war es der offizielle Treffpunkt der *Weißen arischen Bruderschaft*, die Lars Burmeister gegründet hat und aus der später seine Band *White Aryan Rebels* hervorging. Wenn du willst, kann ich herausfinden lassen, wann genau er dort sein wird.« Ich nicke, und er fährt fort: »Die haben alle Harleys, und das ist ein ziemlich abgelegenes Gelände, Privatstraße, da kommt keiner vorbei, überleg dir's.« Soll ich Polizeischutz anfragen, frage ich mich. Aber dann wird er vielleicht gewarnt. Nein.

An Lars zu denken, heißt, an den Tod zu denken. Einfach so hat er die Todesdrohung zu mir rübergeschoben. Da friss! Und jetzt muss ich sehen, was ich damit mache. Wie ein Kaninchen vor der Schlange zittern oder den Spieß umdrehen?

Da fällt's mir wieder ein, ich bin ein Feigling. Die Angst hat es schon oft geschafft, mich völlig lahmzulegen. Sie nimmt dann völlig Besitz von mir, macht mich klein und mutlos. Es ist schon ein paar Jahren her, seit es das letzte Mal so richtig passierte, das Gefühl trat aber immer mal wieder auf. Manchmal war es richtig schlimm, und manchmal schlich es so dahin, wie ein schwacher Sog in die Dunkelheit. Oft kam es, wenn eine Ohnmacht aus meiner frühesten Kindheit aufstieg.

Als ich zwei Jahre alt war, hat uns unser Vermieter aus der Wohnung geworfen. Meine Mutter und meine Oma wohnten damals in Kassel auf dem Brasselsberg, in einem sehr schönen, alten Haus. Dann gehörte mein Vater irgendwann zur Familie, und dann wurde ich geboren. Zu viel schwarz, das war's. Meine Mutter, meine Oma und ich mussten das Haus verlassen. Wir sind damals näher in die Kasseler City in den »vorderen Westen« gezogen, und es wuchs Gras über die Sache. Aber obwohl ich mich an dieses Ereignis nicht erinnern kann, weil ich damals viel zu klein war, hat sich durch Erzählungen darüber ein seltsames Gefühl in mir breitgemacht. »Das ist alles meine Schuld«, war das schmerzliche Mantra, das ich meine Kindheit und Jugend über mit mir rumgetragen habe: »Meine Schuld, ich bin schuld.« Auch das ist ein Produkt von Rassismus und Fremdenfeindlichkeit.

Warst du damals schon da, Lars, mit deiner maximalen Ablehnung, dass mir die Vorstellung, irgendwann mal hier in diesem Land dazuzugehören, immer so schwerfiel?

Matty reißt mich aus den dunklen Gedanken, als er sich zu mir runterbeugt und sich mit seinen wohlgeformten Unterarmen auf den alten Schultisch lehnt. »So sieht es da übrigens aus«, sagt er und legt mir ein Foto des Clubhauses auf meinen Recherchewust. »Es ist ein längliches Gebäude, einstöckig, flaches Dach, die Front schwarzweiß, die Fenster vergittert.« Ich schaue auf das Foto und sehe über dem Eingang ein Schild: »Gremium MC – Darkside Berlin«, daneben das Wappen. »Manchmal gibt es dort besondere Treffen, und dann ist Lars auch da«, flüstert mir Matty zu.

O mein Gott, wie düster und freudlos das dort aussieht. Das ganze Milieu, Lars und seine Kumpane, das alles fühlt sich sonderbar und befremdlich an. Vielleicht melde ich mich doch lieber bei so 'ner Jackass-Show an, und springe von 'nem Hausdach runter auf die Nachbarsgarage und verstauche mir 'nen Knöchel dabei.

Langsam schließe ich die Augen, spüre meinem Atem nach und stelle mir nur die eine Frage: Willst du da hin?

Einmal, ich war siebzehn, und mein Leben schwamm mir so davon. Ich stand oben auf einer Brücke. Darunter leere Bahngleise. Nur in ein paar hundert Metern Entfernung ein Triebwagen. Kein Fahrer in Sicht. Ich wollte springen. Und als mir das Herz das vielleicht letzte warme Blut durch die Adern pumpte, fuhr der Wagen – ohne Fahrer! – plötzlich los. Und hielt genau unter mir an. Dort, wo ich runterspringen wollte. Ich weiß jetzt, dass du damals nicht stark genug warst, dieses Wunder aufzuhalten. Aber heute könntest du es sein, der mich auf die Gleise schubst.

★★★

Ich wusste, irgendwann wird der Tag kommen, an dem ich bereit bin, Lars zu treffen. Mit ihm und seiner Morddrohung gegen mich fing ja meine Reise zu den Rassisten an. Und plötzlich ist der Morgen da, an dem ich aufstehe, und es ist klar, es geht los. Ich bin jetzt so weit.

Den Vormittag habe ich damit verbracht, mir in einem Harley-Davidson-Laden erklären zu lassen, wie man eine Harley bedient. Mit meinem Roller will ich nicht zu Lars, da lachen mich die Biker doch aus.

»Sagen Sie mal, bei meiner alten Enduro gab es einen Kickstarter, gibt es das gar nicht mehr?«, frage ich die nette Mitarbeiterin im Harley-Laden. »Das funktioniert jetzt alles voll automatisch, nur fahren müssen Sie noch selbst«, sagt sie und lächelt. Ich schwing mein Bein über den Sitz und schon sitze ich auf zehntausend Euro teurer neuester

Technik. Könnt jetzt auch mit der Kiste zum Mond fliegen, denke ich. Laut dem Doktor finde ich Nazis ja auch
dort irgendwo auf der Rückseite oder noch weiter, auf
Aldebaran. »Wie komme ich denn jetzt hier vom Fleck?«,
frage ich *back to earth*.

»Das ist ein bisschen kompliziert bei der Sportster. Da
vorne rechts vor dem Tank ist das Zündschloss, ein bisschen versteckt.« Ich beuge mich vor und stecke den Schlüssel rein. »Und jetzt auf *Ignision*, Zündung«, weist mich die
Frau ein. Wie bitte, was? »Das Schloss auf *Ignision* stellen,
Sie müssen doch in Startposition gehen. Sie wollen doch
los«, wiederholt sie geduldig. Okay, dann starte ich das
Biest mal wie beschrieben. »Ja, aber jetzt da oben rechts
noch Start drücken.« Ach so. Ist gar nicht so einfach. Ich
hoffe, ich kann mir das alles merken. Die Frau weiß ja
nicht, wohin ich will, und dass ich es vielleicht mal eilig
haben werde. Ich drücke den Knopf und metronomgenau
tuckert die Harley im Leerlauf unter meinem Hintern, als
wollte sie sagen, ich halt zu dir.

So nervös war ich schon lange nicht mehr. Zum Glück
vibriert mich der Motor schon nach kurzer Zeit in eine
emotionale stabile Seitenlage. In diesem Zustand verlasse
ich nach einer Stunde mit der geliehenen Kiste den Har-
ley-Hof und knattere in Richtung des verlassenen Geländes, auf dem sich der Rocker-Club befindet. Nach ein paar
Minuten habe ich allerdings schon wieder vergessen, wie
man das Ding startet.

Man könnte annehmen, dass der laue Fahrtwind an diesem
milden Septembertag düstere Gedanken vertreibt, aber
nein, er weht sie sogar an. Ich fahre durch Lichtenberg, wo
der Alltagsrassismus streckenweise so unerträglich ist, dass

er Migranten zwingt, dort wieder wegzuziehen. Ich brause über die Frankfurter Allee, vorbei am Bahnhof Lichtenberg, muss kurz an Jörg denken, den ich über die Odin-Kontaktanzeige dort kennenlernen durfte. Wir haben nie wieder gesprochen. Ob der wohl noch an mich denkt? Sechsspurig knattere ich auf mein Ziel zu, fahre durch einen Tunnel, unter der ersten Brücke durch, dann links die Tankstelle, die mir Matty beschrieben hat. Nach der zweiten Brücke muss links eine Bushaltestelle kommen, da ist sie, da muss die Zufahrt sein. Kein Straßenschild, ein kleiner Weg führt leicht den Berg hinauf, parallel zu den Zuggleisen, neben einem Postumschlagplatz.

Während ich auf diesem Donnerdrachen den Weg hochdüse, fliegen wieder Fetzen meiner Kindheit an mir vorbei. Wie war das wohl für meine Mutter und für meine Oma damals, als sie aus ihrer vertrauten Umgebung vertrieben wurden, nur weil mein Vater und ich schwarz waren? Wie hat das meine Mutter verkraftet? Wovon hat meine Oma nachts geträumt? Warum fühlte ich mich schuldig?

Da vorne sind die großen Rohre, da muss ich rechts abbiegen. Gleich werde ich Lars treffen, der nicht nur meine ständig sprudelnde Panikquelle ist, sondern in persona für mich auch die extremste Form von Ablehnung, Hass und Tod darstellt.

Plötzlich kommt mir dieses »nordische« Totengebet in den Sinn, auf das ich in meiner Todesangst vor Lars irgendwann einmal nachts stieß, und das ich lange nicht aus meinem Kopf bekommen habe. Es stammt aus dem Film »Der 13te Krieger«. Darin tragen große, blonde Wikinger einen Vers vor, bevor sie mutig in die Schlacht ziehen. Irgendwie stelle ich mir Lars, den ich ja nur von dem verschwommenen Bild kenne, so vor, blond, ein Hüne, ein Pseudoarier von großer Gestalt. In dem Film sahen die Nordmänner von weitem dunkle Gegner in Horden aus den Bergen herannahen. Stolz rezitiert der Nordmannkönig dazu über den Einzug in das Totenreich Walhalla. Die Nordmänner riefen:

… dort treffe ich dann meinen Vater. Dort treffe ich dann meine Mutter, meine Schwestern und meine Brüder. Dort treffe ich dann all jene Menschen meiner Ahnenreihe, von Beginn an. Sie rufen bereits nach mir. Sie bitten mich, meinen Platz zwischen ihnen einzunehmen, hinter den Toren von Valhalla, wo die tapferen Männer für alle Ewigkeit leben!

Im Film reitet der dunkle Gegner aus dem Nebel heraus über die Berge, mit Waffen, Speeren, Äxten in der Hand. In Wirklichkeit, es ist mittlerweile spät nachmittags, naht eine Migrantin zweiter Generation, auf 'ner geliehenen Harley, die sie nicht mal anwerfen kann, wenn sie vielleicht schnell den Rückzug antreten muss. O weh, das Totengebet treibt mir gerade Angstschweiß unter den Helm. Kürzlich hatte ich gesehen, dass Lars und seine Biker genau diese heldenhaften Worte unter »Memory« auf ihrer Clubseite stehen haben. Es sollen alle wissen, wie tapfer diese Männer im Club sind, und Lars mittendrin. Wenn ihr dieses Gebet auf eurer Seite als Zeichen eurer Tapferkeit habt, denkt ihr vielleicht auch oft an den Tod, den tapferen Tod? Möglicherweise ist es das, was uns sogar verbindet, Lars, der Gedanke an den Tod. Aber vermutlich weißt du es selber nicht. Lars, hallo, vielleicht ist das ja jetzt unsere Schlacht.

Meine Harley rattert, und ich starre wie hypnotisiert auf die Chromleiste am Tank, fahre stoisch geradeaus und lasse mich nicht vom Weg abbringen. Rechts sind Büsche, verwilderte Gräser und Sträucher. Links die dicken, hellen Rohre. Und da lugt plötzlich ein flacher Bau hinter dem herbstvertrockneten Grün hervor. Da ist es, ich biege rechts hinein auf den Hof, die Krieger sind schon da.

Mir fällt nichts anderes ein, als direkt auf die Männer zuzufahren und ganz laut »Hallo« zu rufen. Eine Antwort bekomme ich nicht. Jetzt muss alles schnell gehen, sonst verlässt mich der Mut und ich haue gleich wieder ab, ohne Lars gesprochen zu haben. Also: drauf zugehen, mich vorstellen, kurze Fragen stellen, den Helm auf jeden Fall aufbehalten. Erst jetzt sehe ich die blitzeblank polierten Donnervögel vor der Tür des Clubs stehen. Tausende Kubik als Eröffnungscocktail für Besucher. Da und dort Männer ganz in schwarzes Leder gekleidet.

Steht Lars da irgendwo rum? Ich muss vorsichtig sein.

Nacheinander verschwinden die Männer im Clubhaus. Drinnen ist es dunkel. Auf ihren Rücken sehe ich ihr Gremium-Wappen mit der Faust, die durch eine Wolke stößt. Hinter der Wolke das Totenreich, oder was soll das bedeuten, frage ich mich. Durch die vergitterten Fenster kann ich im Inneren des Clubhauses Bewegungen erkennen und Gemurmel hören. Ob Lars schon drin ist? Meine Karre lässt ein doppeltes Piep-Piep von sich, die muss sich wohl von alleine verriegelt haben. Ich brabbel »die Karre ist neu, da kenne ich mich noch nicht so gut aus« vor mich hin, doch keiner beachtet mich. Im Bewusstsein, nicht mehr zu wissen, wie ich mein »Fluchtfahrzeug« wieder anbekomme, beuge ich mich kurz suchend über das Ding und sehe dann, dass jetzt kaum noch einer draußen steht. Die Krieger sind im Bau.

»Hallo, kennst du den Lars?«, frage ich einen ziemlich breiten, glatzköpfigen Biker, während er mit Kippe im

Mund an mir vorbei rüber zu zwei Rockerbräuten läuft.
»Ja, den kenn ick.«

»Weißt du denn überhaupt, welchen ich meine?«, vergewissere ich mich mit einem hüstelnden Lächeln.

»Ja!«, antwortet er im Vorbeilaufen.

»Weißt du, wann der kommt, der Lars Burmeister?«, rufe ich ihm nach. Keine Antwort.

Es wird langsam dunkler, der Himmel ist aschegrau. Schräg über dem Flachdach sind etwa ein dutzend Stromdrähte, die leise zischen, aber nichts von Lars erzählen.

»Kennst du den Lars?«, versuche ich es bei einem anderen Biker, der gerade seine Harley putzt. »Warum denn Lars?«, guckt er mich kritisch an.

»Der hat ein Lied über mich gemacht. Also, Vergangenheit ist Vergangenheit, da braucht man nicht drüber reden. Ja, es geht ja eigentlich auch ums Jetzt.«

»Na, was ist denn jezze?«, fragt der Biker, der sich hinter seiner Maschine verkrümelt.

»Ich möchte gerne was klären«, sag ich ihm, aber das Gespräch dreht sich im Kreis.

Zwei Stunden sind schon vergangen. Aus dem Clubhaus röhrt abwechselnd Hardcore und elegischer Suizid-Rock. Die Krieger laufen ohne stehen zu bleiben an mir vorbei. Immer mehr Biker fahren auf den Hof, auch Autos kommen an. Jeden, den ich erwischen kann, frage ich: Bist du Lars oder kennst du Lars? Ein Biker und eine Frau begrüßen mich sogar mit Handschlag. Ich versuche mich mit Minikonversationen über Hubraum und Reifenstärke durchzuschlagen, immer in Gedanken an Lars. Doch ich bekomme keinen Hinweis auf ihn.

Weiter hinten verbrennt einer in einer verrosteten, großen Metalltonne Bretter, heruntergefallene Zweige, Liegengebliebenes. Dünner Rauch überzieht das Gelände, es riecht leicht verbrannt. In den Ecken stehen alte, ausrangierte Geräte, morbide »Giger-Ecken«, die hier niemandem auffallen. Seit Stunden stehe ich schon hier. Jeden gucke ich an und überprüfe, ob er der Mann ist, den ich nur von einem unscharfen Foto her kenne. Die Musik aus dem Clubhaus wird zunehmend aggressiver. Ich höre von innen Gespräche vermischt mit destruktivem Rock-Sound und langgezogenen Gitarrenriffs. Mein Informant sagte, Lars ist da. Es kommt mir so vor, als spüre ich ihn jetzt.

Und wieder kommt eine Harley an. Und, isser das, frag ich mich, obwohl ich Lars längst durch die Wand des Clubhauses gesehen habe. Hi, bist du Lars? Nein. Ein Biker ruft seinem einparkenden Kumpel zu: »Hey, du sollst schlafen gehen, Junge!« Aus dem Dunkeln ruft der zurück: »Wieso denn schlafen?« Die Stimmen der Männer klingen mehr und mehr nach Promille.

Es ist inzwischen stockdunkel geworden. Ich sehe jetzt kaum noch was, das Gelände ist schwarz, die Kleidung der Männer auch, nur das Eingangsschild »Gremium MC« leuchtet einen schmalen Korridor zur Tür. Und immer, wenn eine Harley ankommt, leuchtet das Gelände im Schein der Rücklichter kurz im Dunkelrot auf. Im Schutz der Dunkelheit ziehe ich meinen Motorradhelm ab, und versuche immer wieder Smalltalk in Richtung Lars zu führen. Aber die Krieger bleiben stumm.

Der Mond kommt zwischen verwehten Herbstwolken durch und scheint jetzt fast verträumt über dem Clubhaus. Vom Eingang habe ich mich sicher seit einer ganzen Stunde nicht wegbewegt, um wenigstens ein bisschen was zu sehen. »Weißt du, warum das Dark Side heißt?«, frage ich einen Biker. »Weil das Chapter[25] so heißt«, kommt als

Antwort. »Dark Side«, das fühle ich jetzt mit jeder Pore, Dunkelheit, Finsternis, Düsterkeit.

Alles so schwarz hier. Weiße Nordmänner von oben bis unten in Schwarz, denke ich mir. Hose, Jacke, Schuhe, hm. Lars, was ist mit deinen *weißen* arischen Rebellen, frage ich mich leise. Wo bleibt denn hier das Weiß, und der »Arier«, der als Herrenmensch sonst immer gegen das Schwarz kämpft. Nordmänner, kraftvoll, pseudoarisch, in der Farbe ihres Gegners? Ist das hier ein Verwirrspiel? Und ich? Ich bin doch schwarz.

Strahlende, kraftvolle Krieger hatte ich erwartet. Lars als Nordmannkrieger, ganz so, wie auf der Website geteased: »... hinter den Toren von Valhalla, wo die tapferen Männer für alle Ewigkeit leben!«

Und nun? Du kommst nicht raus, und ich steh mir die Beine in den Bauch. Mehr als vier Stunden schon. Dann kommen zwei muskelbepackte, ledergewandete Hünen-Nordmänner auf mich zu und raten mir in ziemlich eindeutigem Ton, »dringlichst« das Gelände zu verlassen. Durchgefroren, müde und hungrig füge ich mich nicht sehr unwillig dieser Aufforderung, starte nach etwas Fummelei im Dunkeln meinen Donnervogel und brause gegen Mitternacht davon.

Zu Hause dann die große Ernüchterung. Ich habe versagt, auf ganzer Linie, habe Lars nicht gefunden. Nichts hat sich verändert. Die Niederlage bei der Suche nach Lars liegt mir schwer im Magen. Aber nach ein paar Tagen dreht sich da langsam was. Immer öfter erwische ich mich bei dem Gedanken, ich war da, ich habe auf dich gewartet, ich habe mich gestellt. In Gedanken ruf ich vorsichtig zu Lars rüber: Lars, das war unsere Schlacht, bist du der Krieger, der sich nicht traut?

Bis heute weiß ich nicht, wie Lars Burmeister auf mich reagieren wird, wenn wir uns gegenüberstehen. Wegen des Aufrufs zum Mord musste er vor Gericht. Die Richter waren allerdings ausgesprochen nachsichtig mit ihm. Vielleicht hat das damit zu tun, das seine Kumpels Toni S. und Mirco H., mit denen er die CD »Noten des Hasses« und die Morddrohung produziert hat, als zwei Spitzeninformanten und V-Männer des Brandenburger Verfassungsschutzes enttarnt wurden.[26] So hat Lars drei Jahre auf Bewährung bekommen und ist derzeit auf freiem Fuß.

Aber Lars, du glaubst es vielleicht kaum, ich bin dir auch irgendwie dankbar. Durch die Morddrohung gegen mich, die du feige ausgesprochen hast, ohne mich zu kennen, ohne mir in die Augen zu schauen, habe ich eine Wut und eine Kraft entwickeln können, die mich aus dieser frühen Kindheitsschuld befreit hat. So kann es nämlich auch gehen, Lars. Statt die Gegner zu schwächen, werden sie von Tag zu Tag stärker. Das hast du dir sicher anders vorgestellt. Erst jetzt weiß ich, dass ich Ablehnung und Ausgrenzung begegnen kann, dass ich nicht mehr wehrlos meiner Angst ausgeliefert bin, dass ich handlungsfähig bleiben kann.

13. Was heißt deutsch? – Rassismus mit Uni-Diplom

Fast mein ganzes bisheriges Leben habe ich dafür gebraucht, um locker und frei sagen zu können: »Ich bin Deutsche.« Doch was heißt das eigentlich, »deutsch«? Ich ziehe jetzt los und frage bei Menschen nach, die das wissen müssten. Aus ihrer Bewegung heraus haben sich im 19. Jahrhundert die Farben unserer Deutschlandfahne entwickelt. Als Symbol der Freiheit und der Einheit der deutschen Nation trugen 1817 fünfhundert Studenten und Professoren der Urburschenschaft ihr schwarzrotgoldenes Banner auf die Wartburg in Eisenach.

Fast zweihundert Jahre später laufe ich langsam auf dem Kopfsteinpflaster durch den Haupteingang der Wartburg. Heute ist hier »Burschenschaftstag«, bei dem sich Vertreter der im Dachverband »Deutsche Burschenschaft«, kurz DB[27], organisierten deutschen und österreichischen Burschenschaften einmal im Jahr hier treffen. Höhepunkt der Veranstaltung ist der Fackelmarsch zum gegenüber der Wartburg liegenden Burschenschaftsdenkmal.[28]

Im Burghof haben sich bereits mehrere hundert Burschenschafter zusammengefunden. Zur Einstimmung singen sie mit ernstem Blick, Seidenschärpe und Schlips ihr »Burschenschafterlied«. Einige nehmen dabei ihre bunten Samtmützen ab und halten sie mit festem Griff vor die Brust. Dann tönt es einstimmig:

Schwenkt der Schläger blanke Klingen, hebt die Becher, stoßet an!
Unser Streben, unser Ringen, aller Welt sei's kundgetan.
Lasst das Burschenbanner wallen, haltet's hoch mit starker Hand,
Brausend lasst den Ruf erschallen: Ehre, Freiheit, Vaterland!

Die Burschenschafterfahne weht im leichten Wind vor blauem Himmel, während sie ein letztes Mal inbrünstig ihren Wahlspruch singen: »Ehre, Freiheit, Vaterland«.

Für mein kleines Arierbüchlein, vermerke ich: »Keine Frauen hier, weit und breit. Dafür aber ernste Mienen, weiße Hemden, Schlipse tadellos gebunden, Jacketts aus hochwertigen Stoffen und darüber akkurat getrimmte Kurzhaarfrisuren. Als i-Tüpfelchen oben drauf rote, blaue oder grüne Mützen, und jeder trägt eine Schärpe vor seinem Brustkorb.«

Nach der gesanglichen Einlage wird die Stimmung etwas lockerer, und kleine Grüppchen bilden sich im Burghof. Vor mir steht eine Gruppe junger Burschenschafter, sie trinken dunkles Bier und rauchen. Die kann ich doch fragen. »Keine Stellungnahme«, bekomme ich relativ unentspannt auf meine Frage, was deutsch ist, zu hören. Auch bei einer anderen Gruppe habe ich kein Glück und werde an den Pressesprecher verwiesen. »Aber Sie sind doch studierte Menschen, Sie müssen doch wissen, was deutsch ist«, sage ich. Was ist das für eine Elite, der man nicht zutraut, selbst zu sprechen, denke ich.

Dann entdecke ich ein Grüppchen mit einem Burschenschafter, der deutlich älter als die anderen ist. Er gehört zu den »Alten Herren«, kurz AH genannt. Zu ihnen rückt man in den Burschenschaften automatisch auf, wenn man das Studium an der Uni abgeschlossen hat und in den Beruf eintritt. Er ist also schon länger im Club, da muss er mir doch meine Frage beantworten können. Sein Brustkorb ist gehoben, und er lächelt zu mir rüber. Da könnt was gehn. »Entschuldigen Sie bitte«, trete ich an ihn heran, »ich versuche rauszufinden, was deutsch ist. Können Sie es mir sagen?«

»Was ist deutsch?«, sagt er und lacht mich für diese Frage fast aus. »Das möchten Sie gern wissen?« Ja, sag ich, und frage mich, warum er das so spannend macht. Will der Zeit schinden? Geschickt verlängert er sein Lachen bis zu einem süffisanten: »Wir wissen es.« »Dann sagen Sie es mir doch«, fordere ich ihn auf. Sein Körper schwankt von links nach rechts, immer wieder, bis er endlich die Antwort herausrückt. »Wer deutsch ist?«, er lacht auf. »Der, der vom Herkommen deutsch ist und die deutschen Werte in sich inhaliert hat.«

Werte in sich inhalieren, wie geht denn das? Und was sind das überhaupt für Menschen, diese Burschenschafter? Vorab hatte ich gelesen, dass gerade unter den Burschen, die sich hier auf der Wartburg versammeln, einige rechtsradikales Gedankengut mit sich tragen sollen. Nur, wie soll die hier unter all diesen Mützenträgern erkennen? Einen Moment gleite ich gedanklich in eine Zeit, die ich schwer definieren kann. Welche Finger diktieren das Gesetz, das mich nach der »Machtübernahme« als Untermensch degradiert?, denke ich. Welche Seidenschärpe, welcher Schlips würde einen Knoten um meine Gurgel schlagen?

Wieder im Hier und Jetzt stehe ich umringt von Burschenschaftern und schaue mich um. Auskunftsfreudig sind sie hier auch nicht gerade und wenn, dann tun sie ziemlich überheblich. Wie komme ich nur an sie ran?

Immer, wenn ich ziemlich ratlos bin, purzeln mir ein paar impulsgebende Stichwörter vor die Füße. Auch auf der Wartburg kann ich mich auf eine rettende Eingebung verlassen: Hannibal Lecter. Aber wie komm ich jetzt auf den? Ich hatte mir den Film »Das Schweigen der Lämmer« ja als Generalprobe für mein erstes Treffen mit einem Nazi im Knast angeschaut. Jetzt fällt mir der Psychiater und kannibalistische Serienmörder schon wieder ein. Er könnte mir möglicherweise helfen, immerhin will ich doch heute Intelligenzbestien decouvrieren. Heute wird Lecter mein Lehrmeister sein. Ich spinne. Aber eine ungewöhnliche Lage braucht ungewöhnliche Methoden. Ich erinnere mich an eine Szene, in der die FBI-Studentin Clarice Starling Hannibal in seiner Gefängniszelle verzweifelt um Hilfe bittet: »Sie müssen mir helfen, ich komme nicht weiter, ich muss einen Mörder finden.« Hannibal steht dicht vor seiner Panzerglaszellenwand und bittet Clarice ganz nah zu sich rüber. »Noch näher«, flüstert er. Sie würde jetzt alles tun, denn sie ist am Ende ihres Lateins. Wie nur kann sie den Mörder finden, will sie wissen.

Der erste Leitsatz, sagt Hannibal langsam und mit eindringlichem Blick, simpel denken! Simpel denken – daran kann ich mich gut erinnern. Dann spricht Hannibal Clarice hochkonzentriert auf den Mörder an. »Also, was – macht dieser Mann? Was – ist er in sich selbst? Was – ist seine Natur?« Clarice antwortet hektisch, er bringt Frauen um. Nein, das ist nebensächlich. »Was ist das erste Prinzip, dem er folgt?«, will Lecter aus ihr herauskitzeln.

Mein Gefühl sagt mir, ich muss zunächst herausfinden, was das Wesen eines Burschenschafters ist. Erst dann komm ich an sie ran. Leider sehe ich hier nur Anzug tragende Männer, kann die Ultranationalen nicht finden, da brauch ich Tricks. Lecter fragt weiter: Welche Bedürfnisse werden befriedigt durch sein Handeln? Clarice stammelt rum und findet banale Antworten wie: »um seine Wut herauszulassen«. Hannibal ganz klar, nein! Dann schaut er Clarice tief in die Augen und nennt ihr die Antwort: »Er begehrt! Er begehrt! Das ist seine Natur. Indem er tötet, befriedigt er sein Begehren.« Oookayyy!

Was ist ihre Natur, frage ich mich und lasse dabei langsam meine Augen von einem zum nächsten Burschen gleiten? Da ich keine Beweise für irgendwelche rassistischen Handlungen einzelner Burschen hier habe, konzentriere ich mich erst einmal auf das Wesen ihrer äußeren Erscheinung, das ist ja auch das Besondere hier. Also, was befriedigt der Burschenschafter durch seine Montur, könnte eine Frage sein. Wie ein Detektiv schaue ich mich weiter um und wähle mir dann den Lederhosentyp auf elf Uhr aus. Ein Informant steckte mir vor meiner Reise hierher: »Sie müssen auf Lederhosen achten, rechtsextreme Burschen tragen die gerne«, was mich ungemein ärgert, ich mag die Bayern nämlich sehr, und die tragen auch oft Lederhosen. Was soll's, ich mach einfach weiter. Simpel denken! Mit den Augen gleite ich von der Lederhose, rauf zum frisch gebügelten Hemd, langsam über die Schärpe, die den Seidenschlips kreuzt, dann hoch zum Hals, verweile ein Weilchen am Schlipsknoten, um mich dann hoch über die Nase zur Burschenmütze zu schwingen. Was macht dieser junge Mann hier? Was ist er in sich selbst? Er stellt einen Student dar, im Burschenfummel, antworte ich mir. Möglicherweise ist er in einer schlagenden Verbindung. Nein, das ist nur nebensächlich, würde Lecter jetzt sagen. Was ist das erste Prinzip, dem er folgt? Hm? Als Clarice müsste ich jetzt stammeln »äh äh«, und dann sagen, dass er in einem Männerbund ist. Lecter noch eindringlicher: Aber was ist das allererste Prinzip, dem er als Burschenschafter folgt? Schau ihn dir noch mal genau an. Wieder gleite ich über die Schärpe auf der Brust und dann hoch zur Burschenmütze. Lecter kommt jetzt näher und haucht mir ins Ohr: »Er besetzt Werte! Noble Werte.«

Genau das ist es, was er als Burschenschafter heute hier auf der Wartburg macht, für alle Welt sichtbar. Er besetzt Werte. Aber was für Werte, frag ich mich und fixiere mit Stielaugen all diese Männer in ihren dunklen Anzügen und der Schärpe vor ihrer Brust, die meist aus leuchtendem, seidigem Stoff ist und den Brustkorb indiskret in Szene setzt.

Lecters Stimme wird jetzt noch leiser. Verdammt, jetzt kann ich meine eigene Imagination kaum noch hören, so leise säuselt sie mir folgende Worte ins Ohr. »Er besetzt Werte und ...«, Lecter lässt eine lange Pause, »... er selbst kreiert das Bild dazu. Durch – sich – selbst! Schau hin. Denn er – selbst ist – der Wert!«

Wie bitte, hake ich hektisch nach. Aber Lecters Stimme ist verschwunden. Er selbst *ist* der Wert, sagte er. Er selbst? Deutsche Wertarbeit? Deutsch inhaliert, oder wie soll ich das verstehen? Aber Werte inhalieren, das kann ja jeder hier in Deutschland, das kann auch ein Muslim, ein Jude, ein Deutschtürke, ein Chinese, das kann ich, und auch mein rabenschwarzer Vater kann das. Oder? Ich denke an mein buntes Deutschland und hunderte Burschen stehen stramm vor mir. Null Prozent Schwarze dabei, null Prozent Muslime, null Prozent Chinesen, Asiaten. Welches Deutsch meinen die hier?

Aufgewühlt frage ich einen andern Alten Herrn: »Integrieren Sie auch Ausländer?«

»Die Ausländer haben ihr eigenes Vaterland«, sagt er abwehrend.

»Was ist ein Vaterland?«, will ich wissen.

»Dort, wo ich geboren bin und das ich liebe.«

»Und was wäre, wenn mein Vater jetzt zu Ihnen käme, der ist total schwarz, der ist knallschwarz?« Mit seiner rechten Hand gefühlt hundertmal abwinkend antwortet dieser: »Das ist eine rassische Sache. Das geht …«

»Würden Sie ihn hier aufnehmen?«, lasse ich nicht locker.

Eine kleine Pause verleiht seiner Antwort ungewollt Gewicht. »Nein!«, sagt er.

Die Frage nach deren Werten hat sich also gerade geklärt. Die denken hier, nicht jeder kann ihre Werte inhalieren und wertvoll sein.

Sich selbst als wertvoll zu erachten, ist kein Verbrechen. Im Gegenteil. Gefährlich wird's, wenn ein niederer Gegenentwurf zum Selbst kreiert werden muss, damit das Konstrukt auch hält.

Ich frag den AH: »Geht das irgendwie nach diesem arischen Prinzip?« Fast unbemerkt zieht er mit zusammengekniffenen Nasenflügeln Luft durch seine Nase ruckartig nach ganz oben, winkt wieder ab und sagt schnell hintereinander: »Nein, nein, nein, nein.«

Mein »Rassismusbarometer«, mit dem ich Menschenverachtung mittlerweile präzise erschnüffeln kann, hat gerade mächtig ausgeschlagen. Es ist zum Heulen.

Ich halte fest, Burschenschafter empfinden sich als deutsch, mit inhalierten Werten. Leider repräsentieren nur SIE den deutschen Wert. Mein schwarzer Papa nicht. Es gibt hier offensichtlich bestimmte Ausschlusskriterien, obwohl natürlich keiner hier zugeben will, dass das was mit dem »kleinen arisch« zu tun haben könnte.[29]

Bereits 1920 beschloss die Deutsche Burschenschaft hier auf der Wartburg, und mit Hilfe des noch kaum bekannten »kleinen arisch«, den Ausschluss aller Juden. Zudem wurde ein Aufnahme- und Heiratsverbot gegenüber Jüdinnen und »Farbigen« ausgesprochen.[30] Wenn ich das Wort schon höre. Dann knattert so ein scharfkantiges R durch meinen ganzen Körper, »Farrrrbige«.

Ich hatte recherchiert, der völkische Rassegedanken war vor der Ernennung Adolf Hitlers zum Reichskanzler längst unter den damaligen Studenten verbreitet. Dem Nationalsozialismus gelang der Durchbruch sogar zuallererst an den Hochschulen. Von wegen Nazis sind Unterbemittelte und geistig zurückgebliebene Schwachmaten, *watch out*! 1927 schon errang der »Nationalsozialistische Deutsche Studentenbund« (NSDStB) den Vorsitz im AStA Kiel, 1928 die Mehrheit in Erlangen und Greifswald und so weiter. Der NSDStB-Führer Baldur von Schirach sprach von »einer gewissen Auslese des Menschenmaterials«. So dass Adolf Hitler im Jahr 1930 verlautbarte: »Nichts gibt mir mehr Glauben an die Richtigkeit unserer Idee als die Siege des Nationalsozialismus auf der Hochschule.« 1933 wurde dann im Zuge der »Gleichschaltung« angeordnet, dass alle studentischen Burschenschafter unter 35 Jahren entweder der SA, SS oder dem deutschnationalen Frontkämpferbund Stahlhelm angehören sollten.[31]

Ehemalige Burschenschafter steigen bis an die Spitze der Macht und der Vernichtungsmaschinerie auf. Der Reichsführer SS und Chef der Deutschen Polizei, Heinrich Himmler, der in München das humanistische Wilhelmsgymnasium besucht hatte und als Student 1919 einer schlagenden Verbindung beitrat, der Büroleiter von Adolf Hitler, Otto Meißner, oder Aribert Heim, Dr. Tod von Buchenwald und Schlächter von Mauthausen … alles Burschen.

Viele denken, Burschenschafter sind ja nur Leute, die ihr Land lieben. Ein bisschen Folklore eingehüllt in Burschenkluft, harmlos, vielleicht etwas deutschtümelnd, eine universitäre Männerclique, deren Hauptziel es ist, möglichst oft zusammen Bier trinken zu gehen. Die Zahlen sprechen dagegen eine andere Sprache: Von 250 deutschen Burschenschaften, verteilt auf fünfzig deutsche Universitäten etwa ist die Rede, sollen rund sechzig Burschenschaften am rechten Rand agieren.[32] Akademiker, die in einflussreiche Positionen wandern oder schon lange dort residieren und rechtsextremes Gedankengut infiltrieren. Der Politologe Bernhard Weidinger von der Uni Wien hat eine Studie über extrem Rechte in Burschenschaften durchgeführt, darin sieht er als mögliche Gefahren, dass »Burschenschaften Neonazis mitunter in Positionen bringen, in denen sie gesellschaftlich eher Gehör für ihre Anliegen finden, als dies bei proletarischen Neonazigruppierungen der Fall wäre.« Auf diesem Weg könnten »die Normalisierung und die Einspeisung rechtsextremer Ideologiebestandteile in den öffentlichen Diskurs vorangetrieben werden.«[33]

Naziburschen, die intelligent und studiert sind und bis an die Zähne bewaffnet mit propagandatauglichen Botschaften und Statistiken, um auch die Straße zu beliefern. Rechte Burschenschafter sind bei Märschen gegen Flüchtlinge dabei oder hetzen gegen Muslime, Asiaten und Schwarze. Wo sie können, treiben sie bewusst einen Keil in die Gesellschaft. Überall marschieren sie mit, in Kassel, Düsseldorf, Dresden. Sie haben leitende Posten bei Pegida, AfD, NPD, Kameradschaften und Hooligans.[34]

Kürzlich wurde sogar einer der wichtigsten Unterstützer des NSU als Burschenschafter geoutet[35]. Der Zeuge im NSU-Prozess und Chef der NSU-Vorstufe Thüringer Heimatschutz, Tino Brandt, bewegte sich im Umfeld einer Burschenschaft. Der sächsische NPD-Landtagsabgeordnete Jürgen Gansel ist »Alter Herr« der Burschenschaft Dresdensia-Rugia zu Gießen.[36]

Da wird einem ganz schwindlig. Und man stellt sich die Fragen zu Rassismus, Antisemitismus und Islamfeindlichkeit mal wieder ganz neu. Als »top shot«, von oben. Und ich habe mir immer gewünscht, dass man Rassismus mit Bildung überwinden kann. Sicher sind hier nicht alle Mützenjungs um mich herum Neonazis oder rechtsradikal. Aber da sich auch keiner offen und deutlich davon distanziert, wie um Himmels willen, wie erkenn ich einen Rassisten? Der dort, mit dem Balkenkreuzring, könnte das einer sein? Oder dieser da, der einen originalen SS-Ledermantel tragen soll, wie mir jemand steckt?

Ich erinnere mich an ein Gespräch mit einem Exburschenschafter[37], der zwanzig Jahre lang ganz tief mit drin saß, der bei den Sitzungen dabei war, der Hinterzimmergespräche kennt, und mir einen echten Einblick verschafft hat. Christian Becker sagte mir: »Rechtsextreme Burschenschaften sind die Bestimmer, die sagen, wo's lang geht. Alle anderen Burschenschafter halten sich eher zurück. Die bestimmen übers Geld. Die sind in Verbänden organisiert, und dort bestimmen sie dann die Posten. Die bestimmen auch die Politik, die Themen bei den gesamten Burschenschaften.« Ich fürchte, ich habe hier das Steuerungssystem der vielköpfigen Hydra vor Augen. »Da gibt's Laptopnazis und Networking-Nazis, die Konzepte predigen. Und es gibt die Straßennazis, die das umsetzen und auch mal zuschlagen. Rechtsextreme Burschenschaften möchten, dass der Burschenschafter deutschen Blutes ist.«

In den Tagungsunterlagen des Burschentages 2011 findet sich unter Punkt 10.10 ein Antrag der »Wiener akad. Burschenschaft Olympia« zur »Diskriminierung der Deutschen« mit folgendem Wortlaut: »Der Burschentag möge beschließen: Die Regierungen der Bundesrepublik Deutschland und der Republik Österreich werden aufgefordert, die Diskriminierung der ansässigen deutschen Mehrheitsbevölkerung durch Zuwanderer aus fremden Kulturen in allen Lebensbereichen zu unterbinden.

Begründung: In allen Bereichen des öffentlichen Lebens, insbesondere aber in den Schulen werden immer öfter Angehörige der deutschen Mehrheitsbevölkerung durch Zuwanderer (Scheinasylanten oder ›Migranten‹) durch Beschimpfung, Mobben, Anwendung von körperlicher Gewalt in unerträglicher Weise behandelt, ohne dass dies für die Zuwanderer ähnlich nachteilige Folgen wie für Angehörige der ansässigen deutschen Mehrheitsbevölkerung hätte. Dieser Zustand muss durch eine grundlegende Änderung der Gesetzeslage beseitigt werden. Bei Fortbestehen der Diskriminierung der deutschen Mehrheitsbevölkerung wäre das zivilisierte Zusammenleben massiv gefährdet.«

In Windeseile recherchiere ich mit meinem Smartphone noch weitere Fakten zu Rechtsaußen-Burschenschaften. Vom Säulengang der Wartburg aus, von dem man direkt auf den Burghof und die Burschenschafter schauen kann, suche ich im Netz, was die rechten Burschenschafter so treiben.

Von dem Burschenschafter Thorsten Heise ist da die Rede, »mehrfach vorbestraft wegen schwerer Körperverletzung, Landfriedensbruch, Nötigung ...«Vor einigen Jahren versuchte er, einen libanesischen Flüchtling mit dem Auto zu überfahren.[38] Wenn dieser Heise denkt, er allein ist der Wert, dann sind seine Handlungen für ihn ganz klar. Skurriles gibt's da auch. Bei einer Gemeinderatssitzung der Stadt Linz war eine der rechtsaußenpolitischen Ideen österreichischer Burschenschaften ein bestimmendes Thema. Hitlers Stellvertreter Rudolf Heß sollte 1987 für den Friedensnobelpreis vorgeschlagen werden, so die Idee der Deutschen Burschenschaft in Österreich (DBÖ).[39]

Dann hier, Maik B., er war Burschenschafter bei »Gothia Berlin« und Richter in Bayern, bis er als Sänger der Naziband »Hassgesang« von den bayrischen Behörden als Amtsrichter für untragbar gehalten und aus dem Amt als Familienrichter entfernt wurde.[40] Wenn der auch nach dem Prinzip »er (und seine Band sind) der Wert« geurteilt hat, dann möchte ich nicht wissen, welches Recht er als Richter dort gesprochen hat. Rechtsextreme Burschenschafter sagen Dinge wie diese: »Nebenbei tun die afrikanischen Migranten in Hamburg das, was sie offensichtlich am besten können. Einer der Asylsuchenden bedrohte – mit zwei Messern bewaffnet – einen Bahnangestellten (...). Diese Zuwanderer liegen nicht nur dem Staat auf der Tasche, sondern bedrohen auch noch rechtschaffene Bürger in diesem Land.«[41]

Der österreichische Burschenschafter Christian Höbart (Niederösterreichischer FP-Chef), hat Flüchtlinge öffentlich als »Erd- und Höhlenmenschen« bezeichnet.[42]

Der Wind hat sich etwas gelegt, und die Sonne geht bald unter. In holzgetäfelten Räumlichkeiten haben sich deutsche Burschenschafter feingemacht. Heute ist ihr Tag.

Wenn sie gemeinsam hoch zum Burschenschaftsdenkmal gepilgert sind, dürfen sie dort oben zusammen alle Strophen der Nationalhymne singen.

Ich bin am Fuße der Göpelskuppe, auf der das Burschenschaftsdenkmal steht. Da entdecke ich ein bekanntes Gesicht. Wieschke, Bundesorganisationsleiter der NPD, der in Gera auf der Bühne stand, ist auch hier, begleitet von einigen seiner Mitläuferglatzen. Moment, der ist doch gar kein Burschenschafter. Ist das ein Hinweis für die von Kritikern aufgestellte Behauptung, die Burschenschaften seien in Teilen Schnittstelle zwischen rechtskonservativen Kreisen und der rechtsextremen Szene? Ach, ich frag ihn mal, warum ich nicht deutsch sein kann.

»Es geht um die Frage der Abstammung, und da haben wir bestimmte Kriterien, und die erfüllen Sie dann leider nicht.« Hoppla, wen meint er denn mit »wir«?

»Es geht darum, dass raum- und kulturfremde Ausländer hier eingewandert sind«, redet er ungebremst weiter. »Es geht um Zuwanderer aus Asien, aus Afrika, die stellen ein kulturelles Problem dar, und gefährden die natürliche Substanz unseres Volkes. Und da wollen wir gegensteuern.«

Ich frag ihn: »Geht es auch darum, dass sie entscheiden wollen, was deutsch ist?«

»Darüber habe ich nicht entschieden, darüber hat die Natur entschieden. Die Entstehungsgeschichte der Menschheit hat unterschiedliche Rassen geschaffen.« »Rassen!«, rufe ich.

»Sie gehören einer anderen Spezies an, einer anderen Spezies Mensch als ich. Für mich gibt es unterschiedliche Menschenrassen. Ich bin Deutscher, Sie sind's nicht.«

Als Wieschke rüber zu seinen Kameraden geht, sehe ich, wie der Wald zu brennen scheint. Im Gleichschritt kommen Burschenschafter mit großen, leuchtenden Fackeln in der Hand aus dem Wald heraus. Von weitem sieht es aus, als würde ein roter Feuerwurm auf mich zukommen. Das aufflackernde Etwas leuchtet den Burschen den Weg in eine – wertvolle – Zukunft. Eine Zukunft, in der sie durch »Alte Herren« an den Zentralstellen der Macht einer nach dem anderen in einflussreiche Positionen gehievt werden, auch wenn mir ein Burschenschafter aus Linz in Anwesenheit des Pressesprechers auf der Wartburg mit ernster Miene versichert hat, »es geht da doch nur um ein kleines Praktikum«.

In Reih und Glied »spazieren« jetzt die ersten Fackelträger an mir vorbei, hoch zum Denkmal. Sie trauern heute auch um ihre Toten. Gefallene Burschenschafter. Und so laufen manche hier an mir vielleicht auch vorbei, um den Burschenschafter und späteren SS-Funktionär Ernst Kaltenbrunner zu ehren oder den Euthanasiearzt und KZ-Kommandanten von Treblinka, Irmfried Eberl.

Der Rauch der Fackeln verdunkelt die Luft. Die Schritte gleichmäßig, aber zu verhalten um die Lage hier ehrlich ins rechte Licht zu rücken. Oben in der Kuppel des Burschenschaftsdenkmals gibt es ein Deckengemälde, das auf Goldgrund die Ragnarök zeigt, die Geschichte vom Weltuntergang in der nordischen Mythologie, den Kampf des germanischen Göttergeschlechts der Asen gegen die Mächte der Finsternis. Die Asen versammeln sich. Flammen und Rauch werden zum Himmel schießen. Durch den Ausgleich von Ordnung und Chaos wird ein Gleichgewicht entstehen, das dem wiedergeborenen Allvater Fimbultyr, Odin, dazu verhilft, eine neue Welt zu schaffen. Die Asen einen sich am Idafelde. Alles Böse bessert sich. Die Fassung der Hauksbók hat als 65. Strophe:

Da kommt der Mächtige
zu seiner ordnenden Herrschaft
kraftvoll von oben,
er, der alles steuert.

Die Ersten sind schon oben, aber der Feuerwurm reißt noch immer nicht ab. Ich stehe hier und denke, hier läuft möglicherweise die künftige Crème de la Crème von Wirtschaft, Politik oder Rechtswesen vorbei. Männer, »die Bestimmer« sein werden.

14. Pingpong mit Krümel

Meine liebe Freundin Esther Bejarano ist über neunzig und singt und rappt in einer Band. Wenn ich sie beim Begrüßen umarmen will, muss ich mich immer ganz weit nach unten beugen, denn Esther ist so klein. Ihr Leben lang wird sie deshalb Krümel genannt, auch, als sie im KZ Auschwitz mit dem »Mädchenorchester« zum täglichen Marsch der Arbeitskolonnen Akkordeon spielen musste und später im KZ Ravensbrück, in das sie verschleppt wurde.[43] Als sie im Mai 1945, nachdem sie auf einem der Todesmärsche von KZ-Häftlingen zwischen Karow und Plau am See fliehen konnte, von der sowjetischen Armee befreit wurde und in ein neues Leben sah, hätte sie wahrscheinlich nie gedacht, dass es je wieder Nazis geben würde. Und dann kam doch alles anders.

»Danke, dass du es selber aussprichst, ich hätte mich nicht getraut, es zu sagen, dass ihr Holocaust-Überlebende irgendwann nicht mehr da sein werdet«, sage ich traurig, als Esther auf ihr Alter zu sprechen kommt, und gucke sie dabei ganz lange an. Ich mag Krümel, sie ist meine Weggefährtin, meine Inspiration und Kraftquelle. Wir kämpfen für dieselbe Sache, wenn auch auf verschiedenen Wegen. Und jetzt sitzen wir wieder einmal zusammen in ihrem Wohnzimmer, und Esther empört sich. »Es gibt Leute, die sagen, dass es keinen Rassismus mehr gibt«, sagt sie, »da muss ich ja nur lachen! Die Nazis preisen die NSDAP immer noch an, die preisen Hitler an. Die haben genau dieselben Slogans wie damals.«

196

Als wär sie noch mitten im Geschehen, fängt sie an von einer Anti-Nazi-Demo in Hamburg zu erzählen: »Die haben gesagt, Hamburg ist bunt, Hamburg ist schön, und stell dir vor, zur selben Zeit, in einem anderen Bezirk, ist die Polizei gegen die Nazigegner mit Pferden, mit Schlagstöcken vorgegangen, das muss man sich mal vorstellen. Und das gegen Leute, die sich auf die Straße gesetzt haben, damit die Nazis nicht laufen können.« Esther winkt enttäuscht mit der Hand ab.

»Was hast du da gedacht?«, frag ich.

»So geht das nicht! Warum haben die nicht verboten, dass die Nazis da laufen? Die hätten die Nazidemo verbieten können.«

»Was hat das kleine Mädchen in dir, das in Auschwitz war, gedacht?«

Esther schüttelt nur mit dem Kopf.

»Aber wenn man sie verbietet, geht Rassismus dann weg?«, frage ich weiter.

»Eure Generation kann sich das gar nicht vorstellen, was das für uns bedeutet, für diejenigen, die das erlebt haben. Es – ist – eine – Katastrophe!«, sagt sie erregt und rutscht auf dem Sessel herum.

»Und sind Verbote der richtige Weg?«

»Für mich ja. Erstens bekommen sie kein Geld vom Staat, das ist schon mal sehr gut. Und zweitens hat man eine größere Handhabe. Ich bin dafür, dass sämtliche Naziorganisationen verboten werden, alle, auch die an den Universitäten, die soll man verbieten.«

Esthers Wohnzimmer ist so einladend, die gemütlichen Sofas, die vielen Bücher, der Blick in den Garten. Fast jedes Mal, wenn ich sie besuche, hat Esther einen neuen

Glücksbringer. »Ich mag Esel«, sagt sie heute und zeigt mir einen kleinen, grauen Plüschesel, der ab jetzt ihre Wohnung bewacht.

Mit Esther fühle ich mich stark, und genau hier möchte ich gerne die letzte Schlacht gegen Nazis führen. Meine »Schlacht«. Aber Esther hasst die Nazis so sehr, ein Nazi würde nicht mal den Blick von Esther überleben. Heute wage ich es trotzdem, unsere beiden Welten ein Stück weit zusammenzubringen, weiß aber noch nicht, ob das klappt.

»Was haben dir deine Eltern damals zum Thema *Arier* erzählt, habt ihr darüber gesprochen?«, beginne ich.

»Es war 'ne Tatsache, wenn man Arier war, dann gehörte man dem deutschen Volk an. Wer kein Arier war, gehörte nicht zu den Deutschen. Mein Bruder war hellblond und hatte blaue Augen. Man hat ihn mal verhaftet, weil er mit seiner Freundin, die Jüdin war und dunkle Augen und Haare hatte, rumgelaufen ist. *Rassenschande!*«, Esther imitiert die Parole der Nazis, lässt dann eine lange Pause und spricht leise weiter: »Rassenschande, dass er sich mit einer Jüdin abgibt. Bis er dann sagte, ich bin doch selbst Jude.«

»Was ist dann passiert?«

»Sie sagten, sie sind die Herrenmenschen, sie sind diejenigen, die das Recht haben zu leben. Es gab Tausende von Schildern *Juden ist der Zutritt verboten, Juden unerwünscht.* Früher waren die Juden an allem schuld, heute sind es die Muslime. Das muss doch mal ein Ende haben«, sagt Esther genervt. »Als ich in der allgemeinen Volksschule war, das war 1930, da war ich die Jüdin, ich war was anderes. Als Hitler an die Macht kam, sind wir aus der Schule rausgeflogen. Die Nazis haben gesagt, man kann es den deutschen Schülern nicht zumuten, mit einer Jüdin auf einer Bank zu sitzen. Sie sind geblieben, was sie immer waren, nämlich Rassisten von A bis Z«, sagt sie bestimmt und schaut dann zu mir: »Aber du hast dich ja schon mit denen auseinandergesetzt«, ihr leicht schelmischer Blick macht mir Hoffnung, sie etwas für mein Anliegen gewinnen zu können. »Und wie haben die dich behandelt, Mo?«

»Na, scheiße«, erwidere ich schnell, und denke an die Nazidemos, an den Rieger, an die vielen Hassmails und die miesen Kommentare im Netz.

»Und was sagst du dann dazu, dass die dich scheiße behandeln?«

»Na ja, ich hör erst mal zu.«

»Ich sag dir, da ist Hopfen und Malz verloren an dieser ganzen Geschichte.«

»Aber die Zahlen von Rassismus gehen doch rauf, Esther, und nicht nur in Deutschland. Ich versuche mal, etwas anderes auszuprobieren«, sage ich und sehe die kleine entschlossene Kämpferin vor mir, die nicht mehr viel Zeit hat, mit den Nazis abzurechnen.

»Wenn das wenigstens einen Sinn hätte, Mo, oder du irgendwas bewirken könntest, dann kann ich das noch verstehen. Aber ich glaube nicht daran, dass du irgendwas bewirken kannst. Die haben so voll ihre Ideologie in ihrem Kopf, und die ist menschenverachtend. Und das kriegst du nicht aus denen heraus. Ich bin ja für sie die *Auschwitz-Oma*.«

Der ganzen Welt möchte ich jetzt sagen, kommt her und stellt euch um Esther, beschützt und wärmt sie. Manchmal habe ich Angst um sie. Nicht nur wegen der Nazis da draußen, auch, weil die schrecklichen Erinnerungen, die Monster der Vergangenheit, Esther und viele aus ihrer Generation immer wieder einholen und von innen her attackieren.

»Meine Eltern sind 1941 schon aus Breslau deportiert worden und nach Kowno [Kaunus] gekommen. Das ist in Litauen. Und dort sind sie beide mit noch ungefähr tausend jüdischen Menschen, dieser ganze Transport, von den Nazis erschossen worden. Alle. Und in einen Graben geworfen worden.«

Obwohl Krümel über neunzig ist, schaut sie so unfassbar traurig, wenn sie von ihren Eltern spricht, als wäre es gestern passiert. Wie würde ich mich fühlen, wenn ich wüsste, dass die Nazis meine Eltern tot auf einen Leichenberg geschmissen haben? Die Schergen lachend daneben! Bei meiner Recherche zur Befreiung der Konzentrationslager konnte ich die Filme, die die Alliierten damals von den Toten gemacht haben, nicht mal daumennagelgroß auf meinem Computer ansehen. Es ist so unvorstellbar.

Am 20. April 1943 wurde Esther aus dem Berliner Sammellager in der Großen Hamburger Straße in das Vernichtungslager Auschwitz deportiert, weil sie wie alle anderen Juden nicht nachweisen konnte, dass sie Arierin war. »Alle meine Verwandten, die in Deutschland gelebt haben, sind vergast worden. Ich war in Auschwitz im Archiv und hab dort sämtliche Namen gefunden (...) Ich musste immer denken, wann bin ich dran? Wann holen sie mich? Wann bringen sie mich ins Gas? Im Lager musste ich schwere Steine schleppen, von einer Seite des Feldes zur anderen Seite. Am nächsten Tag musste ich dieselben Steine, die ich dort hingeschleppt hab, wieder zurückschleppen. Und wir wurden immer weniger, wir hatten nichts zu essen, wir wurden immer schwächer, und dann ist man umgefallen und war tot. Oder kam ins Gas.« Das war in Auschwitz-Birkenau.

Für einen kurzen Moment muss ich an den amerikanischen Naziführer Tom Metzger denken, von dem ich mal gelesen habe, dass er die Existenz von Konzentrationslagern bestreitet. »Das Absurdeste, was es gibt«, sage ich zu Esther, »sind Holocaustleugner.«

»Das sind Nazis«, bekräftigt mich Esther, sichtlich aufgewühlt von allem, was an Gefühlen in ihr aufsteigt, wenn sie an sie denkt. »Die Nazis müssen verschwinden von hier.« Kurz denke ich, vielleicht könnte ein Gespräch zwischen Esther und einem Nazi, ach, vielleicht könnte das doch noch passieren. Aber kann man überhaupt einem Nazi gegenüberstehen, mit so einer Geschichte voller Wunden? Ich versuche, es herauszufinden.

»Meine Schwester Ruth«, sagt sie leise, »ist mit ihrem Mann in die Schweiz geflüchtet. Da war sie zwanzig. Die Schweizer haben sie wieder nach Deutschland zurückgeschickt. Und an der Grenze sind sie beide dann von den Nazis erschossen worden.«

»Kannst du das irgendwie verzeihen?«, frage ich Esther nachdenklich.

»Soll ich verzeihen, dass man meine Eltern ermordet hat? Und meine Schwester? Und dass ich da jahrelang Zwangsarbeit machen musste für die? Von Anfang an habe ich gesagt, ich bin bereit zu kämpfen, gegen sie, aber ich will nichts mit ihnen zu tun haben. Ich krieg 'ne Krise, wenn ich die nur sehe, wird mir schlecht. Es gibt viele Leute, die so denken wie ich.«

Ich nicke und weiß, der Hass und die Wut sind vollkommen berechtigt, im Raum bleibt trotzdem ein unausgesprochenes »Aber«, das mich treibt und schiebt.

»Hast du deine Geschichte mal 'nem Nazi erzählt?«, frage ich vorsichtig.

»Bin ich verrückt? Ich rede mit keinem Nazi. Ich kann mich mit Nazis nicht auseinandersetzen. Da krieg ich Zustände«, sagt sie entschieden.

»Wehret den Anfängen«, füge ich hinzu, denn darum geht es am allermeisten in diesem Kampf gegen Rassismus. »Ach«, gibt Esther harsch zurück, »wir haben doch keine Anfänge, wir sind mittendrin! Nach fünfundvierzig, nahtlos ging es weiter. Der Adenauer hat Nazis in seine Regierung geholt.«

Ich denke an Globke, der unter den Nazis für die Rassengesetze zuständig war, und in der ersten deutschen Nachkriegsregierung dann die rechte Hand von Kanzler Adenauer wurde. Dazu hat Adenauer gesagt, »man schüttet kein schmutziges Wasser weg, solange man kein sauberes hat«, Esther fügt hinzu, was das damals für Konsequenzen hatte: »Die ganzen Nazirichter sind alle wieder eingestellt worden. Man muss dagegen kämpfen.«

Für einige Minuten sind wir beide ruhig. Die Stille in ihrem Wohnzimmer, das helle Pastell der Couchgarnitur betäubt für einen kurzen Moment die Machtlosigkeit, der wir und die meisten da draußen streckenweise gegenüber Rassisten ausgeliefert sind. Esther liebt Pastellfarben, vielleicht, weil sie die bösen Geister vertreiben.

»Kannst du dich an einen Traum von damals erinnern?«, frage ich sie nach einer Weile.

»Ich kann mich an Träume erinnern, aber die sind nicht schön.« Ihr Blick warnt mich, sie will mich vor den nächtlichen Friedensstörern schützen, auf die man keinen Einfluss hat. Als ich sie aufmunternd anschaue, erzählt sie: »Ich habe jahrelang geträumt, dass die Nazis auf mir herumtrampeln. Immer wieder derselbe Traum. Dass Nazistiefel auf meinem ganzen Körper rumgetrampelt sind.

Jetzt hat das nachgelassen. Ich glaube, es ist dadurch passiert, dass ich mich entschieden habe, meine Geschichte zu erzählen. Das hat mich innerlich befreit.«

Wie das passiert ist, will ich wissen. »Es kam auch durch die äußeren Zustände. Wenn vor meiner Boutique plötzlich ein NPD-Stand aufgemacht hat. Nazis vor meiner Tür, was ist das denn? Da habe ich mich entschlossen, so, jetzt fängt meine politische Arbeit an. Jetzt muss ich etwas tun.«

Und Esther sind vor allem die jungen Menschen wichtig, deshalb geht sie auch in Schulen und erzählt dort ihre Geschichte. »Ich sage immer zu den Schülern, ihr seid nicht schuldig, aber ihr macht euch schuldig, wenn ihr nichts wissen wollt. Ihr müsst lernen, wohin das führen kann, wenn man diese Geschichte nicht kennt. Das ist meine Einstellung, und davon gehe ich nicht ab«, sie schaut mich nachdenklich an: »Ich weiß nicht, was du da mit den Nazis hast, was du dir von denen versprichst. Dass du sie umkrempeln kannst?«

Tatsächlich habe ich am Anfang meiner Reise gedacht, dass ich imstande wäre, Nazis »umzukrempeln«. Ich sage es Esther nicht. Mittlerweile denke ich, das geht nicht. Es ist wie bei einem Bruder, der auf Abwege geraten ist, da nützt es auch nichts, an ihm herumzukratzen, im Sinne von: »Hey, jetzt komm schon, ändere dich mal«. Man verzweifelt, wenn man das beim anderen erzwingen will. Deshalb habe ich das irgendwann aufgegeben und entschieden, selber der aktive Part zu werden, der redend oder schweigend vor dem anderen steht. Auf mich kann ich mich nämlich in solchen Situationen inzwischen immer verlassen, und *das* ist die Kraft, aus der ich schöpfe.

»Komm' lass uns mal in den Garten gehen, Esther«, sag ich, ganz glücklich darüber, dass unser Diskussionsping-pong wie immer neue Erkenntnisse bei mir entstehen lässt. Krümel stützt sich aus ihrem tiefen Sessel ab. Ich glaub, wir haben jetzt mal wieder 'ne Stunde über Nazis gespro-chen, die nicht im Raum waren, und doch da in der Ecke, neben dem großen Holzschrank stehen. »Frische Luft wird uns guttun.«

Hm. Irgendwie riecht es hier so gut. »Das ist die Azalee, die blüht jetzt«, sagt Esther, und wir lächeln uns erschöpft an. Als zwei Kämpferinnen aus unterschiedlichen Genera-tionen, die ganz verschieden an das Nazi-Ding rangehen, schonen wir uns nie, das Leben ist zu kurz, um das Ziel aus den Augen zu verlieren, und so hole ich das Naziheft-chen heraus, das mir mein Antifa-Informant zugeschoben hat.

»Guck mal, *The Aryan Law and Order,* ein deutsches Magazin, das wurde herausgegeben von den Leuten, die in die NSU-Morde verwickelt sind.« Vorne auf dem Cover ist ein blondes, blauäugiges Mädchen zu sehen. Hört doch mal auf, die Blondinen zu missbrauchen, fällt euch nichts Besseres ein, denke ich.

Esther sagt: »Typisch!«, verzieht das Gesicht und guckt mich mittlerweile lächelnd und entgeistert zugleich an. »Mein Gott, was dich so bewegt, dich so zu vertiefen in die Ariergesellschaft.«

»Kann ich dir sagen. Es gab mal eine Band, *White Aryan Rebels* – Weiße arische Rebellen. Die haben eine Morddro-hung gegen mich ausgesprochen.«

»Ja, und warum?«

»Hier«, sag ich und streichle über meinen braunen Un-terarm, »Hautfarbe«.

Esther rollt die Augen nach hinten und gibt mir zu verstehen, jetzt reicht's, Mo.

Ich frag, »sag mal, du singst doch noch in deiner Hiphopband *Microphon Mafia*[44], oder?«

»Ach was, wir sind doch keine Hiphopband – wir sind Rapper!«, korrigiert sie mich.

»Okay, Rapper. Dann treffen wir uns da das nächste Mal, okay?«

Sie schmunzelt und fragt: »Und, was machst du jetzt als Nächstes?«

»Ich gehe zu den Nazis!«

»Was?!«, sagt sie entgeistert, »und das ist jetzt dein ganzes Leben?«, und fängt dann an, laut zu lachen.

»Das ist im Moment mein Leben, ja!«

Vielleicht sollte ich das jetzt nicht tun, aber dann tu ich's doch und krame in meiner Tasche. »Ach, ich sag's dir, meine Tasche ist ja voller Geheimnisse«, drucke ich etwas herum. Esther guckt irritiert. »Also, da ist jetzt was drin, also, sei mir nicht böse, ach, es ist mir so peinlich«, stottere ich.

»Ja, was ist denn das? Die Bibel?«, fragt Esther und lacht. Nein, sag ich, für manche vielleicht schon, denk ich, und hole das Buch raus. Esther nimmt es in die Hand – schaut auf den Titel und liest »Mein Kampf«. Schnell lässt sie es wieder los und guckt verstört zur Seite weg. Ich lese ihr dann trotzdem eine Passage vor, »... durch die Vermengung des Ariers mit niedrigen Völker ...«

»Das ist doch alles ein Schwachsinn«, unterbricht mich Esther, »wozu musst du das da recherchieren. Ich find das nicht positiv, was du machst.«

Nein? »Nein, ich finde das unsinnig!«, wehrt sie ab.

Du meinst, es hat keinen Erfolg? »Das hat überhaupt keinen Erfolg. Wirklich. Es ist ja alles schon dargelegt, was

Arier sind, es ist Faschismus. O Gott, mir wird schwindlig.«

Krümel steht wankend in ihrem Garten. Ich stürze nach vorne und stütze sie am Arm ab. »Ich muss mich hinsetzen«, sagt sie leise, und als ich sie stütze, fühle ich, wie zerbrechlich sie ist. Vorsichtig laufen wir über die Wiese zum Tisch, und Esther setzt sich hin.

Jeden Nazi könnte sie spielend in die Tasche stecken, wenn sie vor ihm stünde. Aber das, hat sie entschieden, will sie nicht.

15. Tom Metzger »White Aryan Resistance«

Eine schlanke, etwas ältere Frau läuft an mir vorbei. Durch ihre dunkle Sonnenbrille guckt sie mir einmal kurz in die Augen, dann wieder auf den Boden. Als wir einander passiert haben, dreht sie sich um und ruft mir hinterher: »Suchen sie Tom?« Ja, sage ich, Tom Metzger, wir sind verabredet.

Ich treffe mich mit einem der bekanntesten Rassisten der USA: Tom Metzger. Mitte siebzig. Früher war er als *Grand Wizard* oberstes Ku-Klux-Klan-Mitglied, dann gründete er die neonazistische Organisation »White Aryan Resistance«, den »Weißen Arischen Widerstand«. Ende der 1980er und Anfang der 1990er Jahre wurden Tom Metzger und seine Organisation mit Hilfe des Southern Poverty Law Center zu 12,5 Millionen Dollar Strafe verurteilt. Er und die WAR hatten den rassistisch motivierten Mord an einem äthiopischen Studenten in Portland/Oregon mit den Worten kommentiert: »Sie haben ihre Bürgerpflicht erfüllt.«[45]

»Folgen Sie mir«, sagt die Frau, die sich als Metzgers Ehefrau herausstellt. Wir laufen Treppen runter, dann einen langen Gang entlang. Ich bin in Warsaw, Indiana USA, die Information habe ich von Heidi Beirich vom SPLC. Der genaue Treffpunkt soll geheim bleiben.

Tom Metzgers Frau hat einen sehr aufrechten, fast balletthaften Gang. Die hellen Sandalen führen sie trotz des Absatzes fast lautlos über den gefliesten Boden in Richtung Metzgers Büro. Ihr fliederfarbenes T-Shirt, die braune Tasche über der Schulter und die kürzeren, leicht grauen Haaren lassen nicht erahnen, dass die Frau vor mir mit einem der berüchtigtsten Rassisten der Welt verheiratet ist. Sie heißt Mary.

Mary klopft an Metzgers Tür und fragt, ob wir reinkommen dürfen. Die Tür gleitet langsam auf, und Metzgers Glatze glänzt mir angriffslustig entgegen. Was er wohl in dieser Sekunde denkt? Es war ja eine Deutsche angekündigt. Jetzt steh ich hier, eine Schwarze. Meine Kollegin Andrea hatte drei harte Monate lang von Berlin aus vorab mit Metzger Smalltalk gehalten und den Termin abgesprochen. Vielleicht glaubt er, ich sei ihre Assistentin, irritiert greift er an seinen Gürtel mit einem großen Wolfsgesicht vorne drauf.

Fast gleichzeitig sagen wir: »Nice to meet you«, was möglicherweise für mich auch zutrifft. Ich bin nicht mehr die kleine Mo, die sich von Rassisten einschüchtern lässt, mit einem Gefühl von »ein kleines bisschen mehr Kraft« habe ich den Raum betreten, aber werde ich ihn auch so wieder verlassen? Das Einzige, was ich weiß, hier werde ich auf ein neues Level von Hass und Rassismus treffen. Ob versteckt oder offen, werde ich gleich sehen. *Welcome to America.*

Wie kann ich mir bei einem Battle mit Rassisten einen Vorteil verschaffen? Ich versuche, möglichst authentisch zu bleiben. »Von Andrea habe ich gehört, dass Ihre Frau nach Deutschland reisen wird.« Metzger guckt mich fragend an, ein kurzes Stirnrunzeln. »Ich habe zwei Bücher über die Elbe und über den Rhein für sie mitgebracht, mit schönen Bildern drin«, sage ich und hoffe dabei, ihn auch ein bisschen zu irritieren: eine Schwarze mit Geschenken und einem Lächeln. Advantage Mo? Mal sehen.

Das Herzchenpapier, in das ich die Bücher für Mary eingewickelt habe, gibt dem kahlen Raum etwas Farbe.

Tom erwidert: »Ich habe auch Geschenke für Sie, drei Bücher, darunter eine Satire, wie man die Welt beherrscht«, er lacht, überlegt jetzt vielleicht, ob er mich loswerden oder erst mal gucken will, was passiert. »Die Leute fragen mich immer, warum ich mich Rebell nenne, na, wie alle anderen Rebellen auch.« Er reißt die Augen weit auf und fügt hinzu: »Ich bin ein Rebell, nur habe ich noch nicht angefangen zu schießen.« Dann macht er eine kurze Pause und setzt erneut an.

»Das ATF (Amt für Alkohol, Tabak, Schusswaffen und Sprengstoffe) hat mal in meinem Haus nach Bomben gesucht. Es kamen zehn Mann, zwanzig Autos draußen, und der Sherriff. Ich sagte, was sollen all diese Ninja-Turtles mit Maschinengewehren hier. Die haben erwartet, ich hab 'ne Guerilla-Armee in meinem Keller und Bomben. Jedenfalls haben die nur ein paar Waffen gefunden. Die haben sie aufs Bett gelegt. Ich sagte zu Mary, ich bin hungrig, lass uns frühstücken gehen. Den Typen gab ich den Schlüssel und sagte, aber bitte schließt später ab.« Metzgers Oberkörper wölbt sich hoch. So ein feistes Lachen hab ich selten gehört.

»Wer ideologisch dabei ist, wird zum *Lone Wolf*. Einsame Wölfe sind über das ganze Land verteilt. Jeder ist seine eigene Einheit. Jeder bleibt für sich. Wir sind still und im Schutz der Dunkelheit. Das funktioniert wunderbar. Falls einer von uns von der Polizei angesprochen wird, dann bleiben wir freundlich und sagen, wir haben nichts zu erzählen.« Das Konzept des »Einsamen Wolfs«, das Metzger hier anspricht, hat er zur Kampfstrategie in seinem »Rassenkrieg« auserkoren und verkündet es in seiner Internet-Radioshow.

»Sie benutzen den Begriff ›Krieg‹ für Ihre Organisation *White Aryan Resistance*, kurz WAR. Krieg«, sage ich.

»Ja, wir sind im Krieg mit den Leuten, die uns zerstören wollen. Das Töten habe ich beim Militär gelernt. Ich habe nicht vergessen, wie man Menschen tötet«, sagt Metzger beiläufig.

In diesem Moment muss ich daran denken, dass man Metzgers geheime Adresse in der Sunbeam Lane 308 vor ein paar Jahren in Jena in der Garage 5, im Garagenkomplex an der Kläranlage e.V., fand. Im Rahmen eines Ermittlungsverfahrens entdeckte man dort neben Waffen und Sprengstoff auch Schriftstücke über eine geplante Vereinsgründung mit nationalistischer Ideologie. Es war die Garage der Beate Zschäpe.[46]

Wir haben dieses Treffen arrangiert, weil Metzger der Deutschen eine Kostprobe von seiner Radiosendung geben wollte. Jede Menge Technik hatte ich mir vorgestellt, aber auf dem grauen Tisch steht nur ein alter Laptop, ein Teenie-Mischpult und eine weiße, orangengroße Plastikkugel, das Mikrophon. Metzger öffnet den Laptop. Seine breiten, sonnengebräunten Finger hacken auf den Tasten herum. »Ich weiß nicht, wie ich in meinen eigenen Computer komme. Manchmal vergesse ich sogar mein Passwort.« Es macht klick klick. »Das ist es auch nicht. Normalerweise habe ich einen Techniker …«

Fünf Minuten später sitzt Metzger mit dicken, schwarzen Kopfhörern auf den Ohren vor seinem Mikro. Ein Wolf heult in die Nacht hinein, uuu-uuuuh. Ein anderer Wolf reiht sich jetzt dazu. Mit Wolfsgeheul beginnt die Metzger-Show.

»Hier ist das *Insurgent (Rebellen) Radio Network*. Hier spricht der böse Tommy in einem Bunker in Indiana, direkt aus seiner üblen Höhle neben Steak House und

Tankstelle. Da draußen brennen gerade fünfzig Feuer im Westen. Ihr denkt, das war der Blitz, aber nein, nein, nein. Ich habe euch vor Jahren schon gesagt, der beste Terrorismus ist *Nationaler Terrorismus*. Feuerchen im Wald legen und all das, in die Pipelines Löcher bohren, das ist sehr einfach.«

Fassungslos höre ich zu, wie Metzger sich am Mikro in Rage redet.

»Wir haben gute Freunde in England. Oooh England, was ein Dreckshaufen. Ich hab zu den weißen Kids da drüben gesagt: Schaut her, bäumt euch auf gegen die Stadt London, reißt sie ein, foltert sie. Das ist euer Feind. Es sollte nicht einen einzigen Muslim in England geben«, Metzger guckt böse, »oder in Deutschland, Frankreich und den anderen Ländern. Die haben die Schleusentore aufgemacht und ganz Afrika reingeholt. Und jetzt werden all die Länder in Europa von Muslimen und Nicht-Weißen besetzt. Wie das endet, ist doch klar: Entweder wird die weiße Rasse vernichtet, in England und den USA, oder ihr schmeißt diese Leute raus.«

Mir kribbeln mittlerweile die Füße in diesem Raum mit Metzger, und fast weiß ich, was als Nächstes kommt.

»Viele Leute haben mich nach der arischen Rasse gefragt. Keiner scheint zu wissen, woher sie kam. Ich sage: Arier sind das Sahnehäubchen der weißen Rasse. Auch wenn du weiß bist, bist du noch lange kein Arier. Nur die Besten, die der Rasse dienen, die hart arbeiten und alles für die Rasse tun, dürfen sich Arier nennen. Die Leute kommen zu mir und sagen: Ich bin weiß, ich bin ein Arier. Ich sage, nein, du hast nichts für die Rasse getan. Du bist kein Arier. Geh los und tu etwas für die Rasse, und beweise es mir! Dann verleihe ich dir den Titel *Arier*. Unsere Vorväter kamen als Heiden grölend aus den nordischen Ländern. Unsere Religion sollten wir selbst sein!« Metzger lässt beide Fäuste auf den Tisch knallen, macht eine Pause und setzt dann zum Abschluss seiner Radiosendung noch mal kraftvoll an: »Du bist weiß! Du bist selbst ein Gott! Steh auf und kämpfe für deine Rasse! ... So, morgen geht es hier weiter. Wenn ich Sie heute nicht aufschrecken konnte, schalten Sie morgen ein, morgen schaffe ich es bestimmt«, verspricht Metzger seinen Hörern, und guckt dann stolz zu mir rüber: »Das mache ich jeden Tag.« »Jeden Tag?«, frage ich noch in Schockstarre von dem, was ich gerade gehört habe. »Wenn ich das in Deutschland sagen würde, bekäme ich zehn Jahre, garantiert«, sagt er. Vielleicht zwanzig, erwidere ich. Seine schweren, behaarten Arme liegen jetzt mit ihrem ganzen Gewicht auf der Tischplatte. »Ich wollte mal nach England fahren um all das zu erzählen. Die Zeitungen dort schrieben: *Alle Grenzen werden überwacht, weil Metzger kommt.* Also kam ich nicht rein. Aber wissen Sie was? Wenn ich nach Japan fahre«, er spricht ganz langsam und betont jedes Wort, »empfangen – die – mich – dort – wie – einen – König.«

Dann wieder zu mir gewandt: »Ich sag Ihnen jetzt mal etwas: Den Schwarzen, Weißen, Gelben ginge es besser, wenn sie auf mich hören würden«, kommt es betont fürsorglich aus Metzgers Mund, während er die Kabel zusammenrollt und aufräumt. Verdutzt frage ich: »Es würde mir bessergehen?«

»Ja. Sie lebten danach zwar in einem schwarzen Land, aber es ginge Ihnen besser. Denn wenn der Rassenkrieg ausbricht, in Deutschland oder in England, wissen Sie ja, was passiert.« Metzgers Stirn legt sich in Falten, während er seine Augen weit aufreißt und mir mitleidig in die Augen sieht.

Für unser weiteres Gespräch planen wir, die Location zu wechseln, und fahren mit Metzgers rotem Van zu einem See. Als wir gemächlichen Schrittes über den Rasen laufen, zeigt Metzger auf den See. »Beinahe wäre ich da drinnen mal ertrunken. Das hätte der Welt 'ne Menge Ärger erspart. Ich war ungefähr vier oder fünf, da bin ich da ins Wasser geglitten bis zum Grund. Ich lag 'ne Weile auf dem Boden, als wär ich ertrunken. Irgendwie war ich zu blöd aufzustehen, das Wasser war nur etwa 1,20/1,30 tief. Mein Vater kam, um mich zu retten.«

Vor uns auf der Wiese mit den wunderbaren, alten, großen Bäumen stehen rostrot getünchte Tische mit Bänken für Barbecues. In der Mitte der Bank, in großen Buchstaben, lese ich WAR, obwohl da Warsaw steht, wie der Ort hier heißt. Metzger stellt sein linkes Bein auf eine Bank, seinen linken Unterarm legt er auf den weißen Oberschenkel. Wie ein alter Cowboy, der gleich aus seinem Leben erzählen wird, steht er da.

»Warum denken Sie, hat uns die Natur verschieden gemacht?«, fragt Metzger. Ich sag, denn es ist so sonnenklar: »Wegen der Schönheit. Wir sind schöne Blumen, eine rote, eine blaue, eine weiße. Glauben Sie nicht an das Gute im Menschen?« Da breitet er die Arme weit aus: »Menschen sind Tiere! Warum gibt das niemand zu? Wir sind unbarmherzig und brutal, aber auch leidenschaftlich. Aber wenn es um Nahrung, Lebensraum und Wasser geht, wird der Mensch zur Bestie. Für Nahrung und Wasser tötet er alles, was ihm im Wege steht.« Um den letzten Worten Nachdruck zu verleihen, ballt er seine Faust. »Überall auf der Welt wird es Bürgerkriege geben, weil zu wenig Essen da ist. Die Welt wird in einer großen Hungersnot sein. Deshalb sollten nicht mehr Immigranten ins Land kommen. Wir müssen unsere Ressourcen schützen«, sagt Metzger so intensiv, dass mir angst und bange wird.

Metzger inszeniert die Apokalypse perfekt, ich kann sie fühlen. Wär ich ein kleiner Rassist irgendwo am Ende der Welt, ich würde ihm glauben.

»Was denken Sie, wird wohl in diesem Land passieren, wenn der nächste Winter hart wird? Wenn die nächste Ernte ausfällt? Wir werden ernste Probleme bekommen«, sagt Metzger eindringlich.

Haben Sie Angst, frage ich *en passant*. »Nein, nein, ich sage Ihnen nur, was passieren wird. Ich habe keine Angst vor irgendetwas. Aber ich seh die Dinge kommen. Sehr bald schon wird jede Rasse für sich selbst sein. Und es wird genau hier passieren. Ich meine, es ist wirklich wunderschön hier an diesem Fleckchen«, sagt er und schaut über die Wiese und den See, »aber es könnte schon sehr bald eine Einöde sein«.

»Was Sie also hauptsächlich tun, ist, Sie bereiten die Leute auf diese *Apokalypse* vor«, frage ich Metzger und merke, er führt einen Informationskrieg.

»Wenn Sie keine gute Waffe haben, keine Munition, wenn Sie nicht ausreichend Essen haben, dann schaffen Sie Ihren Arsch hoffentlich bald raus aus diesen Big-Bang-Städten, oder Sie werden bald echte Probleme bekommen. Es wird heiß und jede Woche heißer, wir haben schon jetzt Massensterben, genau wie ich es vor langer Zeit schon vorhergesagt habe.«

»Würden Sie für Ihre *Arische Revolution* kämpfen?«

»Selbstverständlich! Ich kämpfe lange Zeit schon – gegen die Regierung, gegen Juden, in Kalifornien habe ich mir Straßenschlachten gegen die Kommunisten geliefert. Ich kämpfe schon sehr lange. Und jetzt habe ich mich zu ihrem größten Schreckensbild entwickelt: Der einsame Wolf, der jederzeit zuschlagen kann. Aber wann und wo ich es tue, das bestimme nur ich.« Seine Gürtelschnalle, der Wolfskopf, blitzt hinterhältig. »Es wird ein ganz neuer Krieg werden. Es ist Hightech versus Lowtech. Ich bevorzuge den Lowtech-Krieg«, sagt er lachend. »Ich bin wie die Al-Qaida-Jungs. Die haben auch keine Düsenjets, die haben keine U-Boote, die haben Gürtel am Körper …«, Metzger ahmt das Umlegen eines Bombengürtels nach, ballt seine Faust zu einer Bombe, und drückt mit dem Finger ab. »Bäääääm! Wir zerstören die Rassen. Wir verfeinern die Rassen nicht, wir zerstören sie.«

Ich frage Metzger, wie das zustande kommt. Wie aus der Pistole geschossen kommt von ihm ein Kampfbegriff: »Rassenmischung«, und dann präzisiert er: »Durch das Zusammenleben. Wenn Schwarze und Weiße ein Kind zusammen haben.«

»Wie mich!«, sage ich und denke noch zehnmal wie in einer Schleife, so ein Kind, das bin ich, ich, ich.

Aber Metzger holt weiter aus. »Mischlinge, Hybride schlagen sich wacker in der ersten Generation, aber ab dann nicht mehr. Sie wissen ja, wie ein echter Schwarzer aussieht?«, fragt Metzger gefühlt zehn Dezibel lauter als zuvor. Ein Schwarzer! Ich verdränge seine Frage und streichle über meine braune Haut, die mir mein Vater geschenkt hat. Ja, aber wo ist das Weiße bei mir, hm? Ich suche es, finde nichts.

Metzger nimmt seine großen, schweren Hände und formt sie wie einen Felsen vor seiner Brust. »Ein echter Schwarzer? Fällt Ihnen da nichts auf?«, er legt eine kurze Pause ein. »Ich nehme Sie mal mit in den Zoo und zeige es Ihnen. Ich will nicht fies sein, aber ein echter Schwarzer sieht doch sehr affenartig aus.« Dann nimmt er den imaginären Felsen langsam von seiner Brust und redet gespielt pikiert weiter: »Die Leute streiten das gerne ab und sagen: *Ooh, das kann doch gar nicht sein*«, und ganz wieder er selbst: »Ich weiß nicht genau, wie sich die Schwarzen entwickelt haben, aber vom Aussehen stammen sie eher vom Affen ab als die Weißen.« Metzger beugt sich zu mir runter. »Sie haben ihre eigene Rasse also aufgewertet – und zwar durch rassische *Genentführung*. Ich weiß nicht, ob Ihr Vater oder Ihre Mutter schwarz war. Jedenfalls sind Sie durch *Genentführung* entstanden. Zum Schaden einer weißen Person, der weißen Rasse.« Meine beiden Hände muss ich jetzt auf den Tisch legen, ganz flach und fest, als würde mir das den Boden unter den Füßen zurückbringen. Ich frage, wer denn der Entführer war. Meine Mutter oder mein Vater? »Na, wer von den beiden war denn schwarz? War Ihr Vater schwarz?«, fragt Metzger. Ja, sage ich. »Dann war er der *Genentführer*. Er hat seine Rasse veredelt, indem er Gene von unserer Rasse stahl. Das nennt man *Genentführung*.«

»Wenn man die Rasse zerstört«, sagt Metzger zu mir, »ist man böse, wenn man die Rasse erhält, ist man gut.« Ich sag, dann muss ich ja das Böse sein. »Ja«, sagt er, »Sie sind das Produkt des Bösen.«

Es tut schon noch ein bisschen weh bei mir drin, an der linken Außenseite vom Herz, und drum herum. Ein bisschen so wie bei Rieger. In der Zwischenzeit habe ich aber dazugelernt. Der Schmerz ist weniger geworden. Und ich bin in der Lage, Metzger zu sehen, und nicht mehr nur mich und meine Wunden. Ich sehe ihn! Seine Boshaftigkeit, seinen Zorn ... das kann ich alles spüren. Seine Worte provozieren mich nicht mehr und machen mich nicht mehr blind. Das »kleine bisschen mehr Kraft« hat sich bis jetzt gehalten. Tom, ich glaub ich weiß, wer du bist. Und auch, warum du das hier alles machst. Sprich's aus, denke ich mir, während Metzger folgende Worte zu mir sagt:

»Stellen Sie sich einmal vor, in früheren Zeiten – wenn ein weißer Kerl nach Afrika kam – er sieht dort eine Gruppe dickarschiger Mädels mit fetten Lippen«, er schlabbert an seiner Lippe rum, »die rumrennen und wilde Geräusche machen. Der weiße Junge würde doch mit denen niemals kopulieren.« Ich frage, warum denn nicht, und Metzger lacht und meint, na ja, vielleicht die Franzosen, und dann: »Weil sie für ihn – schlichtweg hässlich waren. Schauen Sie sich an. In Ihrem Originalzustand, wären Sie niemals attraktiv für einen weißen Mann. Aber es gibt natürlich auch Perverse, die hier rumlaufen«, fügt er hinzu. Von Metzgers Worten so in den Schmutz gezogen, sehe ich den einzigen Ausweg, da wieder rauszukommen, etwas Liebevolles, Hoffnungsvolles anzuvisieren. Ich frage ihn: »Hatten Sie nicht vorhin auf der Fahrt zum See auch mal das Wort Liebe erwähnt?« Metzger sagt, Liebe, ach, das ist so abstrakt.

»Die schwarze Rasse zieht uns runter«, sagt Metzger, wieder in seinem Element, »zieht uns zurück. Wir verlieren unsere Geburtsrechte.« Ich schüttele den Kopf und schaue ihn beschwichtigend an, Sie werden nichts verlieren, ich werde Ihnen nichts nehmen.

Das Wort »Rasse« macht mich inzwischen wahnsinnig, besonders, dass die Amerikaner das immer noch benutzen

müssen und überall von unterschiedlichen »Rassen« sprechen. Ich steh von der Bank auf, gucke suchend über den
Rasen und sage: »Ich dachte, eine andere *Rasse* ist … ach,
wo ist denn jetzt das Eichhörnchen hin?« »Eichhörnchen?«,
fragt Metzger irritiert. »Ja, das Eichhörnchen. Vorhin lief
auch eine kleine Ente hier durch. Oder da drüben«, ich zeig
mit dem Finger Richtung See, »die Möwe dort, für mich ist
das eine andere *Rasse*.« Metzger dreht sich um und schaut
der Möwe nach und guckt mich überheblich an. »Ja, und
man sieht niemals, dass sie mit Raben herumlaufen, oder?
Möwen gehen nur mit Möwen zusammen. Und Raben gehen mit Raben.« Vorsichtig stelle ich mich vor Metzger. Ich
bin genauso groß wie er. Ich spüre seinen wuchtigen Oberkörper. »Aber wir könnten zusammen gehen.« Ich streife
mit meinen Händen vorsichtig über seine beiden Arme,
von oben nach unten und sage: »Wir haben beide Arme.«
Dann berühre ich meine Augen, zupfe an meinen Ohren.
»Wir haben beide Augen, Ohren, alles gleich.« Metzger sagt:
»Aber ich glaube nicht, dass ich von der Schimpansenrasse
abstamme«, und guckt mir tief in die Augen.

Ich sage, wir haben sogar fast die gleiche Größe. Metzger: »Nein, nein, wechseln Sie jetzt nicht das Thema. Weiße
Möwen gehen mit weißen Möwen. Schwarze Raben gehen
mit schwarzen Raben.« Ich sag, aber wir sehen auch gleich
aus, wir sind eine »Rasse«. Er beugt sich vor: »Sie sind aber
nicht in meiner Rasse. Ihre Mutter hat das aufgegeben.
Ihre Mutter hat Millionen von Jahren der Evolution be-
trogen.« Wie um Jahre gealtert, sage ich, es ist doch nur
die Hautfarbe. »Nein!«, kommt da vehement, »wenn es nur
die Hautfarbe wäre, wäre mir das egal.« Noch immer steh
ich direkt vor Metzger und spüre seine Anspannung. »Aber
schauen Sie uns doch an«, sag ich, »Arme – Arme, Nase –

Nase«, und zeig im Wechsel auf unsere Körperteile. »Ich bin nicht der Feind.«

»Doch, Sie sind Teil des Feindes in Totalität«, sagt Metzger entschlossen.

Ich sag, wissen Sie, die Definition einer »Rasse« erklärt sich so: Wenn zwei zusammenkommen und in der Lage sind, sich gemeinsam zu reproduzieren, also Nachwuchs zu zeugen – so wie das bei allen Menschen, egal welcher Hautfarbe, funktioniert – dann sind sie von einer »Rasse«. Mit einer anderen »Rasse« würde das nicht gehen. »Sehen Sie, mit der Ente da drüben könnte ich mich nicht reproduzieren, also ist die Ente eine andere *Rasse*.« Metzger guckt verstört und schüttelt schweigend den Kopf. »Es ist eine traurige Tatsache, dass wir Kinder zeugen könnten. Das ist wirklich ein Problem«, sagt er.

In Gedanken umarme ich jetzt meine Mutter und meinen Vater und halte kurz inne. Dann frage ich Metzger, welche Religion er hat. Stolz antwortet er: »Meine Rasse. Wenn ich eine Religion habe, dann ist es meine Rasse. Etwas anderes gibt es für mich nicht. Vielleicht könnte ich mich auch mit einer Baumreligion anfreunden. Ab und zu umarme ich einen Baum. Schon mal vom Baumumarmen gehört?« Ich freue mich, etwas anderes von Metzger zu hören als diesen Rassenwahnsinn, und entgegne: »Ja, ich habe davon gehört.«

»Ich hab's gemacht«, sagt er. »Schönes Gefühl, einen Baum zu umarmen.«

»Okay, das werde ich mal versuchen«, sage ich und bin froh, aufstehen zu können und zu einem Baum zu laufen.

»Ja, versuchen Sie es«, ermutigt er mich. »Legen Sie für eine Minute Ihre Arme um den Baum. Probieren Sie, wie es sich anfühlt. Es gibt einem ein Gefühl von Einheit mit der Natur«, ruft Metzger mir hinterher.

Langsam trete ich vor einen Baum. Ich lasse meinen Körper sanft nach vorne fallen, und umarme respektvoll den Baum mit beiden Armen, wie einen alten Weggefährten. »So?«, frage ich Metzger und lege mein Ohr vorsichtig an die Rinde. »Augen schließen oder offen lassen?«

»Das ist egal. Es ist gar nicht schwierig. Ich glaube, Bäume funktionieren wie Antennen.«

Ich schließe meine Augen und höre am Baum. »Dieser hier spricht Spanisch«, rufe ich rüber.

»Oh, Spanisch ist eine weiße Sprache. Leider können die wenigsten, die hierherkommen, richtiges Spanisch. Sie sprechen so ein kehliges Spanisch.«

Ich horche weiter in den Baum hinein und rufe: »Er sagt, er spricht alle Sprachen«.

»Okay«, ruft Metzger, »das ist gut. Sprachen sind wichtig. Wenn dieser Baum während des Zweiten Weltkriegs gepflanzt wurde, will er vielleicht nicht von einer Deutschen umarmt werden«, sagt Metzger weiter und lacht sich schlapp.

»Der Baum sagt, er will keine Trennung.«

Metzger lacht: »Aber merken Sie nicht, dass jeder Baum vom anderen getrennt ist. Die wachsen ja nicht alle aus einem Stumpf«, erklärt er mir.

»Warten Sie einen Moment«, rufe ich, »er sagt: Die Wurzeln sind alle miteinander verbunden.«

»Das ist gut«, erwidert Metzger leiser.

»Also, sie wollen keine Trennung.«

»Aber sie trennen sich trotzdem. Sehen Sie genau hin«, fordert er mich auf.

»Ja, äußerlich, aber nicht im Inneren«, sage ich, zeige in Richtung Boden, und drücke meinen Kopf noch dichter an die Ringe.

Metzger reüssiert: »Die Wurzeln der menschlichen Rassen waren vielleicht auch mal dicht zusammen. Aber sie haben sich verändert, sich getrennt. Das ist Evolution.«

»Nein, nein«, rufe ich, »die Wurzeln sind verbunden. Ihre Wurzeln und meine und die Wurzeln dieses Baumes.«

Metzger schüttelt seinen Kopf, lächelt etwas weniger als zu Anfang.

»Ohne die weiße Rasse wird alles bald den Bach runtergehen. Ich wünschte, wir hätten die Technologie der Nazis damals erhalten, und wir könnten den Planeten verlassen. Aber ich fürchte, die Zeit läuft uns davon.«

Ich frage, Sie würden also Ihre sogenannten Arier nehmen und den Planeten verlassen? Äußerst klar antwortet Metzger mit einem »Ja!«. Seine Schultern sind nach oben gezogen, er dreht sich um und schaut fast ängstlich. »Sagen Sie mir, was Sie tun werden, wenn es zwanzig Milliarden Menschen auf der Erde geben wird«, sagt er und reißt seine Augen weit auf. »Werden Sie einen Garten pflanzen?«, lacht er zynisch. Ich überlege nicht lang und antworte, ja, warum denn nicht. »Es wird keinen Platz mehr geben, um einen Garten anzulegen. Die Menschen werden Rücken an Rücken stehen.«

»Werden die Arier immer weniger?«, frage ich ihn. Er bejaht, »aber wir sind fähig, uns zu rekapitulieren, auf einem anderen Planeten. Ich bin schon so lange hier, es ist Zeit für neues Territorium.«

»Ich werde nicht dort hingehen«, sage ich.

»Nein, Sie werden auch nicht dahin gehen. Schwarze gehen auch nicht zu den Sternen. Sie werden hier auf der Erde bleiben, da, wo sie angefangen haben.«

Das »kleine bisschen stärker« ist noch bei mir, und so langsam muss ich an den Kern geraten. Wer ist dieser Mann vor mir? Wer ist Tom Metzger? Ich frage: »Aus irgendeinem Grund benutzen Sie Ihr Mikrophon, Sie benutzen Ihre Worte, sie gehen da raus. Und es muss einen Grund geben, eine Kraft, die sie dazu treibt. Warum tun und sagen sie all das?«

Metzger ruhiger: »Ich weiß es nicht, ich kann es Ihnen nicht sagen. Niemand hat mir je gesagt, ein Rassist zu werden, auch meine Eltern nicht. Es gab nie Schwarze in der ganzen Umgebung hier. Ich hab meinen ersten Schwarzen in Fort Missouri gesehen, und ich dachte: ooh«, Metzger öffnet die Augen weit, »da haben die mich teuflisch erschreckt.«

Metzger und ich laufen in Richtung Seeufer. Die Sonne brutzelt uns auf den Kopf. Ich möchte zu einem Ende kommen und frage ihn, ob er mal meinen Namen rufen möchte. Er dreht sich um: »Wie heißen Sie noch mal?« Mo, sag ich.

»Ich soll also *Mo* über den See schreien?«, fragt er nach. Ich nicke, »und ich schreie *Tom*.«

»Da geradeaus?« Ja!, sage ich. Metzger guckt zum See. Dann holt er plötzlich tief Luft und ruft laut über den See »Moooooo«, und ich rufe, »Tooooooom«. Metzger lacht und sagt: »Das wird über tausend Jahre über dem See nachhallen.«

Dass er meinen Namen ruft, hätte ich nicht gedacht, aber es reicht mir noch nicht.

»Wenn Sie einen Satz hätten, eine Konklusion für all Ihre Arbeit. Nein, wenn Sie nur ein einzelnes Wort hätten, für das, was Sie im Leben tun, wie heißt dieses Wort?«

Metzger überlegt lang und sagt dann, »lohnenswert«, »den Aufwand wert«.

»Wie bitte«, frag ich, »lohnenswert?«, und er ganz nüchtern: »Ja.« Ich sag, das meinen Sie nicht ernst? »Sonst würde ich das doch alles nicht machen. Ich müsste das ja nicht tun. Ich könnte rumsitzen und wie der Rest der Jungs den ganzen Tag Bier trinken.« Diese menschenverachtende Ideologie, dieser Informationskrieg, diese rassistischen Attacken gehören vielleicht zu einem großen Rassismus-Business, das ein Feindbild wie mich braucht, um mit Hass noch mehr zu verkaufen, mehr Radio-Shows, mehr Hass-CDs, mehr rechte Outdoor-Klamotten. Wir laufen langsam über den Sand. »Es ist einfach ein Geschäft, ein Geschäft mit den Rassen«, sagt Metzger.

Ich bleibe stehen. »Wir müssen uns verabschieden«, sage ich und gebe ihm die Hand.

Metzger schaut mich kurz an und holt mit seinen beiden Armen aus. »Lassen Sie sich mal drücken.« Und eh ich mich versehen kann, umgreifen seine schweren Arme meinen Körper. Metzger umarmt mich.

»Das ist aber nett«, sage ich erstaunt, und Metzger erwidert einen Satz, den ich niemals vergessen werde: »Das ist rassenübergreifend. Ich hoffe, keiner sieht's. Dann bin ich erledigt.«

Wie kann einer, der mich derart beleidigt und seine widerliche Ideologie über mich ausschüttet, mich plötzlich umarmen? Körperlich ganz nah sein, von weißer Haut zu schwarzer? Müsste er sich nicht vor mir ekeln? Das ist zumindest das, was er seinen Mitläufern über sein »Racism Business«, wie er es bezeichnet, einflößt: Ekel und Hass.

Und dann passiert das Schlimmste, was einem Menschen passieren kann, man nimmt ihn nicht mehr ernst. Ich kann diesen Tom Metzger nicht ernst nehmen. Als ich mich umdrehe, höre ich nur noch sein »Tschüss« und seine laute Lache.

16. Ku-Klux-Klan – die Ängste der Gesichtslosen

Es ist nicht einfach, Stoff für eine Ku-Klux-Klan-Kapuze auszuwählen. Zu weich darf der Stoff nicht sein, dann steht der Zipfel nicht, zu hart auch nicht, dann reibt es einem die Wangen und die Nase wund, wenn man das Ding die ganze Nacht lang überm Gesicht trägt. Aber ich habe einen passenden Stoff gefunden, der jetzt in einer Tüte auf meinem Schreibtisch liegt und den mein türkischer Schneider heute Mittag in das Symbol des Ku-Klux-Klan verwandeln soll. Ich weiß nicht, ob es ein Zufall ist, dass der Ku-Klux-Klan ausgerechnet in der Zeit gegründet wurde, als in Europa der Franzose Gobineau seine Arier-Rassentheorie entwickelt hat. Seit 1865 geht der rassistische Geheimbund mit äußerster Brutalität gegen die Gleichstellung der schwarzen amerikanischen Bevölkerung vor und bis heute durchdringt er die USA, verübt Anschläge, zündet Kreuze an, glorifiziert Hitler, alles mit dem Ziel: die brutale Unterdrückung der Schwarzen.

»Merhaba. Nasilsin?«, »Hallo, wie geht es Ihnen?«, begrüße ich meinen Schneider und betrete seinen kleinen deutsch-türkischen Laden. Er freut sich, er hat den Kapuzenstoff ja noch nicht gesehen. »Iyiyim, ya sen?«, »Es geht mir gut, und Ihnen?«, fragt er und lächelt mich wie immer lieb an. »Bomba gibi!«, »Mir geht's bombig«, sag ich, und komme gleich zu meinem Anliegen. »Schauen Sie mal, können Sie mir so etwas nähen?« Herr A. traut seinen Augen kaum, als ich ihm ein Foto von Ku-Klux-Klan-Männern, mit

224

hohen, weißen Kapuzen vor einem brennenden Kreuz, auf meinem Handy zeige. Vielleicht denkt er als Muslim, ach, diese Christen schon wieder, aber dann erwidert er: »Sie wollen doch niemandem etwas antun, oder?«

Während ich meinem Schneider etwas von meinem Vorhaben erzähle, beginnt er mit seiner Arbeit. Wenig später legen wir mir den Stoff, der bereits in passende Stücke geschnitten und mit Nadeln aneinandergesteckt ist, um meinen Kopf. »Passt schon«, murmele ich unter der Kapuzenrohfassung hervor. Aber Herr A. näht alles perfekt. »Nein, wir müssen ganz genau festlegen, wo Ihre Augen hinsollen, sonst fallen Sie noch nachts irgendwo über einen Stein.« Meine beiden Zeigefinger wandern vorsichtig in Richtung Augen. Mit dem rechten Zeigefinger bleibe ich noch einen Moment auf dem Augapfel und rolle drauf rum, es beruhigt irgendwie. Fühlt sich an wie eine Kugel. Oh, und da schießt mir Lars' Song in den Kopf, »Die Kugel ist für dich, Mo Asumang«, den gibt's ja auch noch.

Vorsichtig zeichnet mein türkischer Schneider meine Augen mit Schneiderkreide auf den Stoff, und ich fange an, mir ein paar Fragen für amerikanische Rassisten und den Ku-Klux-Klan auszudenken.

★★★

Mein Auto steht am Straßenrand, ich mach die Warnblickanlage vorsichtshalber an. »Mit dem Ku-Klux-Klan sprechen«, hatte ich mir in meinen Kalender eingetragen, wenn das so einfach wär. Der komplette Tag liegt vor mir, und ich habe absolut keinen Plan, wie ich die Ku-Klux-Klan-Männer hier finden kann. Alles, was ich weiß, steht auf diesem Flyer, den ich mir in Deutschland noch von der Klan-Seite ausgedruckt habe. Wieder und wieder scanne ich die Infos auf dem Zettel. Aber verdammt, da stehen nur der Ort, der Tag und eine Telefonnummer drauf. Keine Straße, keine Hausnummer, kein Name abgedruckt. Wie soll ich die da finden? Auch wenn ich den Flyer noch länger anschaue, werde ich nicht mehr finden. Das will mir irgendwie nicht in meine Birne.

Durch die Frontscheibe sehe ich typische Südstaatenhäuser, mit Holzverandas zur Straße hin, auf denen fast überall weiße Holzbänke und Stühle mit hohen Rückenlehnen stehen. Aber kein Mensch da zum Fragen.

Mount Airy heißt der Ort hier. Hundertzwanzig Kilometer von Greensboro entfernt, wo in den 1960er Jahren Afroamerikaner das erste Sit-in in einem »Nur für Weiße« zugänglichem Restaurant veranstaltet haben. Ganz schön mutig. 1979 wurden fünf schwarze Demonstranten dort ermordet. Die kleinen und großen Amerikaflaggen vor den Häusern sehen nagelneu aus. Ob die hier im Bundesstaat Virginia wissen, dass sie ihren Reichtum einer kleinen, dünnen Immigrantin zu verdanken haben? Es war die Tabakpflanze, die John Rolfe 1612 wahrscheinlich aus Trinidad hier hinbrachte. Rolfe war übrigens mit der Indianerprinzessin Pocahontas verheiratet. Am liebsten würde ich jetzt mit Pocahontas hier im Wald eine Friedenspfeife rauchen, um runterzukommen.

Ein weißer Pick-up-Truck kommt von rechts. *Rednecks* drinnen? Oh, die sehen danach aus, sag ich mir und düse in meiner Ratlosigkeit durch ein kleines Wäldchen auf einer Landstraße hinter ihnen her, dann biegen sie auf eine Tankstelle ein. Durch das Seitenfenster des Pick-ups kann ich ein kleines, süßes Hündchen erkennen. Das ist wohl eher nicht der Ku-Klux-Klan. Trotzdem nutze ich die Gelegenheit zu einem ersten Kontakt mit einem Einheimischen. »Ich hab 'ne blöde Frage, wissen Sie zufälligerweise, wo heute eine Ku-Klux-Klan-Veranstaltung stattfindet?« »Nein« und ein Kopfschütteln von dem Mann mit der dunklen Sonnenbrille und dem Minihündchen auf dem Beifahrersitz. »Wen könnte ich fragen?«, hake ich nach. Wieder Kopfschütteln. Aber immerhin ein Anfang. Ich frage weiter und werde schließlich von der Tankstelle geschmissen.

Die nächste Stunde fahre ich jedem Auto hinterher, das nur irgendwie verdächtig wirkt. Das Seitenfenster ist offen, und der KKK-Flyer mit der Telefonnummer bewegt sich durch den Luftzug auf dem Beifahrersitz in meine Richtung. Soll ich doch einen Anruf wagen? Es wird ja immer später. Wenn sie ja sagen, muss ich aber auch hin, und die haben hier Waffen. Hätte ich die Adresse, könnte ich sie einfach heimlich beobachten, aber das ist nicht Mo. Von Robert Kilian, einem ehemaligen Undercover-Agenten des FBI, der bei der »Aryan Nation Hategroup« eingeschleust war, weiß ich, dass die Rassisten in den USA größtenteils bewaffnet sind. Man kann hier in den Waffenladen gehen und fünfzehn Minuten später mit einem Maschinengewehr rausmarschieren. Für eine Pistole braucht man drei Tage, ein Rifle kann man sofort mitnehmen. Viele haben ein M4-Karabiner, 5,56 mm, mit 30-Schuss-Rundmagazin, sagte er. Und ich, was habe ich? Eine handgenähte KKK-Mütze und ein schmerzendes Knie. Ich könnte das alles auch sein lassen, meine KKK-Mütze aufsetzen und mit ihr durch ein original Südstaatenmaisfeld laufen, um herauszufinden, wie es sich anfühlt, wenn man sein Gesicht nicht zeigt. Das zumindest ist mein Plan B für die KKK-Männer.

Auf der anderen Seite habe ich jetzt hier mit meiner

schwarzen Hautfarbe doch *die* Chance, das Thema zu er-
öffnen. Wenn ich mit Rassisten spreche, ist das kein abs-
traktes Gespräch, sondern sie werden direkt konfrontiert
mit ihrem »Feindbild«. Da muss ich noch nicht mal was
fragen, ich bin die Frage selbst, der Stein des Anstoßes.
Und sie müssen sich mit mir auseinandersetzen, und wir
kommen vielleicht ins Gespräch. Also *let's go for it*, frei
nach dem Motto: »Stop racism – start talking.«

So hin- und hergerissen düse ich von Mount Airy in
Richtung Flat Rock, in Richtung Toast, in Richtung Holy
Spring. Und immer wieder quer durch die Stadt, die auf
dem Flyer steht. Da vorne noch mal das Straßenschild
»White Plains«. White, das könnte denen gefallen, also fahre ich noch mal dort hin. Aber ich finde sie nicht. Nach
einer Stunde Wartezeit auf der Polizeistation von Mount
Airy bekomme ich zu hören: »Wir können Ihnen nicht sagen, wo diese Klanveranstaltung stattfindet.« Keiner hier
im Ort will von einem Klantreffen wissen oder überhaupt,
dass es den KKK noch gibt, hm.

Ich erinnere mich an ein Gespräch in Montgomery, Ala-
bama, das war vor ein paar Tagen. »Ich muss gar nicht so
lang suchen, um den Ku-Klux-Klan zu sehen«, sagte mir
dort eine Afroamerikanerin ganz leise. »Ich begegne ihm
jeden Morgen, wenn ich am Büro meines Chefs vorbei-
laufe.« Sie war Bankerin.

Meine Mutter hatte mir mal erzählt, dass in ihrer Ban-
kerzeit in New York des Öfteren Briefe auf den Tischen der
Angestellten lagen, auch auf ihrem. Darin eine Anwerbung
zum KKK. Die Bank war in der Bondstreet Downtown
Manhattan im sechzigsten Stock, von wo man damals
noch auf die Twin Towers sehen konnte.

Ein anderer Afroamerikaner hat mir vor kurzem erzählt: »Als kleiner Junge habe ich mal den Ku-Klux-Klan an unserem Haus vorbeiziehen sehen, und ich rief: Da kommt Casper! Mama hielt mir sofort den Mund zu. Ich wusste ja nichts über den Ku-Klux-Klan. Sie trugen weiße Klamotten, wie in der Fantasykomödie *Casper, der freundliche Geist.* Also dachte ich, die sind alle im *Casper, der freundliche Geist*-Freundeskreis. Ich sah Kreuze und Feuer und dachte an eine nette Show. Aber es war böse und hässlich.« Auf die Frage nach den Ariern sagte er zu mir: »Die gibt es überall in den USA. Überall. Und die haben was gegen Schwarze, Juden und sonst wen. Und Sie wollen diese Leute wirklich treffen?«

Ja, aber momentan stecke ich hier fest, zwischen Trauerweiden, beschaulichen Südstaatenveranden, verdächtigen Personen am Wegesrand und einer möglichen Flut von Klanmännern in Ämtern, Banken, überall.

Okay, dann ruf da doch an. Der Flyer mit der Nummer liegt mittlerweile im Fußraum, ganz hinten, wo es dunkel ist, und blinzelt mich an: USA – 336-43..., es wählt.

Hektisch ziehe ich meine Lesebrille wieder ab und frage mich, was sag ich denn jetzt? Verdammt!

Es klingelt. Jemand geht ran. Dann quassel ich wie ferngesteuert los. »Hallo, hier ist Mo, ich komme aus Deutschland. Ich habe gehört, Sie haben heute eine Ku-Klux-Klan-Veranstaltung.« Stille. Aufgelegt. Ich ziehe die Brille wieder auf und sehe, oh, falsche Nummer, habe wahrscheinlich gerade irgendeine Omi angerufen. O-M-G. Wenn man nervös ist, macht man Fehler.

Also noch mal. USA – 336-43..., und dann korrekt die 86 am Ende. Draußen, direkt schräg über dem rechten Kotflügel hängt ein Schild »Amazing Grace«. Na, ob das mal klappt. Es wählt, und ich brabbel vor mich hin. So, ihr *hiding people*, kommt raus. Dann eine kratzige Anrufbeant-worter-Stimme.

Weiße Brüder und Schwestern:
Sie sind verbunden mit dem
»Loyal White Knights of the Ku-Klux-Klan«,
dem aktivsten Klan in den USA.

Mir fällt die Kinnlade runter, ich rufe da gerade wirklich an. Zuckende Bewegungen vom Hals aus bis in die Füße. Die Stimme spricht weiter:

Möchten Sie Mitglied des Ku-Klux-Klan werden,
besuchen Sie unsere Internetseite: www.kkknights.com.
Und vergessen Sie nicht: Was nicht weiß ist, ist nicht gut.
Hinterlassen Sie Ihren Namen und Ihre Nummer und wir
rufen Sie zurück.
White Power!

Eine automatische Stimme der Telefongesellschaft schiebt hinterher: »Um eine Nachricht zu hinterlassen, drücken Sie die Drei. Bitte sprechen Sie nach dem Signalton.« Ich drücke die Drei, bekomme weiche Knie und sage: »Hallo, ich habe gehört, Sie veranstalten heute eine Kundgebung, und ich würde das gerne filmen. Ich weiß nicht, wo Sie sich befinden. Vielleicht können Sie zurückrufen? Danke. Bye.«

So jetzt erst mal Luft holen. Immerhin! Und dann: O no, die müssen denken, dass ich bekloppt bin. Ich habe meine Nummer nicht genannt, jetzt muss ich da noch mal anrufen, aaaahrr.

»Hallo Mr. White Power, hier ist noch meine Nummer …«

Fünf Minuten später. »Hallo! Ich bin es noch einmal. Ich weiß nicht, wo Sie sind. Vielleicht können Sie einen Ort für ein Treffen vorschlagen. Ich warte noch immer auf Ihren Rückruf. Danke.«

Fast stoisch durchquere ich weiter Mount Airy und rufe im Zehn-Minuten-Takt beim Klan an.

So, kommt aus den Puschen! Raus aus den Löchern. Wer was verändern will, der muss sich auch ab und zu mal zeigen, rufe ich der herannahenden Nacht entgegen.

Dann endlich geht ein KKK-Mann ran. Ich frage nach einem Treffen, erst mal nur so, ohne Verpflichtung. Er schlägt ein Treffen in Claudeville vor, ich soll in fünfzehn Minuten noch mal anrufen. Eine Viertelstunde später geht niemand mehr ans Telefon. Da haben sie vielleicht doch den Schwanz eingezogen, denke ich mir. Also fahre ich nach Claudeville und suche jeden Winkel dort ab.

Außer »Civil War Reenactments«, bei dem Bürgerkrieg-Fans den amerikanischen Bürgerkrieg nachstellen, und einer Goldfischfarm hat Claudeville nicht viel zu bieten, ich halte an der kleinen Tankstelle des Ortes. Die Tankstellenfrau sieht sehr freundlich aus. »Wissen Sie, wo die Ku-Klux-Klan-Kundgebung stattfindet?« Da sagt sie: »Yep, die Straße hinunter. Achten Sie auf einen Trecker mit zwei Rebellenflaggen dran. Dann gleich rechts den kleinen Feldweg rein.« Danke, sage ich und schlucke gegen einen leichten Kloß im Hals. Jetzt dann doch. Ach, Mo.

»Einen wunderschönen Tag«, sagt sie, bevor ich die Tür nach draußen aufmache. »Der Laden war übrigens den ganzen Tag voll, und die haben sehr viel Alkohol gekauft.

Sie sollten da nicht hingehen.«Warum nicht, will ich von ihr wissen. »Wegen der Farbe Ihrer Haut. Das Ganze läuft hier schon seit zweihundert Jahren, es fing mit den Sklaven an. Heute haben wir einen schwarzen Präsidenten, und es läuft immer noch.«

Zwei Minuten später fahre ich den Dry Pond Highway runter, um den Trecker mit den Fahnen zu suchen. In der Nähe ist der Little Dan River. Quer durch den Wald sind es von hier ca. drei Kilometer bis zum nächsten Bundesstaat, North Carolina. Die Straße geht leicht bergab. Da vorne, ein Schild, »Back Creek« steht drauf, oohh. Zehn Meter weiter, direkt an der Straße dann ein dunkelgrüner »Montana«-Trecker, mit hochgestellter Schaufel, es hängen zwei ca. zwei Meter lange Südstaatenflaggen, die sogenannten Rebelflags, dran, dahinter der Privatweg. Da muss es sein.

Der Waldweg führt schräg nach rechts hinten und dann schlangenlinienförmig in den Wald. Da müsste ich jetzt rein, wenn ich zum Versammlungsort des Ku-Klux-Klans mit der Kreuzverbrennung wollte. Okay, könnte – wollte – hätte – sollte – Alkohol – Waffen – Privatweg, nein! Mo! Wenn's ans Eingemachte geht, entscheidet der Bauch. Er schlägt mir vor, lieber davor zu warten.

Ich stelle mich mit meinem Auto etwas weiter weg auf einen Asphaltplatz, immer noch am Rande des Waldes. Der Mond ist fast voll, und der Himmel sternenklar, Hundegebell im Hintergrund, ein klassisches Horrorszenario. Die Moskitos beißen schneller, ihr Gift vertreibt aber nicht das mulmige Gefühl, hier zu stehen. Ich beende meine SMS von meinem Prepaid-US-Phone an den Klan mit einem: »Ich möchte wissen, was für Visionen Sie für Ihr Land haben. Gezeichnet: die Deutsche.«

Jetzt wissen sie auf jeden Fall, wo ich warte. Seit zwei Stunden bin ich schon hier. Aus der Ferne nähert sich eine einzelne Harley, braust vorbei und bringt einen Gedanken mit. Was, wenn die Klan-Männer jetzt alle auf einmal rüberkommen? Ich bin nicht bewaffnet. Eigentlich bin ich mit einem Gefühl gekommen, das man friedvoll nennen kann. Die Dunkelheit, die Grillen und dieses Schild auf dem »Creek« steht – Creek kommt immer in Gruselfilmen vor – lassen aber gerade ein klein wenig Panik aufkommen. Und sogar ein Mü Angst-Wut dazu. Das hatte ich doch schon abgelegt, o Mann. Ach, dieses ewige Hin und Her der Gefühle, Emotions-Rock 'n' Roll auf einer Geisterbühne.

Ich lege meine Hände flach auf den noch immer warmen Asphaltboden. Dann stütze ich mich drauf und fange mit einem noch nicht erprobten »Kopf trifft Körper«-Fitnesstraining an, dem ich den Namen »Push-ups against Hate« gebe. Ein, zwei, drei, beim vierten Mal krache ich zusammen. Und dann noch mein kaputtes Knie, das sich gerade wieder meldet. Kann ich aus dieser Situation was machen?

Wenn man schwach ist, entwickelt man andere Strategien gegen Angst. Wegrennen fällt flach, dem anderen auf die Glocke hauen auch, und dann steht man einfach da, schutzlos. So fühle ich mich jetzt, und da vorne lauert etwas im Dunklen. Doch ich spüre, wie etwas in mir aufsteigt und mich daran hindert, aufzugeben. Schwachsein holt das Beste aus dir raus, sage ich mir. Ich steigere mich in folgendes Bild hinein: Dort drüben im Dunklen, was ist da? Wer ist da eigentlich? Ich versuche, mich selbst dort zu sehen, dort hinten in der Dunkelheit. Wenn ich es selbst bin, die dort auf mich lauert, werde ich milde mit mir selbst sein, oder? Ist das eigentlich logisch? Ja, irgendwie schon. Gedanklich setze ich mich in den Wald, und wenn ich aus dem Dunklen rauskomme, sage ich: »Hallo Mo«, und ich werde mir nichts tun. Kaum zu glauben, aber das Bild funktioniert. In der nächsten Stunde übe ich es immer wieder, indem ich in den Wald hineinschaue. Jetzt könnt ihr kommen, ihr Klanmänner.

Die Grillen zirpen überall, im Rhythmus zu meinem Herzschlag, bum, bum. Ab und zu laufe ich vor, wenn ich ein Auto höre. Dann stehe ich da und spüre den Luftzug, bevor das Auto überhaupt da ist. Meine kleine, silberne Seventies-Tasche mit der Klanmütze drin blitzt kurz auf, wenn mich ein Scheinwerfer im Vorbeifahren kurz anstrahlt. Die könnten mich aus dem fahrenden Auto abknallen, begreife ich plötzlich. Das wär's dann. Will ich hier sterben? Und heute? Eigentlich nicht. Ich darf das Bild nicht verlieren.

Dann fährt ein Pick-up-Truck vorbei und gibt plötzlich, exakt auf meiner Höhe Vollgas. Aus dem Beifahrerfenster streckt einer den Arm gerade heraus und formt die Hand zum »Hitler-Gruß«. Das war ein »Heil Hitler« sag ich, das gibt's ja wohl nicht. Der hat gerade »Heil Hitler« gemacht.

Fünfzig Meter weiter bremst der Wagen abrupt ab, als hätten sie mich gehört. Einundzwanzig, zweiundzwanzig. Er wartet. Dann Rückwärtsgang, ich höre den Gang krachen. Oh, er dreht um. Na, das ist doch mal was.

Ganz langsam tuckert der Wagen jetzt im ersten Gang in meine Richtung, direkt auf mich zu. Soll ich jetzt vorwärts oder rückwärts rennen, meine Beine wissen es nicht so genau. Also wachse ich am Boden fest, wie in tiefster Depression, in der man sich nicht mehr rühren kann. Die Scheinwerfer blenden meine mittlerweile an die Nacht gewöhnten Augen. Ich hebe aber trotzdem den Arm, als Zeichen »ich bin hier«, was für ein Blödsinn.

Der Wagen hält an.

»Hi«, und ein paar unverständliche Worte ruft einer aus dem Wagen.

»Hi«, ruf ich rüber. Der Motor klingt wie ein lautes Glucksen aus einem tiefen Schacht. Die Klebemasse unter meinen Füßen löst sich, und ich laufe los. Beim Näherkommen sehe ich durch die Windschutzscheibe, dass zwei Klanmänner drin sitzen, vermummt. Der eine trägt sogar im Auto seine Klanmütze. All meine Signalmodule laufen auf zweihundert Prozent. Es ist so laut, der Motor versucht, meine Sinne zu betäuben. Beinahe hätte ich vor lauter Lärm sogar etwas übersehen. Da ist was faul, denke ich. Ohne genauer hinzugucken, erkenne ich es dann am äußersten Rand meines Blickfelds. Ich lasse mir nicht anmerken, dass ich's gesehen habe, dort hinten im Auto. Auf dem Rücksitz liegen zwei Maschinengewehre.

Die beiden Männer steigen aus. Der eine mit dem weißen, bodenlangen Ku-Klux-Klan-Gewand ist sicher einen Kopf größer als ich. Er wirkt wie ein Riese. In seine hohe Klanmütze sind zwei Augenlöcher geschnitten, ansonsten verdeckt der Stoff komplett sein Gesicht. Als er auf mich zukommt, habe ich das Gefühl, dass mich diese dunklen Löcher einfangen wollen.

Wir laufen näher zum Waldrand. Da ist ja noch der andere Klanmann. Ziemlich jung scheint er. Er trägt ein gelbes Käppi und hat seinen Mund und seine Nase mit einem grauen Shirt provisorisch vermummt. Noch ein Gesichtsloser. Der dünne Lichtkegel ihrer Autoscheinwerfer erreicht unsere Körper.

»Hier?«, sag ich, und wundere mich darüber, dass ich noch Stimme hab.

Langsam dreht der große Ku-Klux-Klan-Mann den

Körper in den dünnen Scheinwerferstrahl. Jetzt kann ich alle Details erkennen, ein KKK-Wappen, ein Kreuz mit Feuer drin über seiner linken Brust, um die Taille eine weiße, dünne Kordel. Wie dünn er ist. Vielleicht doch ein Untoter? Ich schaue nach oben, auch weil die KKK-Mütze so seltsam geformt ist und ich mir das Schnittmuster anschauen möchte.

»Warum tragen Sie diese Sachen?«, fang ich an, den Ku-Klux-Klan-Mann zu fragen, und gleite mit den Augen an seinem weißen Gewand und der Klanmütze entlang.

»Identität!«, sagt er wie aus der Pistole geschossen. Identität? »Ich meine, warum verstecken Sie sich? Ich sehe Ihr Gesicht nicht. Hat das eine Bedeutung für Sie?«

Blitzartig bewegt sich sein Kopf und die Mütze mit. »Nein. Es hat keine Bedeutung. Sie sehen einfach mein Gesicht nicht.«

»Aber könnten Sie Ihr Problem nicht anders lösen?«

»Äh ... welches Problem?«, stockt er.

»Ich meine ... Könnten Sie nicht einfach mit Schwarzen reden?«

Seine Stimme wird schärfer: »Ich habe mit ihnen geredet, und sie wollten mich angreifen.«

»Ich habe Sie nicht angegriffen!«, sage ich und versuche, seine Aufmerksamkeit auf das Hier und Jetzt zu lenken. »Nein, Sie nicht«, erwidert er kurz.

Seine Hände haben sich vor dem Körper über Kreuz geschlagen. Er verschließt sich, kein gutes Zeichen. Zumachen kommt vor der Explosion.

»So, wie ich das verstehe«, sage ich, »ist der Klan ein Schutz ...«

»Ja!«

»... ich meine, aus Ihrer Angst heraus?«

»Nein!«, sagt er, »nicht wegen Angst.«

»Sondern …?«

»Aus Überzeugung!«

Ich wiederhole: »Aus Überzeugung?«

Seine Bewegungen werden kräftiger. Und ich weiß nicht, ob ich ihn vielleicht schon zu sehr provoziert habe.

»Wie finden Sie das«, sagt er laut und aufgeregt: »Ein Schwarzer und ein Weißer bewerben sich um denselben Job. Sie bringen exakt dieselbe Leistung. Sie haben dieselbe Ausbildung. Sie sind genau gleich. Was, glauben Sie, wer den Job bekommt?«, fragt der KKK-Mann und lässt eine Pause. »Der schwarze Typ kriegt den Job«, sagt er überzeugt.

Verwundert bitte ich um Erklärung: »Wirklich?«

»Ja. Tun Sie doch nicht so«, sagt der Gesichtslose, »der Schwarze stellt sich doch hin und sagt: *Ich krieg den Job nicht, weil ich schwarz bin.* Und dann macht er Stress. Ein Weißer wird da nur ausgelacht. Beim Schwarzen nehmen sie es sich zu Herzen.« Die Halsschlagader des Gesichtslosen klopft an der linken Seite unter der KKK-Mütze. »Und dann wird man auch noch Rassist genannt. So weit ist es mit diesem Land gekommen. Erbärmlich!«

Zum ersten Mal spüre ich sie, die Angst des Ku-Klux-Klan-Manns. Und doch bin ich selbst noch mittendrin. Er erzählt mir: »In Mount Airy City stand vor ein paar Jahren: *Mount Airy ist rassistisch – warum gibt es keine schwarzen Polizisten hier?* Und stellen Sie sich mal vor, was dann passiert ist«, fragt er mit dem Kopf nickend. »Sie haben dann einen angeheuert. Einfach so!« Mit seinen dünnen Fingern schnipst er in die Luft. »Warum, denken Sie, ist das passiert?«, fragt er wissend. »Nur damit die dort niemand Rassisten nennt.«

237

Ich frage nach dem schwarzen Polizisten: »Und, ist er nett?«

Da sagt er vorwurfsvoll: »Keine Ahnung, ich hab doch nie mit ihm gesprochen.«

»Und was ist dann das Schlimme daran?«, will ich wissen.

»Es zeigt Ihnen, wie voreingenommen Leute sein können«, sagt mir der Klanmann.

»Was ist Ihre Vision vom Leben als Klanmitglied?

»Ich denke, ich … Ich bin kein Rassist.«

»Kein Rassist?«

»Nein. Ich bin kein Rassist. Niemand im Klan ist ein Rassist.«

»Aber was ist mit der Gewalt? Leute werden umgebracht, aufgehängt …«

»Das ist ein …«

»… ein Mythos«, sagt der junge Klanmann mit leiser Stimme.

»Das wurde früher gemacht. Heute kommt das kaum noch vor«, ergänzt der Mützenmann.

»Was heißt ›kaum‹?«

»Es passiert nicht mehr jeden Tag.«

»Sie tragen die Geschichte am Körper. Jahrhunderte voller Schrecken und Terror.«

»Das hat mehr mit der Zeremonie zu tun.«

»Und was passiert in dieser Zeremonie?«

»Wir zünden ein Kreuz an.«

»Warum?«

»Für Jesus Christus, der aus der Dunkelheit ins Licht ging.«

»Jesus liebt auch die Schwarzen. Glauben Sie nicht?«

Der KKK-Mann schweigt, nur seine Mütze wackelt, von rechts nach links, verzweifelt nach vorne, nach hinten.

Mo, sieh genau hin. Was siehst du?, ermahne ich mich mehrmals.

»Warum Jesus?«, frage ich ihn noch mal.

»Weil er ans Kreuz geschlagen wurde.«

»Aber Jesus liebt auch die Schwarzen. Das macht keinen Sinn?«

»Okay, und muss ich das dann auch? Ich sage nur, dass sich Schwarze und Weiße nicht mischen sollten. Und Sie kommen mir hier mit Jesus und sagen: *Er liebt sie doch auch?*«

»Aber wenn Sie ein Kreuz für Jesus entzünden, dann wäre das ja auch für seine Lehre, und seinen Glauben. Sie würden ja das Kreuz für Liebe entzünden.«

»Ich liebe ja. Ich liebe meine Rasse. Ich liebe mein Volk.«

Oh, ich glaub, jetzt ist er sauer. Er könnte mir was antun. Warum tut er es nicht? Die Gelegenheit ist günstig! Ich schaue seine KKK-Mütze an. Wer hat die wohl genäht? Da hängt ja noch ein Fusselfaden dran. Auf meinen Satz »Jesus liebt auch die Schwarzen« hat er geschwiegen, nur diese Mütze hat gewackelt, wie in Zeitlupe, baumel rechts, baumel links. Ich konnte seine Körpersprache lesen. Die Mütze, oh. Die ist der Casus knacksus.

Und dann fällt's mir auf. Sein Schutzsystem, die Klanmütze, hat ja ein Sicherheitsloch, ein mächtiges Sicherheitsloch. In der Hoffnung, unter der Mütze unberührbar zu sein, schaut sein Blick mehr oder weniger mutig nach draußen. Zu seinem Gegenüber. In meine Augen. Ja. Aber auch wenn ich seine Augen nicht sehe, guckt er doch in meine. Vielleicht spürt er gerade, dass ich hergekommen bin, um ihn kennenzulernen. Meine Augen zeigen es ja. Vielleicht merkt er auch, dass ich ihm nichts Böses will, nachdem ich meine Angst vor ihm verloren habe und ihn nun als Menschen erkenne.

Wie der sich jetzt windet, denke ich. Was war meine wichtigste Frage noch mal, horche ich in die Luft und schau zu ihm rüber. »Sie machen mich nervös«, sage ich ehrlich. Da lacht er leise unter seiner Mütze und dreht seinen Körper wieder schlangenartig. Sein Gewand weht dabei über den Boden.

»Ich hatte so viele Fragen«, die Klanmänner warten brav, während ich nachdenke.

»Und was wäre, wenn Sie sich in eine schwarze Frau verlieben?«

»Das würde nie passieren.«

»Woher wissen Sie das denn? Was, wenn es doch passiert?«

»Nein! Es sei denn, jemand haut mir mit einem Stein auf den Kopf. Aber sonst würde es nie passieren.«

»Und was würden die anderen Klanleute sagen, wenn es doch passiert?«

»Dann würde ich ausgestoßen.«

»Wirklich?«

»Ja.«

»Das ist aber nicht nett.«

Er guckt weg, schweigt und überlegt: »Warum sollte man denn nicht ausgeschlossen werden?«

»Weil es im Leben immer die Möglichkeit gibt, dass man sich verändert. Gruppen verändern sich, Familien verändern sich, Präsidenten verändern sich, im Leben verändert sich viel«, sage ich.

Er denkt nach. Ich auch. Man hört die Grillen und die Nacht. Mir scheint, die Dunkelheit verrät gerade ihr Geheimnis.

In Windeseile durchforste ich abgespeicherte Bilder aus meinem Unterbewusstsein. Ich habe mich immer gefragt, warum der Kapuzenmann, wie in »Scary Movie«, oder der Sensenmann oder die Nazgûl, die Ringgeister aus »Der Herr der Ringe«, deren Gesichter man nicht sieht, als Sinnbild für unsere Angst stehen? Die zeigen uns einen dunklen Abgrund, eine schwarze Höhle dort, wo sonst ein Gesicht zu sehen ist, dunkle Löcher dort, wo sonst Augen sind. Hier, vor dem Klanmann stehend, weiß ich plötzlich, was das bedeutet. Er ist gar nicht mein Abgrund, es ist auch nicht meine Angst. In mir rumort es. Das Gesichtslose ist das Sinnbild ihrer Angst – ihrer Unsicherheit. Ein angstvolles Wesen, das Dunkelheit verbreitet, weil es nicht in der Lage ist, offen auf andere zuzugehen. Ich schaue den Klanmann an. Atme langsam durch meine Nase ein und aus. Hole einmal tief Luft. Sie ist weg. Meine Angst ist weg.

Ich frage mich, wie hat das Böse diesen namenlosen Klanmann vor mir gefunden? Es ist ganz einfach. Sie locken sie mit der Mütze an. Mit der Mütze suchen sie Leute, die sich darunter verstecken dürfen. Wohlbemerkt dürfen. Sie präsentieren die Mütze mit den dunklen Löchern als Symbol der Kraft. Und so wird die vermeintliche »KKK-Mütze der Stärke« zum Lockmittel für Feiglinge, in der man für immer gefangen gehalten werden soll. Von einer zur anderen Generation wird sie weitergegeben.

Sehr aufgebracht sagt er: »In der Zeitung haben die sich heute über das Klantreffen ausgelassen, aber was ist es denn schon, was da passiert. Der Klan ist nichts weiter als ein Familientreffen.«

»Und sind Sie beim Klan eher eine Gruppe von Jüngeren?«, frage ich.

»Wir sind eine neue Generation des Klans, aber wir haben 18-Jährige bis 72-Jährige bei uns.«

Mir ist so, als hätte sich im Wald etwas bewegt, aber da täusche ich mich wahrscheinlich. Und außerdem ist es mir egal. Noch eine Harley braust vorbei und überlagert das Zirp-Zirp der vielen unsichtbaren, kleinen Tierchen in den Bäumen. Immer wieder denke ich an das Straßenschild »Back Creek«, vielleicht der Name des Horrorfilms, der noch geschrieben wird. Ich weiß gerade gar nicht mehr, warum ich hierhergekommen bin. Dann fällt's mir wieder ein.

»Also, was stimmt nicht mit den Schwarzen?«, frage ich ihn freundlich.

Seine Arme überkreuzen sich nun hinter seinem Körper, und er steht starr. »Keiner sagt, dass mit ihnen was nicht stimmt. Die versuchen, uns zu verdrängen. Davon bin ich überzeugt.«

Eine aktuelle Studie sagt, dass im Jahre 2030 der Zeitpunkt erreicht ist, an dem die Weißen in den USA nicht mehr die Mehrheit bilden, vielleicht macht ihm das Angst. Ich sage: »Ich glaube, Sie könnten ein bisschen selbstbewusster sein.«

»Ich bin doch selbstbewusst. Und ich glaube, woran ich glaube.« Sein langer Körper dreht sich irgendwie schlängelnd halb davonschleichend über dem Rumpf. »Ich bin selbstbewusst.«

Ich frag ihn: »Warum glauben Sie dann, dass die Schwarzen Sie rausschmeißen könnten?«

Da sagt er nichts mehr.

»Glauben Sie, die haben so viel Macht?«

»Ja!«, sagt er und verstummt gänzlich. Die Dunkelheit und Stille fangen uns ein, in einem Kokon. Im luftleeren

Raum bildet sich nach einer gefühlten Minute erneut meine Frage: »Das glauben Sie wirklich?«

Stille.

»Sie sehen doch, wer heute unser Land regiert?! Die haben die Macht, um uns zu vertreiben.«

Sein Oberkörper ist mir jetzt leicht abgewandt. Sein Kopf mit der Kapuze schaut über seine linke Schulter zu mir.

»Sind Sie ein glücklicher Mensch?«

»Ja, ich bin glücklich.«

»Und Sie?«, frage ich den Klanmann mit dem Basecap.

»Jawohl, Ma'am. Ich bin glücklich.«

Eine einzelne Harley mit einem schwarzgekleideten Mann verfolgt mich zwanzig Kilometer weit durch den Wald. Die Strecke ist kurvenreich. Ein paar vereinzelte Häuser ziehen rechts und links an mir vorbei, sonst nur Bäume, und die Dunkelheit streckt sich.

In Mount Airy angekommen, wo sich mein kleines Hotel befindet, fange ich an, im Kreis zu fahren, um meinen Verfolger abzuhängen. Immer wieder fahre ich in dieselbe Straße hinein, so dass der dunkle Reiter weiß, er ist enttarnt. Er ist »im Auftrag des Bösen« hinter mir her, denke ich und gehe erschöpft zu Bett.

Ich bin auf der Autobahn unterwegs nach Bautzen in Sachsen. Immer wieder stelle ich mir dieselbe Frage: »Einmal Nazi, immer Nazi?«, und was passiert, wenn ich es schaffe, die persönliche Ebene zu berühren. Gleich werde ich in einer geheimen Privatwohnung Chris kennenlernen, der dem neuen Nationalsozialismus den Rücken kehren und aussteigen will.

Innerhalb der Neonazi-Szene hat Chris die Aufgabe, Nachwuchs zu rekrutieren. Das funktioniert so: Jungnazis spüren Kids an den Schulen auf, die schlechte Noten schreiben oder die vielleicht von den anderen ausgegrenzt oder gemobbt werden. Mit ihrem angekratzten Selbstbewusstsein und auf der Suche nach Orientierung sind sie leichte Beute, um sie mit rechtsradikalem Gedankengut zu infizieren.

Ich soll die obere Klingel nehmen, vorsichtshalber hat man mir den Namen nicht gemailt, könnte abgefischt werden, und das wäre für uns beide gefährlich, sagte man mir. Ich klingele und schaue dabei über meine Schulter. Folgt mir jemand? Ich muss die Augen aufhalten. Zu behaupten, Ausstiegsgedanken zu hegen und darüber reden zu wollen, könnte auch eine Falle sein. Die Haustür öffnet sich, und mit einem Zzrrrr betrete ich ein niedriges Fünfziger-Jahre-Treppenhaus mit engen Windungen nach oben. An jeder Wohnungstür achte ich auf eventuelle Bewegungen des Türblatts. Ich bin vorsichtig, aber ich fürchte mich nicht mehr, schließlich habe ich mittlerweile eine wirkungsvolle

»Waffe« gegen meine Angst vor Rassisten gefunden, die heißt: Face to face mit Neonazis, Treffen auf Augenhöhe. Immer mit dem Vorsatz, den Menschen dahinter kennenlernen zu wollen, nicht irgendeinen Nazi, und das hat im Laufe meiner Reise immer besser funktioniert. Auch wenn sich dann Abgründe vor mir auftaten oder ich an einem Punkt einfach nicht mehr weiterkam. Vielleicht ist das mit Chris anders. Vielleicht lässt er es zu, in einer privaten Atmosphäre ohne einen Pulk von Kameraden um sich herum, dass ich weiter zu ihm durchdringe, bis zu seinem ungeschützten Kern, um mehr zu verstehen.

Vor mir steht ein junger Mann im Treppenhaus, etwa Mitte zwanzig, blasse Haut, graue Jeans, schwarzer Kapuzenpulli und Käppi. Chris bittet mich in die kleine Zweiraumwohnung, in der die schwarzen Jalousien vor den Fenstern geschlossen sind. Er führt mich in den hinteren Raum der Wohnung, wir setzen uns auf zwei Stühle nebeneinander, und schon schießt er die erste Wortsalve von sich, in einer Manier, als wollte er schon wieder jemanden rekrutieren. »Wir sind der Meinung, dass sich das deutsche Volk und die Völker in Europa an den Rand des Abgrunds bewegen. Für mich ist ein Türke oder ein Schwarzer kein Deutscher, er gehört zur Bevölkerung, aber nicht zum Volk, das ist meine Meinung.« Moment mal, wollte er nicht heute über Ausstieg sprechen? Ich zwinkere einmal ruhig mit den Augenlidern und spreche mir zur Beruhigung das Mantra vor: »Wenn ihr einen Keil in die Gesellschaft treibt, dann ziehen wir den Keil wieder raus! Und noch mal: Wenn ihr einen Keil in die Gesellschaft treibt, dann ziehen wir den Keil wieder raus!« Chris setzt erneut an, und haut, ohne zu atmen, raus: »Wir sind der Meinung, dass Demokratie in den letzten sechzig Jahren nichts anderes gemacht hat, als unser Volk zu belügen – zu betrügen – zu verraten – zu verkaufen – zu untergraben – zu vermischen – zu entarten.«

Wie immer lockt es mich in so einem Moment, in ein Battle über Nazi-Ideologie einzusteigen. Aber das bringt nichts, das hab ich inzwischen gelernt. Ich könnte mir höchstens abends stolz auf die eigene Schulter klopfen und mir sagen: Hach, dem Nazi, dem hab ich's aber gegeben. Dann würde ich die Faust ballen, den Arm anwinkeln, ihn mit einem kurzen Ruck nach unten ziehen und dabei »Strike!« rufen. Das war's, verändert hätte ich damit nichts.

Vorsichtig bewege ich mich also auf eine andere, eine persönliche Ebene, wo das Blut langsamer fließt, und die Worte ganz automatisch an Schärfe verlieren. »Wie lange bist du schon Neonazi?«, frage ich ruhig. Angefangen hat es mit neun Jahren, sagt er. »Ich hatte eine Lese- und Rechtschreibschwäche, und Kameraden haben mir mit einem handgeschriebenen Tagebuch eines Wehrmachtssoldaten richtig lesen und schreiben beigebracht. So kam ich zum Nationalsozialismus.« Warum haben wir ihm damals nicht geholfen?, denke ich.

Chris' Mütze ist tief ins Gesicht gezogen, so dass ich es fast nicht sehen kann. Er erinnert mich an die KKK-Jungs am Waldrand irgendwo in den USA und an die vermummten Mitläufer auf den unzähligen Nazidemonstrationen hier in Deutschland. Meine Neugierde trifft heute einmal mehr auf euer Versteckspiel, und vielleicht wird es damit gleich ein Ende haben, denke ich. Ich möchte Chris' Lächeln sehen, noch ist es eingekeilt, aber ich sehe, dass es sich losreißen will.

»Wollen wir uns duzen oder siezen wir uns?«, frage ich Chris. Unter dem Käppi höre ich ein leises: »Ja, duzen, können wir machen.« Draußen wird es langsam dunkler. Im Raum legt sich ein rauchiger Farbton über alles und verschluckt Ecken, Kanten und vielleicht auch Chris' Bedenken vor dem »sich öffnen«. Er atmet tief ein und sehr lange aus.

»Man lebt nur noch für den NS«, sagt er und senkt den Kopf dabei noch tiefer. »Man opfert alles und jeden, um auf 'ne Demo zu gehen, um Vorträge zu hören, auf 'ne Schulung zu gehen, zum Stammtisch zu gehen. Erst über die Jahre hinweg merkt man irgendwann, was das für ein Druck ist. NS – macht dich – auf Dauer – kaputt!!«, betont er jedes Wort. »Das ist psychisch, das ist seelisch, das ist körperlich.« Ob es das jetzt wert ist, für ein Weltbild zu kämpfen, bei dem man seit Jahrzehnten immer zu hören bekommt: »Morgen kommt die Wende«, das sei dahingestellt. Gedankenversunken reibt er seine Hände, als wolle er die Enttäuschung über die falschen Versprechungen der Nazichefs von sich wischen. »Es ist so, dass ich jetzt über die letzten zwölf Monate von außen sehe, was der NS mit mir gemacht hat. Ich hatte Essstörungen und auch Depressionen. Manche Kameraden hatten Krankheiten, wie z. B. Neurodermitis. Ich hatte auch Selbstmordgedanken. NS ist ein Weltbild, was ganz viel auf Misstrauen und Missgunst aufgebaut ist, und das auch teilweise gegen sich selber. Man entwickelt einen Hass gegen sich selber.« Wie hat sich das geäußert, so eine Depression, will ich wissen. »Ich war immer nur darauf bedacht, dem NS-Weltbild gerecht zu werden und war sehr oft sehr unglücklich, hab sehr viel Hass und Wut empfunden. Einmal bin ich nachts davon aufgewacht, als ich im Schlaf meine Hand mit voller Wucht gegen die Wand geschmettert hab. Als nationaler Sozialist hab ich mich wie auf 'nem Karussel gefühlt. Und ich hab immer mehr Hass und Wut gegen mich selbst entwickelt.«

Haben dir die Nazibosse geholfen? Chris dreht seinen Körper leicht zu mir und fragt erstaunt, immer noch mit gesenktem Kopf: »Wie geholfen?« »Na ja, meinst du, die Nazichefs haben Interesse daran, dass es dir gutgeht?«, frage ich weiter. Er schüttelt den Kopf und sagt leise und irritiert: »Nein. Denen ist wichtig, dass die *Bewegung* vorangeht. Denen ist nicht wichtig, wie es den Einzelnen geht. NS ist 'ne Opferbewegung, ein Weltbild, was in erster Linie darauf aufgebaut ist zu opfern, das heißt Zeit opfern, sich selbst opfern, Familie opfern, Freunde, Freundin zu vernachlässigen, das wird auch gefordert! NS ist ein Führungs-Prinzip. Da sind die Führungsleute. Da sind die Aktivisten. Da sind die Mitläufer, die man halt braucht für gewisse Aufgaben. Die braucht man, damit die Zahl stimmt, damit die Masse stimmt. Aber sie sind eben in erste Linie Kanonenfutter!«

»Wie willst du aus dem ganzen Schlamassel wieder rauskommen, wie willst du diesen Nazikörper, der ja im Moment noch da ist, ablegen?«, frage ich vorsichtig.

»Mein größtes nächstes Ziel ist es, mit meiner Familie klarzukommen.« Langsam nimmt Chris sein Käppi ab und zum Vorschein kommt ein kahlgeschorener Kopf, auf dem die Ränder kleiner eiliger Schnittwunden zu sehen sind.

»Ich denke, dass ich auf dem besten Weg bin, auszusteigen«, sagt er schließlich, dreht vorsichtig sein Gesicht zu mir und schaut mir dann direkt in die Augen. »Jetzt hast du mich ja mal angeguckt«, sag ich zu ihm und schaue in ein Lächeln. Und plötzlich bin ich in Gedanken mitten in einem Gespräch mit meiner Mutter. Wir saßen in ihrem

Wohnzimmer, ich war schon eine erwachsene Frau, und wir hatten eigentlich nie zuvor intensiv über unser Familie gesprochen, und da sagte sie plötzlich zu mir: »Als meine Mutter mitkriegte, dass ich schwanger war, und das noch von 'nem Farbigen, da hat sie sich erst mal auf die Bergstraße gestürzt und wollte sich das Leben nehmen.«

Ich konnte es damals kaum glauben, meine Oma, die mich mit viel Liebe und preußischer Disziplin großgezogen hat, nachdem ich mit fünf Jahren von der Pflegefamilie in Obervellmar zu ihr kam, meine Oma, die mein Fels in der Brandung war, sie wollte sich vor die Straßenbahn werfen, wollte nicht mehr leben, weil sie es nicht ertragen konnte, dass ihre Tochter ein schwarzes Baby zur Welt bringt!? Aber dann muss unsere erste Begegnung wohl wie eine Sonne gewesen sein, die sie wärmte, auch wenn sie es erst mal nicht wollte. Warum das damals ein kleines Wunder war, wurde mir erst vor kurzem klar, als meine Mutter offenbarte: »Mo, deine Großmutter war bei der SS«.

Ich schaue wieder zu Chris und spüre eine konfuse Erleichterung. »Wie gesagt, es ist schwer, darüber zu reden. Ich habe darüber nie so richtig geredet – es ist nicht so einfach. Ich rede ja, und reflektiere mich selbst und habe die Jahre in mir drin – es ist ein komisches Gefühl, und auch nicht wirklich angenehm, um ehrlich zu sein. Es ist auch ein Stück weit peinlich. Ich schäme mich für vieles, was ich gemacht habe.«

Die innere Freude, die ich in mir trage, als ich mich von Chris verabschiede, kann ich schwer in Worte fassen. Noch habe ich nicht kapiert, wer dieser Noch-Neonazi Chris für mich ist, aber von Tag zu Tag wird es für mich klarer.

Auf Omas Ausweispapieren ist ein Aufdruck mit zwei SS-Runen. Ich kann mir die Dinger kaum anschauen, sie stechen einen, ohne dass man sie berührt. Immer wieder überfliege ich die von meiner Mutter recherchierten Unterlagen über meine Großmutter und versuche etwas zu finden, was mich wieder runterbringt, aber da steht schwarz auf weiß: »Es wird hiermit bescheinigt, dass Fräulein Charlotte Henschke, geb. 08. 07. 1908 bei der Ergänzungsstelle des Heeres und der Waffen-SS Fulda – Werra (IX), Kassel, z. Zt. Rothenburg (Fulda) beschäftigt ist.« Unten auf dem Schriftstück halb schräg ein Stempel, auf dem der Reichsadler das Hakenkreuz greift. Vermutlich wurde das Siegel mit routinemäßiger Bürokratenfaust und voller Wucht auf das Blatt geschmettert. Es landete neben der gekritzelte Unterschrift eines SS-Oberscharführers.

Oma Charlotte hat immer zu mir gesagt, wenn einer »Neger« zu dir sagt, dann sag: »Du Kalkeimer.« Mir hat sie unglaublich viel Kraft gegeben, sie war die, die zu mir hielt, auch wenn sie recht streng sein konnte, und Mama und ich sie dann »der General« genannt haben. Und jetzt lese ich auf einem weiteren Zettel: »Charlotte Henschke, 1944/I-a Schreiberin (des Ersten Generalstabsoffiziers) der schweren Flak 635« und darunter das ominöse Wort »Heimleiterin 635«. Heimleiterin? O nein, bitte nicht! Darunter aufgelistet als Folgeanstellung: »Stenotypistin der Waffen-SS«, dann 1945 Flucht nach Österreich, wo sie in Palting, im Bezirk Braunau am Inn, Hitlers Geburtsort, gemeldet war. Dann Ausweisung aus Österreich. Wer war diese Charlotte Henschke?

Im Verlauf des Krieges wurden ab 1942 unverheiratete Frauen, wie Oma Charlotte und viele andere, kurzerhand von den Nazis dienstverpflichtet. Das gibt mir etwas Zuversicht, dass Oma vielleicht nicht zu den Hardcore-Nazis gehörte, sondern »nur« durch die ganze Nazi-Propaganda an jeder Litfaßsäule auf dem Weg zur Schule, zur Ausbildung, zur Arbeit wie all die anderen manipuliert wurde.

Chris und Charlotte, zwei Deutsche, zwei Sachsen, zwei Epochen, zwei, die mit Rassismus und Antisemitismus aufgezogen und gefüttert wurden.

Die wichtigste Frage für mich ist vielleicht, was hätte ich getan, wenn ich als Jugendliche herausbekommen hätte, dass Oma bei der SS war? Ich bin mir ziemlich sicher, ich hätte mich auf dem Absatz umgedreht und hätte Charlotte Henschke, eine große Liebe in meinem Leben, für immer verlassen. Ich hätte ihr das damals nicht verzeihen können, hätte ihr keine Chance gegeben. Allein der Gedanke daran treibt mir heute beinahe die Tränen in die Augen. Ich wäre es gewesen, die den weiteren Wandel von Hass zu Liebe und Fürsorge unterbunden hätte. Ich wäre es gewesen, die die wärmende Sonne am Ende ausgeknipst hätte.

Über das Ende einer Geschichte entscheidet man immer selbst, nicht sein Gegenüber.

18. Pegida – Wut im Montagsrudel

Sie ziehen los, wenn es Abend wird. Bewaffnet mit Fahnen und Transparenten und strammen Schrittes Richtung Volksverhetzung. Sie nennen sich »Patriotische Europäer gegen die Islamisierung des Abendlandes«, kurz Pegida. Es sind Tausende.

Ich stehe seit einer Stunde im Zentrum Dresdens am Postplatz direkt am Einfalltor zur Pegida-Demonstration und beobachte eine unaufhörlich strömende Menge »Abendspaziergänger« in Richtung Hauptversammlungsplatz laufen. Es sind Frauen, Männer, jung wie alt, meist in kleinen Gruppen unterwegs.

Pegida-Anhänger gibt es zwar deutschlandweit, aber von hier aus hat die Bewegung ihren Ausgang genommen und hat auch hier den stärksten Zulauf. Früher hat man die Stadt und die Region drumherum als das »Tal der Ahnungslosen« bezeichnet, weil zu DDR-Zeiten kein »weltoffenes« West-Fernsehen empfangen werden konnte. So gesehen hatte sich für manche hier die Welt noch kleiner gemacht, als sie eh im eingemauerten Ostdeutschland schon war. Auch nach der Wende blieb man am liebsten unter sich.[47] Und Jahre später dann das: Der derzeitige Anteil an Muslimen im Bundesland Sachsen schwillt auf sage und schreibe 0,2 Prozent an. Wie soll man sich gegen diese Flut an Fremden, an Muslimen nur zur Wehr setzen? Der Aufruhr ist groß, und deshalb begibt man sich auf die Straße, skandiert, parliert und echauffiert sich.

Bevor ich mich mit der Menschenmenge mittreiben

lasse, um herauszufinden, was und wer das hier genau ist, warte ich noch auf Diana, die ich über eine antifaschistische Facebookseite kontaktiert habe und die mich heute begleiten will.

Immer mehr Menschen strömen von den Straßenbahnen und Bussen in Richtung Theaterplatz, wo sie sich gleich alle sammeln werden. Auch Pegida-Gegner sind unterwegs. Ich frage ein paar linke Skins, die zufällig neben mir stehen, wer denn jetzt hier die Pegida-Abendspaziergänger und wer die Gegendemonstranten sind: »Ich seh's nicht, seht ihr's?« »Kann man von der Klamotte nicht unterscheiden, musste genauer hinschauen«, sagt der Skin mit der kunstvoll gepiercten Oberlippe.

Bisher hab ich nur mit Weitwinkel auf das Ganze geschaut, jetzt zoome ich mit weitgeöffneten Augen ran und gerate direkt in einen, meine deutschtürkischen Freundinnen Ayla, Naciye und Zehra, Güner und Gün würden sagen »bösen Blick«. Er kommt von einer jungen Frau in Markenjeans und dunkler Jacke. Sie klappt von unten mit voller Muskelkraft ihre Augenlider bis zum Anschlag hoch, der Kopf dabei gesenkt. Wouhh! Der Blick schmettert mich fast an die Wand. Ich sehe noch, wie die Frau die Hand ihres Partners ergreift und mit festem Schritt an mir vorbeimarschiert. Ihr böser Blick galt mir, daran gibt's keinen Zweifel. Ich bin eine »Ashanti-Hessen-Sächsin«, mit Omas Wurzeln in Dresden und Kamenz, Papas in Ghana und ausgeliefert von meiner lieben Mutter in Kassel. Wenn ich nicht das Recht habe hier zu stehen, wer dann?

Mein eingebautes »Rassismus-Barometer« schlägt momentan volle Kanne aus. Im Kopf hab ich noch das Bild eines Jungnazis, den ich an diesem Montagmorgen zu seinem Pitbull verzweifelt hab schreien hören: »Platz! Los! Platz!«

Aber das hier sind doch Normalos, oder? In Frontal-Zoomstellung erlebe ich nun ein ganzes Feuerwerk an bösen Blicken der vorbeilaufenden Pegida-Abendspaziergänger: von dem jungen Mann mit übergeworfener Deutschlandfahne, von der Oma mit blondgefärbtem Gretchenzopf, von einer Gruppe Mittvierziger in wasserabweisenden Radfahrerjacken mit kleinem Lederaufdruck. Im Montagsrudel fühlt man sich sicher.

Zusammengeschweißt zu einem geschlossenen Rudelkörper fühlt man sich sogar stark. Eine gefährliche Eigendynamik steckt in diesem Körper, denke ich. Da, schon wieder der böse Blick. Wenn Blicke zu Hass-Lasern werden, ist man traurig und auch irgendwie irritiert. Ob vielleicht einer dieser Abendspaziergänger mir die anonyme Mail schickte, die ich neulich bekam? Der Verfasser schrieb sie nachts von einer Trash-Mail-Seite, wohl nachdem er meinen neuen Film gesehen hatte:

Was für ein lächerliches und erbärmliches Filmchen! Na ja, was soll man von einem Primatenkind auch erwarten. Dieses widerliche Abfallprodukt der Rassenschande ist eine Beleidigung für Deutschland! Solche Kreaturen sollten fach- und sachgerecht entsorgt werden. Wollen wir hoffen, dass der Ami Recht behält (soll wohl Tom Metzger sein) und diese 'Mo'nströse Abartigkeit der menschlichen Natur im künftigen Rassenkampf vernichtet wird. PS: dieses Stück Scheiße (MO) ist dermaßen hässlich ... ein verkrüppelter Schimpanse ist dagegen ja geradezu ästhetisch.

Im Windschatten der »Rettung des Abendlandes« wird wohl alles gerissen, was nicht ins Konzept passt, auch ohne Kopftuch.

254

Mitten im Kugelhagel der bösen Blicke steht Diana plötzlich neben mir und lenkt mich für einen Moment mit ihrem zugewandten Wesen ab. »Gott sei Dank, endlich ein freundliches Gesicht, schön dich kennenzulernen«, sag ich, und wir landen schnell beim Fünfvorzwölf-Fachsimpeln am Rande einer beängstigenden 1933er-Szenerie.

»Vor vier Wochen, an einer Haltestelle wurden montags vier Flüchtlinge von einer großen Gruppe abreisender Pegidanern in der Innenstadt bedroht und angepöbelt«, erzählt mir Diana. »Das hat mich sehr mitgenommen. Ich stand mitten in Dresden und habe so geweint über diese Ungerechtigkeit.« Einer der Flüchtlinge sprach ganz gut Deutsch und habe immer wieder versucht zu erklären, weshalb er hier sei. »Ich will in Frieden leben«, habe er gesagt, und wurde dafür nur höhnisch ausgelacht und noch lauter angefeindet. »Wut, so viel Wut«, sagt Diana sichtlich »montagserschöpft«. Ein »Wir-sind-das-Volk«-Banner-Träger läuft an uns vorbei, und ich muss an all die neuen Deutschen in den Flüchtlingsheimen denken.

»Einem Flüchtling, Mohamed heißt er, wurde letztens auf dem Nachhauseweg eine Bierflasche hinterhergeworfen«, berichtet mir Diana, die als sächsische Aktivistin Flüchtlingen hilft, dann weiter. Und dieser Mohamed habe ihr erzählt, dass ein älterer Herr ihm auf der Straße vor die Füße gespuckt habe. »Da Mohamed großen Respekt vor älteren Menschen hat, hat er sich nicht getraut zu fragen, weshalb er das gemacht hat.«

Pegida-Anhänger, das sagen sozialwissenschaftliche Studien, kommen aus der »Mitte der Gesellschaft«, sind mehrheitlich männlich und mittleren Alters, meist verheiratet, überdurchschnittlich gut gebildet und gut verdienend. Am äußersten Rand dieser »Mitte der Gesellschaft« bewegen

Diana und ich uns langsam in Richtung Versammlungsplatz. »Klar zur Wende – Pegida packt Deutschland« steht
da auf einem Transparent, und ich denke an meinen ag-
gressiven Taxikunden zur Wendezeit in Berlin, der mich
damals ziemlich unsanft am Hals gepackt hat. Vielleicht
ist ja noch was über von dem Frust über die enttäuschten
Versprechungen aus dieser Zeit, und sie führen hier einen
verspäteten »Blühende-Landschaften-Krieg«. Ich schaue
in die zum Versammlungsplatz laufende Gesichter und
rufe ihnen lautlos entgegen: Wer seid ihr?

Irgendwie spüre ich, dass sich hinter dieser Wut noch
etwas anderes verbirgt. Etwas wie ein großes Jammern,
das sie fast insichtbar un zäh hinter sich herschleppen. Ich
frag mich, was quält sie denn so? »Früher waren wir mal
wer«, erahne ich als einer der möglichen Antworten. »Ich
habe in der Leitung eines VEB-Kombinats gearbeitet.«
»Wir«, rufen da andere »waren in der Vergabeabteilung
der heißbegehrten Trabbis«, mit meinen Augen verfolge
ich möglicherweise einen ehemaligen DDR-Grenzbeam-
ten im ausgeleierten Mantel der Macht. Vielleicht ist bei
manchen dieser vor allem älteren Pegida-Anhänger etwas
von der Ohnmacht geblieben, »überrollt« worden zu sein,
von den »westlichen Invasoren und Investoren«, und das
tut auch über 25 Jahre danach noch weh. »Volkseigentum«
wurde dem Volk, also auch ihnen persönlich, entwendet.
Volkseigene Betriebe bewusst platt gemacht und in den
Ruin getrieben. Damals waren es die Ihrigen. Deutsche!
Wessi-Obermuftis, Upper-Westside-Invasoren in Nadel-
streifenanzügen, und viele waren nicht in der Lage, diesen
»Überfall« abzuwehren. Manch einer hier wacht vielleicht
stark vernebelt gerade erst so richtig auf und denkt sich:
»So etwas darf uns nicht noch mal passieren.« Und jetzt

kommen wieder Leute ins Land. Diesmal sind es Fremde, Flüchtlinge, Muslime.

Vielleicht sollte man ja noch mal eine »Was ist schiefgelaufen bei der Wende«-Diskussion antreten, aber Flüchtlinge aus zerbombten Städten anzuspucken, ist so ähnlich wie gegen Großkonzerne zu motzen und Tante-Emma-Läden zu überfallen. Und das sind auch keine besorgten Bürger hier, Sorgen sehen anders aus.

»Meine Heimat bleibt deutsch« läuft da an mir vorbei, und ich frage mich, hat das Ganze hier vielleicht auch etwas mit diesem verquasten Arier-Denken zu tun, dem ich ja immer wieder auf meiner persönlichen Rassismus-Reise in ganz unterschiedlicher Weise begegnete? Das Wort spricht zwar keiner hier aus, aber »Heimat« und »deutsche Herkunft« werden hier mit Inbrunst verteidigt gegen fremde »Eindringlinge«.

Diana und ich stehen nun direkt am Café Schinkelwache. Vor uns, laut der Forschungsgruppe »durchgezählt« etwa zehntausend selbsternannte »patriotische Europäer«. Auf wild durcheinanderwirbelnden Fähnchen und Bannern bringt hier jeder sein eigenes Wehweh mit, an dem ihrer Meinung nach die Fremden, die Muslime, schuld sind. Da drüben flattert: »Wir fordern: Rückzugsregionen für Einheimische.« Auf der anderen Seite hat einer in Schreibschrift auf ein Transparent geschrieben: »Dein Kinderzimmer für Flüchtlinge«, rechts dahinten weht vor dem Vollmond ein Fähnchen: »Obama nach Nürnberg zum Kriegsverbrecherprozess.« Einer postuliert: »Sachsen bleibt deutsch«, ein anderer: »Pegida gegen den Gender-Wahn.« Auf einem Transparent erkenne ich ein symbolhaftes Bett, darüber groß geschrieben: »Bautzen, belegt!« Deutschlandweit flattert muslimische Hetze unter dem

Banner Pegida, Legida, Kagida, Dügida, Kögida und Co. Ob die überhaupt wissen, dass »gıda« ein türkisches Wort ist und »Lebensmittel« bedeutet. »Gıda« – also muslimisch, geht's noch? Was mein Lieblingverkäufer aus meinem türkischen Supermarkt »eurgıda« wohl darüber denkt?

Ich versuche, mit einer älteren Frau ins Gespräch zu kommen. »Warum sind Sie hier?«, frage ich sie. »Man hat mir meine Wäsche von der Leine geklaut«, bekomme ich zur Antwort. »Oh, und Sie denken jetzt, das waren Flüchtlinge.« »Ja«, sagt sie scharf. »Und wenn es keine waren?«, frage ich nach, aber sie hört mir schon gar nicht mehr zu. Will einfach nichts, gar nichts hören. Ein paarmal versuche ich noch, ein normales Gespräch mit einem der Leute hier zu führen, aber no way, es hört wirklich keiner zu.

Mitten auf dem Theaterplatz, gleich neben dem bronzenen Reiterstandbild des sächsischen Königs Johann, spricht jetzt Lutz Bachmann in ein Mikro. Er ist der Leitwolf und lenkt die Wut des Rudelkörpers: »Pegida ist gekommen, um zu bleiben! Wir bleiben, um zu siegen! Und wir werden siegen!« Lauter Jubel im Montagsrudel. Sieg, ja Sieg, das ist wohl das einzige, was Linderung bringt. Und montags für den Sieg kämpfen, das hatte ja schon mal geklappt. Nur einmal siegen, nur einmal »wer« sein.

Von der Bühne aus werden nun all die Ängste, Vorbehalte und die Wut von rechtsradikalen Demagogen geschickt mit rassistischer Propaganda befeuert. Im Gegensatz zum Pegida-Fußvolk bewegen sich die Biografien vieler Pegida-Organisatoren allerdings eher am Rande der Gesellschaft. Bachmann beispielsweise hat Ordnungswidrigkeiten und Straftaten auf seinem Konto, unter anderem Körperverletzung, Diebstahl, Drogenhandel etc. Also fast alles, was er da oben gegen die »Fremden« anführt.

»Hallo Dresden, liebe tapfere Sachsen!«, tönt es dann von einem anderen Redner von der Bühne. Und Diana gibt mir leise einen kleinen Überblick über wohl »tapfer« gemeinte Taten »aus der Mitte der Gesellschaft«: »Letztes Wochenende brannte in Dresden ein Hotel, welches eventuell zur Unterbringung von Flüchtlingen gedacht gewesen ist. In Dippoldiswalde, ca. 25 Kilometer von Dresden entfernt, brannten Container, die zur Unterbringung von Flüchtlingen gedacht waren. Ein Flüchtling in Freital wird verletzt, als verbotene Böller an seinem Schlafzimmerfenster detonierten. Letzte Woche Montag wurde am helllichten Tag ein Iraker in Freital zusammengeschlagen. Und es geht immer weiter. Wir haben hier nur noch Angst.«

Solche angstmachenden Provokationen machen mir große Sorgen. Und es erinnert mich an die Worte von Tom Metzger, der in diesem Zusammenhang von der Vorbereitung zum »Racewar«, zum »Rassenkrieg«, sprach. Solche taktischen Verunsicherungen der Bevölkerung hat es schon oft in der Geschichte gegeben. Mein Großonkel Wastl war in Österreich als junger Mann bei der SA, so die jüngste Recherche meiner Mutter, und hat als einer von vielen im Juliputsch versucht, Hitler 1934 dort an die Macht zu bringen. In der Zeit dieses Putsches wurden im ganzen Land Anschläge, kleine und große Provokationen, verübt und eine Stimmung in der Bevölkerung verbreitet, dass etwas »geschehen muss«. Dieses Klima schlägt mir hier auch entgegen. Die damaligen Anschläge waren vielleicht ähnlich wie jetzt, wenn »Bürger« in Tröglitz, in Freital oder Heidenau nächtelang vor Flüchtlingsunterkünften, ausländerfeindliche Parolen grölen. »Brandstiftung gegen Wohnheime, als vorbeugende Maßnahme zur Abwehr von Flüchtlingen, den Anderen, artet im Sommer und Frühherbst 2015 zum Volkssport aus«, schreibt der Historiker Wolfgang Benz.[48]

Rassismus ist Krieg. Rassismus ist Provokation. Ich frag mich, bin ich als Bürger vorbereitet auf solche Provokationen nicht hereinzufallen? Im Kopf schwirren mir die Worte von André Aden, der bei der Antifa sein Leben riskiert und der Nazi-Führer jahrein jahraus beobachtet. Andre sagte: »Für die ist das ein langfristiges, jahrelanges Konzept. Die sagen: in fünf Jahren sind wir da, in zehn Jahren sind wir da, und in fünfzehn Jahren haben wir *Machtergreifung*.«

Für heute reicht's mir auf jeden Fall. Jetzt könnte ich die Reden, die bösen Blicke, die Spucke des alten Mannes, die Pöbeleien, die furchtbar unsympathischen Wichtigtuer einfach ignorieren und nach Hause fahren. Aber ich denke Machtergreifung? Racewar? Gehört Pegida, AfD und Co auch zu so einem Plan?

So langsam bricht die Nacht herein, und die Menge setzt sich abschließend zu ihrem Abendspaziergang in Bewegung. An der Semperoper hängt ein riesiges Banner: »Wie sind keine Kulisse für Intoleranz«, unten wandeln »Refugees go home«-Transparente.

Mich friert. Wenn sich zwei oder mehrere dieser Montagsrudel zusammentun, und der Rudelkörper wächst, dann wird's vielleicht gefährlich. Ich hoffe, meine Antifa-Freunde haben sich dazu was ausgedacht. Kuscheln reicht dann nicht mehr. Also lasst uns mal die Jungs und Mädels von der Antifa umarmen. Ziviler Ungehorsam als Plan-B sollte noch irgendwer drauf haben. Denn was passiert, wenn wir es nicht schaffen, zusammenzukommen und die neuen Herausforderungen unserer Zeit zu lösen? Ich habe mal den Satz gelesen: »Wer in der Demokratie schläft, wacht in der Diktatur auf.«

19. Chris
····················

Bei meiner Reise zu den Rassisten, von den Neonazis zum
Ku-Klux-Klan bis in die »Mitte der Gesellschaft«, habe ich
begriffen, dass ich die Anführer von diesen Hassgruppen
in Zukunft lieber der Polizei und der Justiz überlasse. Was
aber ist mit Chris? Was ist mit den jungen Menschen, die
da reingezogen werden? Die so lange mit Hass gefüttert
werden, bis sie von Sympathisanten zu Mitläufern oder
sogar Tätern werden? Soll man sie einfach aufgeben?

Etwa sechs Monate nach meinem ersten Gespräch mit
Chris kommt es zu einem erneuten Treffen. Chris musste
in der Zwischenzeit etwa viermal umziehen, weil ehemalige Nazikumpels ihm drohten: »Wir wissen, wo du wohnst.«

Irgendwo weit draußen im Berliner Außenbezirk Marzahn sitzen wir nun auf zwei riesigen grafittibesprayten
Wasserrohren, die dicht aneinandergeschmiegt bis weit
hinten am Horizont nebeneinander herlaufen.

»Ganz schön anstrengend, was du gerade so machst«,
sage ich und schaue Chris an. »Für mich ist es halt neu, ein
bisschen aufregend«, sagt er verhalten, stemmt noch etwas
steif die Beine gegen das zweite Wasserrohr und stützt seinen Arm auf dem Knie ab. Ein unauffälliger junger Mann,
wenn da nicht die Glatze wäre, auf der ich kleine rote Här-
chen sprießen sehe.

Ich fasse es nicht, wie sehr er sich verändert hat, und
sage, was ich mit all meinen Sensoren wahrnehme: »Du
siehst strahlender aus. Ich finde, du bist stärker geworden.
Fühlst du dich auch stärker?« Etwas verlegen dreht Chris

seinen Kopf zur Seite nach unten und presst nach einer kurzen Gedankenpause nur ein Wort heraus: »Befreiter!«

Wie entschlossen und aufgeregt seine Augen jetzt blinzeln, die Wangen sich nach oben ziehen. Nur die buschigen, roten Augenbrauen bleiben regungslos und unterstützen noch sein lebhaftes Blinzeln durch Ruhe und Kraft. »Wenn du morgens in den Spiegel schaust, was siehst du?«, frage ich, weil ich mir so einen Ausstieg aus den Klauen der Rassisten nicht vorstellen kann. »Sehr viel Verwirrtheit ist noch in mir, sehr viel Durcheinander, aber es wird immer klarer. Das ist wie so 'ne Last, die wegfällt, wie Ketten, wie Kettenglieder, die an einem geklebt haben. Und je mehr man's biegt und sich beugt und streckt, desto mehr sprengen die Ketten ab. Und dann fühlt man sich befreit.«

Wir gucken uns an und dann fließt uns beiden ein Lächeln über die Lippen, so dass wir gleich ein nächstes hinterherschieben möchten. »Besser als vor ein paar Monaten?«, hake ich nach. »Ja, das kann man echt nicht vergleichen. Ich hatte zwar diese Ausstiegsgedanken in mir, aber ich wusste nicht, wie man das angehen soll.«

Komisch, jetzt bin ich selbst ein bisschen schüchtern. Vielleicht weil so ein »sich Öffnen« etwas sehr Intimes hat. Ich möchte so viel fragen, jetzt wo ich kann. Wär ich früher auch Feind gewesen?, frag ich, obwohl ich schon die Antwort kenne. »Ja!«, kommt gleich. »Und wie ist das jetzt so, neben einer Schwarzen zu sitzen?« »Ist mir egal, mittlerweile. Am Anfang war es natürlich ungewohnt«, kommt ganz leise über seine blassen Lippen. »Ich hatte das logischerweise noch nie, aber jetzt ist mir das vollkommen Latte.«

Darf ich jetzt ein bisschen stolz sein? Obwohl ich nicht allein den Funken für das Umdenken bei Chris ausgelöst habe. Es war ein 15-jähriges Mädchen. Er hatte mir bei unserem ersten Treffen von ihm erzählt. Es stand bei einer Veranstaltung plötzlich vor ihm und fragte in so einer jungen, offenen Art und Weise: »Und, was hast du davon, ein Nazi zu sein?«

»Mehr war das nicht, nur die eine Frage und der Fakt, dass sie mich freundlich angesehen hat und mich nicht in eine Schublade gepackt hat«, sagt er heute.

Wenn ein 15-jähriges Mädchen es mit nur einer ehrlich gemeinten, interessierten Frage schafft, einen Neonazi, der seit seinem neunten Lebensjahr in dieser menschen- und selbstverachtenden Ideologie gefangen ist, zu öffnen, dann müsste das eigentlich jeder von uns können. Ich sehe mir Chris Grübchen an, die herauskommen, wenn er so auf seinen Zähnen herumknirscht und denke an die Einfachheit und Kraft solcher Momente zu zweit.

Es dauert eine Weile, bis wir wieder richtig ins Gespräch kommen. Jeder hat ja so seine Bilder im Kopf und durchleuchtet seine Gedanken. Was hat Rassismus mit uns gemacht? Gerade muss ich an die unzähligen Erlebnisse an Grenzen denken. Wegen meiner Hautfarbe wurde ich immer angehalten und extremst gefilzt. Seh ich so aus, als würde ich kiffen oder illegal Waffen importieren?, hab ich mich damals mit unterdrückter Wut gefragt. Chris hat ja keine Ahnung, was man, wenn man nicht »weiß-deutsch« aussieht, so alles erlebt. In der Zeit, als die Mauer fiel, es aber die DDR-Grenze noch formal gab, steigerte sich meine Grenzaversion so stark, dass ich mit meiner Busenfreundin Eva am Grenzpunkt »Heinrich-Heine-Straße« einfach ohne anzuhalten durchgefahren bin. »DDR-Grenz-hopping« haben wir das genannt. Einmal wurde uns an der Grenze zu Bayern dabei fast der Schlagbaum auf mein schönes Benz Coupé geknallt. Aber wir sind drunter durchgesaust. Eva hat dabei geschrien vor Freude, Eva ist weiß.

Heute bin ich, wenn es um *racial profiling* geht, cooler geworden. Mittlerweile sage ich bei den bei mir auffällig oft durchgeführten Flughafen-Ganzkörperchecks dann: »Danke für die Massage« oder »Einmal Fettabsaugen bitte!«. Möchte aber nicht wissen, wie es anderen dabei ergeht. So macht jeder seine Erfahrungen.

Ich schaue Chris an und denke immerfort, wie schön es ist, sein Lächeln zu sehen.

Kaum zu glauben, dass mir Rassisten, und auch der Chris von früher, mein Selbstbewusstsein zerstören wollten. Mit was ich alles versucht habe, mich selbst und meine Identität als Deutsche zu finden. Im Babelsberger Kostümfundus hab ich für ein Fotoshooting mal gefragt: »Haben Sie ein Brunhilde-Kostüm für mich?« Da haben die geguckt, weil Brunhilde ja die blonde Powerfrau aus der Nibelungensaga ist. O mein Gott, was mir plötzlich wieder einfällt.

Eins ist mir natürlich immer noch im Kopf, der Begriff »Arier«, nicht zuletzt wegen Lars und seiner Morddrohung. Also erzähle ich's Chris jetzt?, frage ich mich und lege wie ferngesteuert los. »Ich hab dir doch mal erzählt, dass ich auf Reisen war.« »Nu«, sächselt Chris und grübelt gleich, was jetzt wohl von mir kommt. »Ich hab die Arier gesucht.« »Und, hast du sie gefunden?«, kichert Chris kurz hinterher, erahnend, dass die Antwort schräg sein könnte. Vorsichtig klappe ich die Seite in meinem Arierbüchlein auf, auf der ich Bilder meiner neuen arischen Freunde in dem Bergdorf Abiyaneh geklebt habe. »Ich zeige dir mal die Arier. Da sind se.«

Nervös und auch etwas belustigt bewegt Chris sich

nach vorne zum Buch, wieder hinten, guckt er entgeistert auf die Bilder der wahren Arier. »Und was haben sie gesagt über Arier? Was war ihre Meinung?« »Es hat nichts mit Hautfarbe zu tun, mit Augenfarbe oder Haarfarbe.« Nach einer Gedankenpause erwidert Chris: »Krass.« Mehr kommt nicht raus.

Dann blättere ich auf die Seite, auf der ich ein altes Foto von Lars Burmeister geklebt habe. »Hier, das ist Lars Burmeister von den *White Aryan Rebels*. Der hat mal ´ne Morddrohung gegen mich ausgesprochen: Die Kugel ist für dich, Mo Asumang, hat er gesungen.«

Plötzlich weiß ich, Lars spielt gar keine Rolle mehr für mich. Aber Chris.

Ich muss diesen Moment gut nutzen. Ich überlege, ob ich Chris zum Schluss erzähle, dass meine Großmutter bei der SS war. Die Vergangenheit ist ja noch so stark in uns drin.

Ein letztes Mal klappe ich das kleine Arierbüchlein auf, und zeige Chris das Foto meiner Oma. »Das hier ist meine Großmutter. Sie war bei der SS.«

»Darf ich mal?« Chris Oberkörper ist jetzt ganz tief nach unten gebeugt. Ich weiß nicht warum. Er nimmt das Büchlein in seine Hände und beugt seinen Kopf noch tief über das Bild.

»Hier, Ergänzungsstelle des Heeres. Charlotte Henschke. Meine Großmutter. Bei der SS. Und sie hat mich großgezogen«, zeige ich ihm.

»Krass. Hat sie von ihrer Vergangenheit gesprochen?«

»Nein«, sage ich und weiß, dass das anders machen werden.«

★★★

Einen Moment wie diesen – hier mit Chris – den hätte ich mir niemals vorstellen können. Und ich spüre nun, meine Reise ist noch nicht zu Ende. Wird es mir gelingen mich von alten Wunden zu heilen, die Rassisten mir zugefügt haben?

Eins weiß ich sicher: Wenn man etwas dazu beitragen möchte, das Problem mit dem Rassismus zu lösen, muss man bereit sein, etwas von der eigenen Kraft abzugeben.

In den nächsten zwei Jahren haben Chris und ich immer wieder telefoniert und uns getroffen. Wir sind Freunde geworden. Chris nennt sich mittlerweile »Demokrat in Ausbildung«.

Dank
·················

Vorab geht ein ganz besonderer Dank an den blonden, blauäugigen Jungen, der in einer Schule aufgeregt auf mich zukam und sagte: »Vielen Dank Mo, jetzt muss ich endlich kein Arier mehr sein.«

Ganz herzlich danken möchte ich: Prof. Dr. Hans Ottomeyer; Dr. Barbara Helwing, Deutsches Archäologisches Institut; Prof. Dr. Josef Wiesehöfer, Universität Kiel; Dr. Felix Wiedemann, Freie Universität Berlin; Dr. Ali Reza Askari, Universität Shiraz; Dr. Gerhard Keiper, Herbert Karbach, Auswärtiges Amt; Prof. Abraham Ashkenasi, Otto-Suhr-Institut, Freie Universität Berlin; Dr. Uwe Puschner, Friedrich-Meinecke-Institut, Freie Universität Berlin; Prof. Dr. Klaus J. Bade; Prof. Bernhard Mayer, Universität Tübingen; Jochen Seebode, Institut für Ethnologie, Freie Universität Berlin; Dr. Rüdiger Dahlke, Psychotherapeut und Autor; Prof. Martin Steyer, HFF Filmuniversität Babelsberg Konrad Wolf; Prof. Thomas Schadt, Filmakademie Baden-Württemberg; Prof. Heather Norton, Cincinetti University

sowie den Archiven: Deutsches Archäologisches Institut; Southern Poverty Law Center; Auswärtiges Amt; Bundesfilmarchiv/Transit; Stiftung Deutsches Rundfunkarchiv; Trion Film/Manfred Köhler; apabiz e.V., Antifaschistisches Pressearchiv und Bildungszentrum; Mrs. W's privat Library; Deutsches Historisches Museum; a.i.d.a., Antifaschistische Informations-, Dokumentations- und Archivstelle München.

Mein besonderer Dank geht an meine Mutter, meinen Vater, meine Familie und Reinhard Hinrichs, Claudia Tronnier, Christopher Sorge

sowie an: Dr. Frank-Walter Steinmeier, Aussteiger Projekt 21 II, Michael Ankele, Aussteigerprojekt Exit, Bernd Wagner und Fabian Wichmann, ZDF/Das kleine Fernsehspiel, Arte, Kathrin Brinkmann, Martin Piper, Filmförderung Hamburg/Schleswig Holstein, Nord Media Filmförderung, Dr. Hans-Ulrich Seidt, Werner Wnendt, Hanfgarn & Ufer Filmproduktion, Uwe Wolfgang Heye, Helmut

Lörsch, Michael Schäfer, Esther Bejarano & Microphone Mafia, Auschwitz Komitee, Helga Obens, Southern Poverty Law Center, Intelligence Project SPLC, Heidi Beirich, Christian Becker, Burschenschaften gegen Rechts, Iranische Botschaft Berlin, Iranischer Botschafter Ali Reza Sheikh Attar, Afshin Parchizadeh, Ministery of Culture and Islamic Guidance, People of Abiyaneh, Barbara Helwig, Deutsches Archäologisches Institut, Magrit Hakimpour, Dr. Axel Lubinski, Bundesministerium des Inneren, Thomas Krüger, Bundeszentrale für Politische Bildung, Sanem Kleff, Schule ohne Rassismus – Schule mit Courage, Recherche Nord, US Botschaft Berlin, Ralf Melzer, Friedrich Ebert Stiftung, Dirk Laabs, Eleonore Sylla, Goethe Institut, Berliner Ratschlag für Demokratie, Lorenz Korgel, AGDOK, Thomas Frickel, Hans Coppi, Gallup, Jörg Kronauer, Umut Karakas, Sabine W., JVA Wriezen, Evangelische Akademie Berlin, Jörg Witte, Rudi Klemm, Arno Speiser, Anetta Kahane, Holger Kulick, Amadeu Antonio Stiftung, Mut gegen rechte Gewalt, Gesicht Zeigen, Sächsische Aktivistin Diana, ANTIFA, Brothers Keepers, Ming, Antidiskriminierungsstelle des Bundes

Herzliches Dankeschön den Filmteams: Felix Leiberg, Susanna Salonen, Yoliswa von Dallwitz, Axel Schneppat, Alexander Gheorghiu, Uwe Praetel, Mohammad Reza Jahanpanah, Karin Nowarra-Nadolny, Lena Rem, Beatrice Babin, Anne Misselwitz, Moritz Bauer, Jan Hartmann, Mira Thiel

Mein erster Nazi

1   Stand: 2014 Quelle: https://www.destatis.de/DE/PresseService/
Presse/Pressemitteilungen/2015/03/PD15_097_12521.html und
https://www.destatis.de/DE/ZahlenFakten/GesellschaftStaat/Bevo-
elkerung/MigrationIntegration/Migrationshintergrund/Migrations-
hintergrund.html

Der Pausenhofaggressor – zu Besuch bei Jürgen Rieger

2   http://www.netz-gegen-nazis.de/artikel/rechtsextremismus-
zahlen-7552, Gewalt steigt weiter, siehe z.B.: http://www.spiegel.
de/politik/deutschland/statistik-zahl-rechter-straftaten-in-deutsch-
land-gestiegen-a-1057650.html
3   Jürgen Rieger ist 2009 im Alter von 63 Jahren an den Folgen
eines Schlaganfalls in Berlin gestorben.
4   Der »Rudolf-Hess-Marsch« war eine jährliche Demonstration
der Neonazi-Szene, die jeweils um den 17. August durchgeführt
wurde. Die Demonstrationen fanden zumeist in Wunsiedel statt
und wurden 2005 verboten. Das Grab von Rudolf Heß wurde nach
Ablauf des Pachtvertrags am 20. Juli 2011 aufgelöst.
5   http://publikative.org/tag/deutsches-rechtsbuero/
6   https://de.wikipedia.org/wiki/Hans_F._K._G%C3%BCnther
7   http://www.welt.de/wams_print/article883558/Vor-Kurzem-
waren-wir-noch-Schwarze.html

Mit 3000 Nazis aufm Alex in Berlin

8   https://www.amadeu-antonio-stiftung.de
9   Brothers Keepers ist als eingetragener Verein und Zusam-
menschluss von hauptsächlich afrodeutschen Soul-, Hiphop- und
Reggae-Künstlern eine Initiative gegen Rassismus und Fremden-
hass.
10   Stand: 1. Mai 2008

Mit den Nazis auf Aldebaran

11 Axel Stoll (1948 – 2014) war ein deutscher Verschwörungstheo-
retiker der rechtsextrem-esoterischen Szene. Seine Vorträge und
Interviews auf YouTube werden hunderttausendfach angesehen.

Hallo Herr H.,

12 http://wiko.phil.muni.cz/de/node/63, siehe auch: Brigitte
Hamann, Hitlers Wien, Lehrjahre eines Diktators, 2012
13 auch: »Essay über die Ungleichheit der Menschenrassen«
14 Nicholas Goodrick-Clarke, Die okkulten Wurzeln des Nationalsozialismus, 2012, Seite 187
15 http://www.spiegel.de/einestages/hitlers-karrierestart-a-947399.
html
16 http://www.spiegel.de/spiegel/spiegelspecialgeschichte/
d-55573714.html
17 Inzwischen kann man ihn im Internet finden.

Die Nazis wussten, dass sie keine Arier sind

18 »Zugehörigkeit der Ägypter, Iraker, Iraner, Perser und Türken
zur arischen Rasse«, Archiv des Auswärtigen Amtes, Autorin liegen
Kopien vor.
19 Quelle: Richard Tungel in der Zeit, 1946: http://www.zeit.de/
1946/01/der-arier

Lars Burmeister – der Krieger, der sich nicht trau

20 www.apabiz.de
21 http://www.antifa-berlin.info/sites/default/files/dateien/artikel/
Schoeneweide.pdf
22 Freie Kameradschaften sind informell organisierte Neo-
nazi-Gruppen. Die Gruppen sind autonom, aber stark miteinander vernetzt. Sie sehen sich als Teil des sogenannten »nationalen
Widerstandes« an, einer Art rechter Einheitsfront. In Deutschland
gibt es nach Einschätzungen des Bundesamtes für Verfassungs-
schutz etwa 150 regional und überregional agierende Kameradschaften.
23 siehe: Artikel von Andrea Roepke: http://www.klick-nach-
rechts.de/ ticker/2003/08/rocker.htm

24 http://www.antifainfoblatt.de/artikel/von-der-partei-ins-business und

25 Chapter: Die Ortsgruppe eines Motoradclubs.

26 https://www.antifainfoblatt.de/artikel/drei-v-m%C3%A4nner-vor-gericht

Was heißt deutsch? – Rassismus mit Uni-Diplom

27 In Deutschland gibt es mehr als 1100 aktive Studentenverbindungen. Davon tragen ca. 250 die Bezeichnung »Burschenschaft«. Von diesen wiederum sind nur etwa ein Viertel Verbindungen in dem Korporationsverband »Deutsche Burschenschaft« zusammengeschlossen. Viele liberal-konservative Burschenschaften sind aus dem DB ausgetreten, weil dieser nicht konsequent genug gegen rechtsextreme Strömungen in den eigenen Reihen vorgeht, so die Kritik.

28 Wegen des öffentlichen Protests in früheren Jahren und wegen mehrerer rechtsextremistischer Vorfälle und Skandale um Burschenschaftsfunktionäre kündigte die Stadt Eisenach an, den Burschen den Mietvertrag für die städtische Veranstaltungshalle nach 2017 nicht zu verlängern. Die Wartburg-Stiftung versagte den Burschen 2014 erstmals den symbolträchtigen Marsch auf die Wartburg – wo die Farbenträger gern das Deutschlandlied sangen.

29 siehe auch: http://www.spiegel.de/unispiegel/studium/rechtsruck-im-dachverband-burschenschafter-streiten-ueber-ariernachweis-a-767788.html

30 https://de.wikipedia.org/Wiki/Allgemeiner_Deutscher_Burschenbund

31 https://de.wikipedia.org/Wiki/Allgemeiner_Deutscher_Burschenbund

32 Interview mit Christian Becker, Der akademische Arm der rechten Szene, Nordbayerischer Kurier vom 20.11.2014

33 http://blog.zeit.de/stoerungsmelder/2014/08/14

34 http://www.spiegel.de/unispiegel/studium/burschenschaften-und-afd-allianz-der-rechtspopulisten-a-962356.html

35 http://www.spiegel.de/unispiegel/studium/burschenschaft-thessalia-in-bayreuth-will-volkstrauertag-kapern-a-998156.html

36 www.netz-gegen-nazis.de/lexikontext/juergen-gansel

37 siehe auch: http://www.spiegel.de/unispiegel/studium/

burschenschaftraczeks-werfen-kritiker-becker-aus-der-
verbindung-a-856138.html
38 https://de.wikipedia.org/wiki/Thorsten_Heise
39 https://burschenschafterpacktaus.wordpress.com/2013/01/21/
dt-burschenschaft-osterreich-wollte-fur-hitlers-stellvertreter-
hes-den-friedensnobelpreis/
40 http://www.mz-web.de/politik/saenger-von-hassgesangmaik-b-
rechter-richter-in-bayern-entlassen,20642162,28736726.html
41 http://www.hamburg.de/innenbehoerde/schlagzeilen/4313644/
burschenschaften/
42 http://derstandard.at/2000007881444/FP-Abgeordneter-
beschimpft-Asylwerber-als-Hoehlenmenschen

Pingpong mit Krümel
43 Esther Bejarano, Birgit Gärtner, Wir leben trotzdem: Esther
Bejarano – vom Mädchenorchester in Auschwitz zur Künstlerin für
den Frieden, 2007
44 http://www.microphone-mafia.com/

Tom Metzger »White Aryan Resistance«
45 https://en.wikipedia.org/wiki/Tom_Metzger_(white_suprema-
cist). Siehe auch: http://www.zeit.de/1992/49/tom-metzger-und-
die-us-arier
46 Aus den NSU-Akten, liegt der Autorin vor

Pegida – Wut im Montagsrudel
47 Der Ausländeranteil in Dresden liegt deutlich unter dem von
anderen großen deutschen Städten, siehe: http://www.bpb.de/
gesellschaft/migration/newsletter/148820/migrantenanteil-in-deut-
schen-grossstaedten-waechst
48 http://www.tagesspiegel.de/wissen/fremdenhass-in-deutsch-
land-rechtsextremismus-beginnt-in-der-mitte-der-gesell-
schaft/12329450.html